사마천 『사기』로 선생님의 고민 해결하기

선생님, 사기史記가 뭐예요?

사마천 『사기』로 선생님의 고전 책놀이하기

선생님,
사기史記가
뭐예요?

초판 1쇄 인쇄 2021년 4월 3일
초판 1쇄 발행 2021년 4월 16일

지은이 류성창
펴낸이 김승희
펴낸곳 도서출판 살림터

기획 정광일
편집 조현주
북디자인 꼬리별

인쇄·제본 (주)신화프린팅
종이 (주)명동지류

주소 서울시 양천구 목동동로 293, 22층 2215-1호
전화 02-3141-6553
팩스 02-3141-6555
출판등록 2008년 3월 18일 제313-1990-12호
이메일 gwang80@hanmail.net
블로그 http://blog.naver.com/dkffk1020

ISBN 979-11-5930-189-6 03370

사마천 『사기』로 선생님의 고민 해결하기

선생님, 사기史記가 뭐예요?

류성창 지음

살림터

들어가며

"선생님, 역사는 왜 배우나요?"

평소 궁금증이 많은 우리 반 학생이 저에게 질문을 했습니다. 너무나 갑작스러운 질문이라 선뜻 대답이 떠오르지 않았습니다. 결국 그 학생에게 "역사를 공부하면 현재의 삶을 사는 데 도움이 되고, 미래를 내다볼 수 있는 힘을 지닐 수 있어"라는 원론적인 대답을 해 주었습니다. 그러자 그 학생은 "선생님, 그렇다면 역사가 저에게 어떤 도움을 주나요?"라고 재차 물어봤고, 저는 그 질문에 자신 있게 대답하지 못해 진땀이 났습니다.

그날 이후 저는 '역사'가 우리의 삶에 어떤 도움을 주는지 의문이 들었습니다. 많은 사람들이 "역사는 과거와 현재의 끊임없는 대화이다"라는 에드워드 H. 카의 주장을 인용하면서 역사를 통해 우리 조상들이 걸었던 길을 살펴보면 오늘을 살아가는 교훈을 얻을 수 있다고 말합니다. 저 또한 그 말이 당연하다고 생각합니다. 하지만 학생의 질문을 받은 이후 저는 그 말이 선뜻 마음에 와닿지 않았습니다. 생각해 보니 지금까지 머릿속에 있는 역사 지식을 꺼내어 내 삶의 어려움을 해결한 적이 없었습니다. 교사가 된 이후에도 마찬가지였습니다. '학교 구성원들과의 갈등', '문제 학생들을 지도하는 방법' 등으로 많은 어려움을 겪었지만 '역사'를 활용해서 그러한 어려움을 해결한 적이 없었습니다. 저에게 '역사'는 단지 지적 욕구를 충족시켜 주는 학문, 학생들을 가르치는 과목, 자격증 획득을 위한 수단에 불과했습니다.

그런데 최근에 사마천의 『사기』를 읽으면서 역사에 대한 생각이 조금씩 바뀌었습니다. 『사기』에는 황제와 장군에서부터 보통 사람들에 이르기까지 많은 인물들이 실감 나게 묘사되어 있습니다. 『사기』 속 인물들이 겪는 다양한 상황들이 현재 우리가 겪고 있는 상황과 별로 다르지 않았습니다. 학생들을 가르치면서 어려움을 겪을 때 어떻게 용기를 얻을 수 있는지, 성공한 경우에는 어떤 태도를 지녀야 하는지, 선생님들의 무리한 요구에 어떻게 대처해야 하는지 『사기』를 읽으면서 배울 수 있었습니다.

저는 "역사는 교직 생활에 어떤 도움을 주는가?"라는 질문에 답하기 위해 이 책을 집필하였습니다. 역사에 등장하는 많은 이야기가 선생님의 삶과 연관이 있고, 교직 생활에 도움을 준다는 사실을 알려 주고 싶었습니다. 그래서 동양 역사 고전 중 하나인 사마천의 『사기』에 나오는 이야기를 통해 교직 생활의 고민을 해결하는 글을 쓰기 시작했습니다. 이 책을 만들기 위해 많은 도서를 참고하였고, 여러 선생님들의 도움을 얻어 다양한 조언을 듣고 자료를 수집하였습니다. 이러한 과정을 통해 선생님들이 부딪히는 여러 가지 고민을 지혜롭게 해결하는 해법을 이 책에 담아내려고 노력했습니다.

이천 년 전 고대 중국 사회와 21세기 한국의 교직 사회는 시간과 공간이 완전히 다릅니다. 하지만 『사기』에 나오는 많은 이야기들은 그 엄청난 시공간을 뛰어넘어 우리 교사들에게 중요한 삶의 방향을 제시해 줍니다. 교직 생활에 어려움을 겪고 있는 선생님들과 선택의 기로에서 고민하는 선생님들에게 이 책이 조금이나마 도움이 되면 좋겠습니다. 또 '역사'가 학생들을 가르치기 위한 과목일 뿐만 아니라 선생님들의 교직 생활과 연관이 있고 삶에 도움을 줄 수 있다는 것을 알게 되면 좋겠습니다.

이 책은 많은 분들의 응원과 도움을 받아 완성하였습니다. 교사들의 고민 해결 방법을 이야기하며 다양한 자료를 제공해 준 동료 선생님들과 북드림 독서 동아리 회원들이 없었다면 이 책의 집필을 시작할 수 없었을 것입니다. 그리고 책이 완성되기까지 내용을 살펴봐 주고 문장을 다듬어 준 박상기 작가와 문학 동아리 해낭 선배들의 고마움 또한 잊을 수 없습니다. 마지막으로 책을 출판하는 데 끝까지 격려해 주며 함께한 살림터 정광일 대표님과 살림터 직원 모두에게 두 손 모아 감사의 인사를 드립니다.

초등학교 교사 류성창

동료 교사 이야기

선생님들의 무리한 부탁을 어떻게 거절하면 좋을까요?
주변 선생님들의 뒷담화가 불편합니다
전임 선생님과 비교당하고 있습니다
원칙과 융통성 사이에서 갈등하고 있습니다
수업에 대해 조언하는 선배 교사가 불편합니다
학교는 왜 젊은 교사들에게 일을 몰아주나요?

선생님들의
무리한 부탁을
어떻게
거절하면
좋을까요?

송양지인宋襄之仁 - 송나라 양공의 어짊.

제 분수도 모르면서 남을 동정하는 어리석은 배려를 일컬음.

- 「송 미자 세가」

송 양공(宋 襄公, ?~기원전 637년)
춘추시대 송나라 군주로 기록에 따라 춘추오패春秋五覇[1]로 인정하기도 한다.
제나라의 내란을 진압하여 패자覇者[2]의 자리에 올랐으나
초나라와의 홍수 전투에서 패배하여 상처를 입고 사망한다.

---

1. 중국 춘추시대 5인의 패자를 일컫는 말.
2. 주나라를 대신해 강력한 군사력을 가진 제후를 일컫는 말.

김 교사의 고민

저는 교직 2년 차 교사입니다. 학교에서 정보 업무를 맡고 있습니다. 올해는 코로나19로 인해 할 일이 많아져 항상 늦은 시간에 퇴근했습니다. 특히, 예고 없이 밀려오는 행정업무 때문에 수업도 제대로 준비하지 못했습니다. 하지만 시간이 지나면 점점 나아질 거라 믿으며 묵묵히 견디고 있었습니다.

하지만 최근에 저를 힘들게 하는 일이 생겼습니다. 함께 근무하는 선배 교사가 자신의 일을 계속 저에게 시킵니다. 여러 가지 문서 작업과 영상 작업 등 잡다한 일뿐만 아니라 자신의 업무도 은근슬쩍 떠넘깁니다. 매일 아침마다 거절하겠다고 다짐하지만 우유부단한 성격 때문에 아무 말도 못 하고 있습니다. 이런 일이 반복되니 스트레스가 쌓여 수업도 제대로 못 하고 학급 관리도 엉망입니다. '선배 교사에게 화를 내볼까', '교육청에 민원을 넣어 볼까' 등 여러 가지 고민을 했지만 괜히 욕만 먹을 것 같아 참고 있습니다. 하지만 이대로 참고 지내기는 어려울 것 같습니다. 선배 교사의 계속되는 부탁을 어떻게 거절하면 좋을까요?

고민 해결

TV 프로그램 〈님과 함께〉에서 윤정수와 김숙은 가상부부로 많은 사랑을 받았습니다. 두 사람이 실제로 잘 만나서 사랑이 이루어지길 응원하는 SNS나 뉴스 기사도 여러 번 나올 정도였습니다. 그러나 이러한 관심에 부담을 느낀 윤정수는 "김숙은 거절하는 방법 30가지를 준비하고 있다"라며 시청자들에게 유머러스한 거절의 메시지를 전했습니다. 이처럼 사람은 사는 동안 끊임없이 선택의 순간 혹은 누군가의 부탁을 거절하는 상황을 경험합니다. 그리고 그 순간 윤정수처럼 부드럽고 재치 있게 거절의 의사를 전달하는 모습이 필요합니다.

직장에서 일하면 하루가 바쁘게 지나갑니다. 특히 근무 연차가 낮은 직장인일수록 더욱 바쁘게 느껴집니다. 모든 것이 새롭고, 적응해야 할 일도 많기 때문입니다. 그런데 젊다는 이유로 업무까지 몰아주면 하루하루가 더욱 괴롭습니다. 교직 사회도 마찬가지입니다. 학생들을 지도하기도 벅찬 신규 선생님이 본인의 업무 외에 다른 선배 교사의 업무까지 떠맡게 된다면 스트레스가 심할 것입니다.

그래도 선배 교사의 부탁을 거절하기란 쉽지 않습니다. 좁은 교직사회 안에서 '버릇없다', '이기적이다' 등 낙인이 찍힐 수 있기 때문입니다. 그리고 승진이라는 욕심, 욕 먹기 싫은 마음, 본인의 성격 등 여러 가지 이유 때문에 주변에서 요청하는 무리한 부탁을 거절하지 못하는 경우도 있습니다. 처음에는 일을 배운다는 마음으로 버텨 내지만, 계속 일이 몰리면 한계에 부딪힙니다. 결국 학급 관리에서 문제가 생기기도 하고, 내가 맡은 업무를 해내지 못할 수도 있습니다. 또한 스트레스와 피로 때문에 건강을 해칠 수도 있습니다. 과연 이렇게 지내도 괜찮을까요?

남을 도와주거나 보살펴 주려고 마음을 쓰는 행동을 '배려'라고 합니다. 그런데 자신의 일도 제대로 해내지 못하면서 다른 사람을 도와주는 행동은 '어리석은 배려'입니다. '어리석은 배려'는 자신의 몸과 마음을 다치게 하고 주변 사람에게도 피해를 줄 수 있습니다.

『사기』에 등장하는 송나라 양공襄公은 '어리석은 배려'의 대표적인 인물입니다. 그는 자신의 처지를 전혀 살피지 않고 인정만 베풀다가 전쟁에서 패배하였습니다. 이 일로 인해 양공 자신도 허벅지에 부상을 입었고 그로 인해 죽고 말았습니다. 결국 송나라는 많은 병사들을 잃어 나라의 힘이 약해졌습니다. 양공의 일화를 통해 '어리석은 배려'가 어떤 결과를 낳았는지 살펴보겠습니다.

양공은 자신의 위신을 세우기 위해 초나라를 공격하려 했다. 그래서 일단 초나라의 속국인 정나라에 쳐들어갔다. 그러자 정나라와 동맹 관계에 있는 초나라는 구원병을 파견하였다. 목이가 양공에게 말했다.

"지금 초나라와 전쟁하면 승패를 알 수 없습니다. 지금이라도 군대를 돌리셔야 합니다."

그러나 양공은 목이의 말을 무시하고 전투를 준비하였다. 두 군대는 홍수 강가에서 대치하고 있었다. 초나라 군대가 전쟁을 위해 강을 건너려 준비하고 있었다. 그때 목이가 말했다.

"저들은 수가 많고 우리는 적으니 그들이 아직 강을 건너지 못했을 때 공격해야 합니다."

그러나 양공은 거절하며 말했다.

"군자는 다른 사람이 어려움에 빠져 있을 때 함부로 곤란하게 만들지 않는 법이다. 초나라 군대는 아직 강조차 다 건너지 못했는데 그들을 비겁하게 공격하겠는가?"

양공은 목이의 말을 거절하였다. 결국 초나라 군대가 강을 건넜다. 하지만 군사들이 전열을 제대로 갖추지 못하고 있었다. 그때 목이가 말했다.

"지금이라도 공격하면 이길 수 있습니다."

그러나 양공은 고개를 저으며 말했다.

"군자는 다른 사람이 전열을 갖추지 못했을 때 함부로 공격하지 않는 법이다. 이제 막 강을 건너 전열조차 갖추지 못한 초나라 군대를 어찌 비겁하게 공격한단 말인가?"

그러자 목이가 말했다.

"전쟁이란 승리로써 모든 것이 결정되는 것입니다. 어찌 인의만 고집한 채 모든 일을 해결하려 하십니까? 왕의 말씀대로 한다면 노비가 되어 서로 다투지 않고 지내면 될 것입니다. 도대체 왜 전쟁을 일으키셨습니까?"

드디어 초나라 군사가 전열을 갖춰 송나라 군대와 전쟁을 시작하였다. 양공은 가장 앞장서서 군사들을 이끌었다. 하지만 군사력이 열세인 송나라는 크게 패하였고 양공도 큰 상처를 입었다. 현실에 맞지 않은 양공의 태도 때문에 전쟁에서 패하자 송나라 사람들은 모두 양공을 원망했다. 그러나 양공은 잘못을 시인하지 않고 송나라로 돌아와 말했다.

"군자는 어떤 순간에도 예를 갖추고 인의를 지켜야 하오."

양공은 전쟁에서 입은 상처 때문에 결국 죽었다. 이 사건을 계기로 송나라의 국력은 크게 약해졌다.

-「송 미자 세가」

송나라 양공은 '송양지인宋襄之仁'이라는 고사성어의 주인공으로 많은 사람들에게 알려진 인물입니다. '송양지인'은 '송나라 양공의 어진 마음'이라는 뜻으로 제 분수도 모르면서 남을 동정하고 도와주는 '어리석은 배려'를 의미합니다. 당시 송나라 양공의 행동은 한비자韓非子를 비롯한 여러 학자들에게 비난을 받았으며, 지금도 많은 사람들이 제 분수도 모르고 남을 도와주는 사람을 조롱할 때 사용하고 있습니다.

상대방을 배려하며 예의를 지킨 송나라 양공은 왜 비난을 받았을까요? 그건 바로 자신의 상황을 제대로 파악하지 못했기 때문입니다. 그리고 상황에 맞지 않게 예의라는 명분을 지키다 전쟁에서 패배했기 때문입니다. 상대방을 배려하기 전에 일단 자신의 상황부터 살피고 행동해야 하는데 양공은 그러지 못했습니다.

선생님의 상황도 양공과 다르지 않습니다. 수업과 학급 관리, 본인의 업무만으로도 정신없는데 선배 교사가 시키는 잡일과 업무까지 맡는 것은 무리입니다. 교사에게 가장 중요한 수업과 학급 관리도 못하고 있는데 무슨 말이 더 필요할까요? 선배 교사가 시키는 일과 선생님 본인의 일 두 가지를 동시에 잘할 수 있다면 정말 좋겠지만 지금 선생님의 상황을 살펴보면 무리인 것 같습니다. 만약 선배 교사가 시키는 일을 참고 계속하게 된다면 스트레스와 피로가 누적되어 선생님의 건강만 나빠질 것입니다. 그리고 선생님의 마음 상태가 아이들에게도 영향을 미쳐 아이들 또한 불행한 학교생활을 보낼 것입니다.

직장생활에서 인간관계가 중요하고, 좋은 인간관계를 유지하려면 상대방의 부탁을 들어주는 것도 필요합니다. 하지만 본인의 상황이 여의치 않다면 거절하는 법도 알고 실천해야 합니다. 물론 누군가에게 거절당하는데 기분 좋을 수는 없을 것입니다. 그래도 좋은 인간관계를 유지하려면 적어도 상대방의 기분이 나쁘지 않게 거절하는 방법은 알아 둘 필요가 있습니다.

거절하는 방법을 이야기하기 전에 꼭 알아 두어야 할 원칙이 있습니다.

첫째, 거절은 타인에게 상처 주는 표현 방식이 아닙니다.

오히려 거절은 솔직하게 자기 의사를 표현하는 방법이며, 나를 지키기 위한 최소한의 무기이자 나에 대한 기본적인 예의입니다. 거절을 어려워하는 사람들은 타인 중심적 사고를 하고 있습니다. '노라고 말하는 것이 상대에게 상처를 주는 것이라 여기며 타인에게만 신경 쓸 뿐 자신의 감정에는 무관심합니다. 시간이 흘러 내가 상대방에게 부탁을 했을 때 거절당하거나, 상대방의 무리한 부탁을 거절하여 싫은 소리를 들으면 인간관계에 회의감을 느끼곤 합니다. 결국, 상대방과의 관계도 악화되고 맙니다. 그러므로 거절은 타인에게 상처 주는 방식이 아닙니다. 오히려 거절을 제대로 하지 않으면 나와 상대방에게 상처를 주게 됩니다.

둘째, 연습을 하면 지혜롭게 거절할 수 있습니다.

지속적으로 운동을 하면 체력이 늘어나는 것처럼 무엇이든 꾸준하게 실천하면 실력이 향상됩니다. 자신의 생각이나 감정을 표현하거나, 상대방의 부탁이나 요구를 거절하는 것도 마찬가지입니다. 매번 다른 사람의 부탁을 수락했던 사람이 처음 거절을 시도하면 어색하고 어려울 수 있습니다. 하지만 거절에 대해 바르게 인지하고 지속적으로 연습한다면 힘들지 않게 거절을 실천할 수 있습니다.

셋째, 거절을 잘하려면 타인 중심이 아니라 자기중심으로 살아야 합니다.

이는 이기적으로 행동하라는 말이 아닙니다. 자신의 가치관을 분명하게 정해 자기 삶을 사랑하고 주인이 되라는 말입니다. 그러려면 내가 싫은 것, 좋은 것을 분명하게 전달해야 하고, 반드시 적절하게 거절을 해야 합니다.

그렇다면 거절하는 방법에는 무엇이 있을까요?

선배 교사의 무리한 부탁을 들어주고 나면 '다음부터 다시는 부탁을 들어주지 말아야지!'라고 늘 다짐하지만, 다시 부탁받는 상황이 돌아오면 어김없이 부탁을 들어주곤 합니다. 거절하려는 마음은 굴뚝같은데 실제로는 마음처럼 말하지 못합니다. 그러나 자신을 희생하면서까지 선배 교사의 부탁을 수락했기 때문에 언제나 뒤늦은 후회를 합니다.

모든 선생님들이 해야 되는 일이거나 선생님이 정말 하고 싶은 일이라면 선배 교사의 요구를 수용해도 괜찮습니다. 하지만 젊다는 이유로 선생님에게만 일을 시키거나, 지금 선생님이 그 일을 할 수 없는 상황인데 무리하게 일을 부탁한다면 제대로 된 거절이 필요합니다. 그렇게 하더라도 생각했던 만큼 관계가 악화되거나 위험해지지 않습니다. 원치 않는 수락으로 자신이 받는 피해가 거절로 상대에게 입히는 손해보다 훨씬 크다는 것을 알아야 합니다. 부탁하는 사람이나 거절하는 사람 모두 미안함, 죄책감 등의 감정을 최소화하려면 어떻게 하는 게 좋을까요? 다음과 같은 방법을 추천합니다.

첫째, 선배 교사의 요구를 거절할 때 즉각적으로 대답하지 않습니다.

상대방이 부탁할 때 상대방의 말을 경청하면서 상황을 파악해야합니다. 수락을 하든 거절을 하든 무턱대고 자신의 입장을 말하지 말고 대답을 했을 경우 일어날 결과를 생각해야 합니다. "잠시 생각해 볼게요.", "지금 학부모 연락이 왔습니다. 제가 다시 연락드릴게요." 등과 같은 말로 확실한 판단이 설 때까지 대답을 미루는 것이 좋습니다. 그리고 미룬 시간에 선배 교사의 부탁을 거절할 수 있는 합당한 이유를 찾습니다. 시간이 지체될수록 선생님이 딱히 부탁을 수락하고 싶은 마음이 없다는 것을 선배 교사도 느끼게 될 것입니다. 바로 수락하지 않고 생각할 시간을 갖는 것은 선생님의 판단이 보류 중임을 간접적으로 알리거나 거절 의사를 표시하는 것입니다.

둘째, 호의적으로 요구를 들어 보는 태도를 취합니다.

거절을 당하면 실망스러운 마음이 드는 것은 어쩔 수 없지만, 그 마음이 지속되지 않도록 해야 합니다. 그러기 위해서는 일단 상대방의 요청을 호의적으로 경청해야 합니다. 어렵게 부탁했는데 그 부탁을 단칼에 거절하면 선배 교사도 기분이 나쁠 수 있습니다. 선배 교사의 부탁을 경청한다면 최소한 듣는 태도가 나쁘다는 비판은 피할 수 있고, 주변 사람들에게 버릇없다는 험담은 듣지 않을 수 있습니다. 선배 교사의 입장을 공감하면서 거절 의사를 전달한다면 선배 교사의 기분이 덜 나쁠 것입니다.

셋째, 거절을 표현할 때 정중하고 단호하게 거절 의사를 전달해야 합니다.

누군가의 부탁을 거절할 때 마음이 불편하고 미안한 마음이 드는 건 어쩔 수 없습니다. 선생님처럼 같은 학교에 근무하는 선배 교사의 부탁을 거절한다면 불편한 마음은 더 클 것입니다. 하지만 미안한 마음에 우물쩍거리며 애매모호한 말을 할수록 상대방의 기대감은 더욱 커질 것입니다. 거절하겠다고 마음을 먹었으면 상대방에게 거절하는 이유를 명확하게 설명하고 정중하게 말해야 합니다. 애매모호한 태도와 말은 서로의 감정만 소모하게 될 뿐입니다. 명확한 거절 의사를 통해 선생님과 선배 교사는 시간을 아낄 수 있습니다.

거절은 상대의 부탁을 거부하는 것만을 의미하지 않습니다. 거절은 나의 모습을 찾기 위한 변화의 시작입니다. 선배 교사의 부탁을 들어줘야 한다는 의무감과 부담감을 내려 두는 것만으로도 선생님의 정신적, 심리적 스트레스를 줄일 수 있습니다. 학생에게 온 열정을 쏟아야 하는 선생님이 선배 교사의 부탁으로 고민하는 시간은 낭비일 뿐입니다. 만약 거절했다는 이유로 선생님이 피해를 받는다면 정식으로 민원을 제기하는 방법도 있습니다. 명확한 근거와 객관적 자료 등을 수집하여 민원을 제기한다면 선배 교사는 더 이상 무리한 부탁을 하지 않을 것입니다.

거절은 사람들에게 상처를 주거나 관계를 악화시키지 않습니다. 또 선생님을 이기적인 사람으로 만들지도 않습니다. 오히려 선생님 스스로 자신의 의사를 선택할 수 있고 통제할 수 있다는 자신감을 키워 줄 것입니다. 선생님께서 정중하고 부드럽게 거절하는 방법을 활용한다면, 선배 교사에게 상처 주지 않을 것이며 선배 교사의 실망도 오래가지 않을 것입니다. 선생님이 거절한 것은 선배 교사가 아니라 선배 교사의 요청이기 때문입니다.

'어리석은 배려' 때문에 목숨을 잃은 양공의 이야기를 교훈 삼아 선생님이 감당할 수 없는 부탁이나 요구는 과감하게 거절하기 바랍니다.

주변 선생님들의
뒷담화가
불편합니다

옛날 군자는 사귐이 끊기어도

그 사람의 나쁜 말을 하지 않으며,

충신은 나라를 떠난 뒤에도 허물을 임금에게 돌려

자신의 결백을 주장하지 않는다.

-「악의 열전」

악의(樂毅, 기원전 324년~기원전 262년)
전국시대 대표적인 명장으로 손꼽히는 인물이다.
연나라 소왕昭王이 인재를 널리 구하는 정책을 펴자 그곳으로 가서 상장군에 임명된다.
제나라를 공격하여 수많은 전공을 세웠으나 억울하게 모함을 받고 조나라로 망명한다.

최 교사의 고민

동학년 선생님들의 뒷담화 때문에 학교생활이 너무 불편합니다. 동학년 선생님들이 모이면 관리자나 교직원 등 주변 인물에 대해 끊임없이 뒷담화를 합니다. 특히 다른 학교로 이동한 선생님에 대해서도 끊임없이 뒷담화를 하고, 심지어 개인 사생활까지 이야기합니다.

가장 황당한 일은 적극적으로 뒷담화를 한 선생님이 막상 그 사람 앞에서는 엄청 반가운 척하며 가식적인 모습을 보인다는 것입니다. 그런 사람들은 관리자에게 아부하는 일도 수준급입니다.

뒷담화를 듣는 것이 불편하여 자리를 피하고 싶지만 동학년 모임이라 쉽지 않습니다. 그리고 그 대화에 빠지는 순간 저에 대한 험담을 할까 걱정도 됩니다. 실제로 어떤 동학년 선생님은 제가 없는 자리에서 저에 대해 뒷담화를 했습니다. 그러고는 아무 일도 없는 것처럼 저에게 친한 척을 했습니다. 그 모습을 보며 화가 났지만 괜히 얼굴을 붉히고 싶지 않아 참았습니다. 동학년 선생님들의 뒷담화에 어떻게 대처하면 좋을까요?

고민 해결

하루 일과 중 많은 시간을 학교에서 보내는 선생님에게 학교 구성원들과의 관계는 매우 중요합니다. 그리고 행복한 학교생활을 위해 학교 구성원들과의 건강한 관계가 반드시 필요합니다. 하지만 뒷담화로 인해 학교 구성원들과 건강하지 못한 관계가 형성되고, 그로 인해 고통받는 선생님들이 많습니다. 동학년 선생님들의 뒷담화 때문에 지속적인 고통을 겪고 계신 선생님이 스트레스 때문에 건강까지 해칠까 걱정스럽습니다.

뒷담화는 학교에서만 일어나는 현상이 아니라 대부분의 직장생활에서 있는 일입니다. 누군가는 뒷담화를 '직장생활의 낙'이라고 표현하기도 합니다. 『사피엔스』의 저자 유발 하라리는 '뒷담화 이론'을 소개하며 이렇게 말합니다.

"인간이 허구를 말할 수 있는 능력이야말로 호모 사피엔스가 사용하는 언어의 가장 독특한 측면이다. 허구 덕분에 우리는 단순한 상상을 넘어 집단적 상상마저 가능하게 됐다. 인간의 창의성은 뒷담화에서 나왔다."

진화심리학자에 따르면 "사람들은 뒷담화를 통해 공동체에 부정적인 사람에 대한 정보를 얻고 해당 사람을 가려내 공동체를 지킨다"라고 합니다.

하지만 도를 넘는 뒷담화는 여러 가지 부작용을 초래합니다. 실제로 진화심리학자들도 원시시대의 수평적인 조직 혹은 수평적인 관계일 때에만 뒷담화가 순기능으로 발휘되고, 수직적인 상하관계에서의 뒷담화는 역기능을 초래한다고 합니다. 수직적인 조직에서는 뒷담화가 무서워서 자신의 잘못된 모습을 고치는 것이 아니라 자신에 대해 뒷담화한 상대를 역으로 괴롭히려는 경향을 보인다고 합니다.

2012년 LG경제연구원에서 발행한 「직장 내 가십, 가볍게 넘길 대상 아니다」라는 보고서에서는 직장생활의 뒷담화를 심층적으로 조사했습니다. 연구 결과에 따르면 직장인 중 80% 이상이 뒷담화를 하거나 받은 경험이 있다고 합니다. 그리고 뒷담화가 예전과 비슷하거나 더 심해진다고 답한 응답률이 89%로 나타났습니다. 영국 직장인은 하루 평균 30분을 뒷담화 시간으로 쏟는다는데, 한국 또한 만만치 않다는 것을 확인할 수 있었습니다. 뒷담화의 소재는 긍정적인 이야기보다 '상사의 리더십', '동료에 대한 험담' 등 부정적인 이야기가 많은 것으로 나타났습니다.

그렇다면 뒷담화는 왜 끊이질 않을까요? 연구 결과 인스타그램, 페이스북과 같은 'SNS 개인 공간이 발전했다는 점'이 1위로 꼽혔습니다. 뒤를 이어 '직장의 불안정성 증가', '동료 간 경쟁 심화 및 질투 증가', '소통 부족' 등이 뒤를 이었습니다. 직장인들은 회사에서 쌓인 스트레스를 뒷담화를 통해 풀고 있는 것입니다.

직장에서 뒷담화를 부르는 행동에는 어떤 것이 있을까요? 취업포털의 설문 결과 '업무 방식의 차이'가 1위를 차지했습니다. '부당한 업무 지시', '초과 업무' 등이 뒤를 이었습니다. 그리고 뒷담화에 대처하는 방법은 '무조건 참는다'가 49.1%로 가장 많았으며 '뒷담화를 듣는 순간 업무를 하지 않는다'가 15.4%로 나타났습니다.

결론적으로 뒷담화는 업무 효율성을 저해하고 상사와 동료와의 신뢰를 떨어뜨립니다. 그리고 소문의 피해자나 조직원 모두에게 부정적인 영향을 끼칠 수 있습니다. 그래서 최근에는 뒷담화에 대한 심각성을 우려해 뒷담화를 법으로 금지하고 있습니다. 직장 내 괴롭힘을 금지한 '직장 내 괴롭힘 금지법'이 시행되고 있는데 근로기준법 제76조 2항과 3항에는 직장 내 괴롭힘의 여러 유형을 소개하고 있습니다. 여기서는 타인에 대한 뒷담화도 괴롭힘에 속한다고 설명하고 있습니다.

고용노동부에 따르면 업무적인 이유로 직장 상사 및 책임자가 해당 직원에게 직접 비판하는 것은 합리적이라고 합니다. 하지만 업무 관련성이 없는 다른 사람들끼리 해당 직원의 일을 소문내고 다니는 것은 문제라고 합니다. 뒷담화를 듣는 사람이 정신적 고통을 느끼기 때문입니다.

그러나 뒷담화에 대한 구체적인 처벌 규정은 마련되어 있지 않습니다. 처벌 규정을 마련하기 쉽지 않고 뒷담화에 대한 기준도 애매모호하기 때문입니다. 저 또한 법으로 뒷담화를 막는 것은 한계가 있다고 생각합니다. 다른 사람의 입에 재갈을 물리지 않는 이상 뒷담화를 막을 방법이 없으니까요. 그래서 뒷담화로 고통받고 있는 선생님을 위해 뒷담화에 대처하는 마음가짐과 방법을 소개하면서 선생님의 고민을 해결하려 합니다.

저도 동료 선생님들의 뒷담화로 인해 어려움을 겪었습니다. 불공평한 업무 분장에 불만을 토로한 것이 그 이유였습니다. 그 일로 인해 많은 선생님들로부터 버릇없다는 뒷담화를 듣게 되었습니다. 그런데 그 당시 저는 나이도 어렸으며 저에게 뒷담화를 했다는 명백한 증거도 없으니 화를 내거나 따질 수가 없었습니다. 술을 마시거나 친구들에게 불평불만을 털어놓으면서 마음을 다스리려 했지만 제가 받은 상처는 회복되지 않았습니다. 그때 법륜스님의 「즉문즉설」 1391회 '사람들이 제 뒷담화를 해요' 편을 보고 마음의 위로를 받았습니다. 직장 동료의 뒷담화 때문에 힘들다고 고민을 털어놓는 사람에게 법륜스님은 아래와 같이 말합니다.

법륜스님 한마디로 말씀드리면, 절을 하면서 '앞담화를 안 하고 뒷담화를 해 주셔서 감사합니다'라고 기도하세요.

질문자 예?

법륜스님 그 직장 동료는 사실 질문자를 굉장히 아끼기 때문에 뒷담화를 한 거예요. 법륜스님 법문을 듣고 그 자리에서 '스님! 법문을 왜 그따위로 하십니까? 아까 북한 얘기하는 것 들어 보니까 당신은 종북주의자네요!'라고 하는 게 낫겠어요? 강연 끝나고 가는 길에 자기네끼리 '법륜스님이 북한에 대해 얘기하는 걸 들어 보니 좀 이상하지 않냐? 지금은 북한을 혼내 줘야 할 때인데 정반대의 얘기를 하고 있더라.' 하는 게 낫겠어요? 질문자더러 선택하라면 어느 쪽을 선택하겠어요?

질문자 앞담화를 했다면 제가 개선을 하거나 할 수 있는데 뒷담화를 하니까 제 기분만 나쁘잖아요.

법륜스님 아니지요. 옛날부터 '없는 데서는 임금 욕도 한다'고 했어요. 임금을 욕하면 안 되는데도 불구하고 임금이 없는 데서는 임금 욕도 한다는 거예요. 뭐, 말하자면, 뒷담화는 인류의 문화입니다.

질문자 제 성격에 대해서 뒷담화를 하면 괜찮은데, 제 근무 태도에 대해서 '일을 못하네', '일을 안 하네'라며 뒷담화를 했다고 하니까 화가 나요.

법륜스님 뒷담화는 무슨 얘기든 할 수 있지요. 그래도 앞담화보다는 뒷담화가 낫잖아요. 뒷담화도 안 하면 물론 좋지요. 그게 최선이지요. 그런데 앞담화와 뒷담화 중에 선택하라고 하면 그래도 뒷담화는 '차악', 앞담화는 '최악'이라고 할 수 있어요. 둘 다 나쁘지만 그래도 앞담화 안 해 준 것만 해도 고맙다고 생각하면 아무 문제가 없어요. 고민이 해결됐어요?

질문자 예, 제가 임금도 아니고요. (모두 웃음) 또 스님께서 뒷담화는 전 인류의 문화라고 하시니까 저도 수용이 돼요.

법륜스님 예. 물론 뒷담화를 안 하면 좋지요. 그래서 부처님께서도 계율에 '뒷담화하지 말라'라고 하셨던 겁니다. 그런데 내가 뒷담화를 안 하는 건 좋지만 이 뒷담화는 인류 역사가 생긴 이래로 늘 있어 온 보편적인 문화인 것입니다. 바람직한 일은 아니지만 이미 세상에 있는 것이고, 그나마 앞담화보다는 낫다는 거예요. 그분이 그래도 질문자를 조금이라도 배려하니까 뒷담화를 했지, 전혀 고려하지 않았다면 앞담화를 하지 않았을까요?

질문자 맞습니다.

법륜스님 여러분도 법륜스님을 조금 배려하니까 여기서 저한테 대놓고 노골적으로 얘기하지 않는 걸 겁니다. 끝나고 귀가할 때가 되어서야 자기네끼리 불만을 얘기하잖아요. 법륜스님 입장을 전혀 고려하지 않는 사람이 여기 왔다면 당장 손들고 삿대질하면서 얘기할 거 아니겠어요? 뒷담화를 한다는 것은 그래도 상대를 고려했다는 증거예요. 그래서 그분이 웃으면서 '안녕' 하면 질문자도 웃으면서 '안녕' 하면 돼요. 지금 질문자는 '저 사람이 내 뒷담화해 놓고 어떻게 내 앞에서 웃느냐?'라는 건데, 그럼 질문자는 상대가 뒷담화도 하고 내 앞에 와서 인상도 쓰면 좋겠어요? 뒷담화는 했더라도 내 앞에서는 웃어 주는 게 좋겠어요?

스님 법문에 대한 댓글도 90%는 긍정적이에요. '스님 법문 듣고 인생이 바뀌었습니다', '지혜로운 말씀 감사합니다' 등등. 그런데 10%는 부정적이에요. '중놈이 쓸데없는 소리한다', '남북 관계에 대해 네가 뭘 안다고 얘기를 하느냐', '김정은을 그럼 저대로 두자는 얘기냐' 등등. (모두 웃음) 그렇다고 그런 얘기를 하지 않게 할 수 있는 방법이 없어요. 저도 그런 댓글은 없었으면 좋겠지만, 그렇다고 제가 그것 신경 쓰느라 잠 못 자면 저만 손해예요.

그리고 뒷담화 중에도 소송을 하면 처벌을 받는 뒷담화가 있어요. 질문자도 그런 경우에 해당된다면 고소를 하면 됩니다. 그런데 질문자의 업무 능력이 어떻고, 법륜스님이 어쩌고, 이런 건 고소를 해 봐야 별 소득이 없어요. 변호사 선임비만 날리는 거예요. 죄가 안 됩니다.

그러니 무시하는 게 더 이로울지, 소송을 하는 게 더 이로울지는 신중하게 살펴봐야 합니다. '인류 문화가 원래 그런 거야. 설사 그 사람이 내 뒷담화를 했더라도 내 앞에서는 웃고 친한 척해 주면 그것도 좋은 일이잖아.' 하고 좋게 생각하세요.

질문자 예, 수긍이 됩니다. 그런데 혹시 이 자리에 저에 대한 뒷담화를 한 그분이 계신다면….

법륜스님 그렇더라도 아무 상관이 없어요. 그분이 계셔도 스님의 강의는 '누가 그런 뒷담화를 했느냐'를 문제 삼는 게 아니라 구체적인 하나의 실례를 소재로 삼아서 '우리가 사물이나 상황을 어떻게 볼 것이냐'에 대한 얘기를 나누는 것이니까요. 제가 아무 소재도 없이 그냥 '이렇게 사세요'라고 얘기한다면 그건 공염불이 될 가능성이 높아요. 그래서 구체적인 실례를 갖고 얘기하는 것이거든요.

질문자의 경험은 우리에게 대화의 소재를 제공한 것뿐이에요. 질문자가 저에게 질문 던진 내용을 가지고 '그럴 때는 사물이나 상황을 어떻게 봐야 하느냐?'는 얘기를 나누는 것이니까 '누가 질문자를 뒷담화했느냐'는 우리에게 중요하지가 않아요. 그런 걱정은 할 필요도 없어요.

그리고 질문자에게도 '누가 나를 뒷담화했을 때 나는 어떤 마음을 가져야 되느냐'가 중요한 거잖아요. 설사 여기 그분이 계신다 하더라도 우리가 '왜 그런 걸 여기서 질문하느냐?' 하거나 '뒷담화를 하지 마라'라는 얘기를 하는 게 아니니까 괜찮아요. 뒷담화는 여기

계시는 모든 분들이 다 한두 번은 들어 봤지요?

질문자 들어 봤어요.

법륜스님 예, 모든 사람들이 겪는 일이에 요. 질문자만 겪는 일이 아니고요. 그리 고 우리도 뒷담화를 합니까, 안 합니까?

질문자 해요.

법륜스님 예. 우리도 얘기하다 보면 '걔 어 떠니?', '아휴, 걔 문제가 많아', '그래, 맞 아. 걔 성질이 좀 그렇지' 이렇게 얘기하 잖아요. 본인 앞에서는 그런 얘기를 못

뒷담화에 대한 법륜스님의 이야기는 정말 큰 도움이 되 었다.

하지요. 우리끼리 있을 때 이러쿵저러쿵하는 거예요. 그런데 그게 꼭 그 사람을 비난하려고 하는 얘기는 아니고 하나의 소재인 거예 요. 너무 걱정하지 마세요.

질문자 감사합니다.

−법륜스님 「즉문즉설」 1391회 중에서

뒷담화라는 질문자의 고민에 답변하는 법륜스님의 이야기를 듣고 마음의 위로를 얻었습니다. '하긴 아무런 잘못도 없는 성인聖人들조차 수많은 뒷담화를 들었는데 나는 말할 것도 없겠다'는 생각이 들었습 니다. 그리고 누군가에게 뒷담화를 당했을 때 '내가 어떤 마음을 가져 야 하는지'가 더 중요하다는 생각을 했습니다. 저는 뒷담화 상황이 생 기면 아래의 구절을 마음속에 간직하며 마음을 다잡고 있습니다.

미련한 자의 입술은 다툼을 일으키고 그의 입은 매를 자청하느니라.

-잠언 18장 6절

모든 사람들의 마음에 들도록 나를 바꾸는 것은 불가능합니다. 그러므로 뒷담화를 들었을 때 운동이나 음악 등 스스로의 감정 비상구를 만들어 스트레스를 해소하길 바랍니다. 그리고 나는 누군가에 대해 뒷담화를 하지 않는지 자신을 먼저 돌아보는 자세가 필요합니다. 더 나아가 나를 뒷담화한 사람에게 나쁜 말을 하지 않고 오히려 칭찬을 하는 모습을 보여 주면 좋습니다. 그러면 그 선생님은 나에 대해 함부로 험담하지 않을 것이며 마음속으로 나에게 미안함을 느낄 것입니다.

사마천의 『사기』 「악의 열전」을 살펴보면 이와 관련된 이야기가 있습니다. 악의樂毅 장군은 연나라 소왕昭王을 도와 제나라를 공격했습니다. 그리고 제나라 땅을 대부분 점령하여 소왕의 복수를 이뤄 냈습니다. 그런데 소왕이 죽자 그를 시기하던 연나라 신하들의 모함을 받고 억울하게 쫓겨났습니다. 하지만 악의는 "군자는 사귐이 끊기어도 그 사람의 나쁜 말을 하지 않으며, 충신은 나라를 떠난 뒤에도 허물을 임금에게 돌려 자신의 결백을 주장하지 않는다"라는 말을 실천하며 끝까지 연나라를 원망하지 않았습니다. 그러한 악의의 모습은 지금까지 중국 사람들에게 존경을 받고 있습니다. 사마천『사기』에 나오는 「악의 열전」의 이야기를 자세히 살펴보겠습니다.

연나라 소왕이 죽고, 아들 혜왕이 즉위했다. 혜왕은 태자로 있을 때부터 악의를 달가워하지 않았다. 혜왕이 즉위하자 제나라의 장수 전단이 이를 듣고 첩자를 연나라에 풀어 다음과 같이 이간질했다.

"제나라의 성으로 함락되지 않은 것은 두 개뿐이다. 그런데 일찌감치 이 두 성을 함락시키지 않은 것은 악의가 연나라의 새 왕과 사이가 좋지 않아 군대를 제나라에 남겨 놓고 제나라의 왕이 되려고 하기 때문이라고 한다. 제나라는 악의 대신 다른 장수가 오면 어쩌나 겁을 먹고 있을 뿐이다."

당시 연나라 혜왕은 일찍부터 악의를 의심하고 있었는데 제나라의 반간책[3]을 듣고는 바로 기겁으로 장수를 대체하고 악의를 불러들였다. 악의는 연 혜왕과 사이가 좋지 않아 교체되었다는 것을 알고는 죽임을 당할까 두려워 서쪽 조나라에 투항했다. 조나라는 악의의 투항을 기뻐하며 그에게 관진 땅을 주고 망제군이라 불렀다. 악의를 높임으로써 연나라와 제나라를 흔들고자 한 것이다.

악의가 물러나자 제나라의 장수 전단이 기겁과 싸웠다. 전단은 속임수를 사용하여 끝내 즉묵 지역에서 연나라의 기겁 군대를 격파했다. 이어 잇따라 연나라 군대를 내몰아 제나라의 성들을 모두 수복하였다.

이 소식을 들은 연 혜왕은 지난날 악의를 몰아내고 기겁으로

---

3. 적을 속여 두 사람 혹은 두 나라 사이를 멀어지게 하는 술책.

장군을 교체한 것을 후회했다. 또 악의가 조나라에 투항한 것을 원망하는 한편 조나라가 악의를 기용하여 연나라가 피폐해진 틈을 타서 연나라를 치려는 것이 두려웠다. 연 혜왕은 이에 사람을 보내 악의를 꾸짖는 한편 이렇게 사죄했다.

"선왕께서는 나라를 들어 장군에게 맡기셨고, 장군은 연나라를 위하여 제나라를 격파함으로써 선왕의 원한을 갚고 천하를 모두 떨게 했습니다. 그러니 과인이 어찌 단 하루도 장군의 공을 잊을 수 있겠습니까? 선왕께서 세상을 떠나 과인이 새로 즉위하였으나 곁에 있는 자들이 과인을 잘못 이끌었습니다. 과인이 기겁으로 장군을 대체한 것은 장군이 밖에서 오랫동안 고생하기에 장군을 불러 쉬게 하면서 앞으로의 일을 상의하려 한 것입니다. 장군이 이를 잘못 알아들음으로써 과인과 틈이 생겨 결국 연을 버리고 조나라에 귀순한 것입니다. 장군은 자신을 위해서라면 무엇을 하든 괜찮겠지만 선왕께서 장군에게 베풀어 주신 호의는 어떻게 갚으려 하십니까?"

–「악의 열전」

연나라 혜왕惠王의 편지를 받은 악의는 장문의 답장으로 자신의 생각을 이야기합니다. 바로 제갈량의 출사표와 더불어 중국 문학사의 명문으로 꼽히는 '보연왕서報燕王書'입니다. 이 글을 통해 악의는 자신의 어쩔 수 없는 선택을 이야기하며 지난날 은혜를 베풀어 준 연나라에 복수할 생각이 없다는 뜻을 분명하게 전달합니다.

악의는 연 혜왕에게 답신을 보내 이렇게 말했다.

"신이 불초하여 왕명을 받들고 좌우 대신들의 마음을 따를 수 없는 것은 선왕의 영명함에 손상이 가고 전하와의 의리를 해칠까 두려웠기 때문입니다. 그래서 조나라로 달아났던 것입니다. 지금 전하께서 사람을 보내 신을 꾸짖고 있는데 신은 전하를 모시는 자들이 선왕께서 신을 총애하신 까닭을 제대로 살피지 못하거나, 또 선왕을 섬긴 신의 마음이 제대로 밝혀지지 않으면 어쩌나 걱정이 되어 감히 이렇게 글로써 대답하고자 합니다.

신은 '어질고 성스러운 군주는 녹봉이나 벼슬로 사사로운 관계를 맺지 않으며 공이 많은 사람에게 상을 내리고 능력이 있는 사람에게 자리를 맡긴다'라고 들었습니다. 따라서 능력을 살펴 벼슬을 주는 사람이 성공하는 군주이고, 행동을 따져 친교를 맺는 사람이 명성을 세우는 선비입니다.

(중략)

화를 당하지 않고 공을 세워 선왕의 뜻을 밝히는 것이 신의 가장 큰 바람입니다. 치욕과 비방을 당해 선왕의 명성을 추락시키는 것은 신이 가장 두려워하는 바입니다. 예측하지 못한 죄를 당했는데 요행을 바라는 것은 의리상 감히 할 수 없습니다.

신은 '옛날 군자는 사귐이 끊기어도 그 사람의 나쁜 말을 하지 않으며, 충신은 나라를 떠난 뒤에도 허물을 임금에게 돌려 자신의 결백을 주장하지 않는다'라고 들었습니다. 신이 불초하긴 합니다만 여러 차례 군자의 가르침을 받들었습니다. 왕을 모시는 가까운 자들의 말만 들으시고 멀리 있는 신의 언행을 살피지 못하실까 두려워 감히 글을 올리는 것이오니 왕께서는 유념해 주십시오!"

이에 연왕은 다시 악의의 아들 악간을 창국군으로 삼았고, 악의는 다시 연나라를 오가게 되니 연나라와 조나라는 악의를 높은 벼슬에 임명하고 나랏일을 맡겼다. 그 후 악의는 조나라에서 죽었다.

-「악의 열전」

악의는 연나라를 강대국으로 만들었지만 주변 사람들의 모함을 받고 조나라로 쫓겨났습니다. 시간이 흘러 연나라 혜왕은 악의를 쫓아낸 것을 후회하면서도, 악의가 나쁜 마음을 품고 조나라 군대를 이용하여 연나라를 공격하지 않을까 걱정했습니다. 그때 악의는 혜왕에게 서신을 보내 자신의 마음을 전달했습니다. 이 서신을 받은 연 혜왕은 악의에게 미안한 마음을 갖게 되었고 훗날 악의에게 높은 벼슬을 주어 그를 우대했습니다.

뒷담화를 없애면 좋겠지만 그것은 불가능한 일입니다. 그러니 법륜 스님의 「즉문즉설」에 나오는 이야기처럼 나의 마음을 바꾸는 게 어떨까요? '앞담화보다는 뒷담화가 그나마 괜찮네'라는 긍정적인 마음을 갖는다면 스트레스가 조금은 줄어들 것 같습니다. 그리고 '미련한 자의 입술은 다툼을 일으키고 그의 입은 매를 자청하느니라'라는 잠언의 말처럼 뒷담화하는 사람은 결국 나중에 그 말로 인해 자신이 피해를 받게 될 것입니다. 그러니 선생님께서는 뒷담화에 신경 쓰지 말고 선생님의 삶에 집중하기 바랍니다. 마지막으로 "옛날 군자는 사귐이 끊겨도 그 사람의 나쁜 말을 하지 않으며, 충신은 나라를 떠난 뒤에도 허물을 임금에게 돌려 자신의 결백을 주장하지 않는다"라는 악의 장군의 말도 기억하기 바랍니다. 나를 뒷담화한 상대에게 친절하게 대한다면 상대방의 생각도 달라질 것입니다.

전임 선생님과
비교당하고
있습니다

소규조수蕭規曹隨-소하가 제정한 법규를 조참이 따른다.

이전부터 내려오는 제도를

그대로 따르거나 이어 나가는 것을 이르는 말.

-「조 상국⁴ 세가」

조참(曹參, ?~기원전 190년)
한나라의 개국공신으로 초한전쟁楚漢之爭에서 여러 차례 공을 세웠다.
이후 한나라 초대 승상인 소하蕭何가 죽자 후임 승상 자리에 오른다.
그는 소하의 정책을 계승하여 경제 회복과 민심을 수렴한 정치적 성과를 거두고
훗날 한나라가 발전하는 데 큰 역할을 한다.

---

4. 재상(宰相), 승상(丞相)의 다른 이름으로 가장 높은 관직을 말한다.

전 교사의 고민

저는 올해 9월 학교에 복직한 초등학교 4학년 담임교사입니다. 발령 받은 그해 여름방학에 개인적인 사정으로 1년간 휴직을 했습니다. 복직을 앞두면서 학급 운영 연수를 신청하여 들었고 학급 운영과 관련된 책도 읽으면서 복직을 준비했습니다. 신규 교사의 마음으로 최선을 다해 학급을 운영하겠다고 다짐했습니다.

제가 맡은 반의 전임 선생님은 수업을 잘한다고 소문난 선생님이었습니다. 그리고 학급도 민주적으로 운영하여 학생과 학부모의 만족도가 높다고 들었습니다. 솔직히 처음에는 이런 반을 맡게 되어 다행이라고 생각했습니다. 불량 학생도 없고, 학급에 대한 학부모의 신뢰도가 높았기 때문입니다. 하지만 시간이 지나면서 학급 운영이 점점 힘들어지고 있습니다. 저와 전임 선생님의 학급 운영 방식이 너무 달라 학생들이 적응하지 못하고 있기 때문입니다. 게다가 학생들과 학부모 심지어 동료 선생님들 사이에서 저와 전임 선생님을 비교하고 있다는 사실을 알게 되었습니다. 전임 선생님의 학급 운영 방식을 따르기에는 자존심이 상하고 제 역량도 부족한 것 같습니다. 제가 전임 선생님의 학급 운영 방식을 따라야 할까요? 아니면 이대로 지내면서 학생들이 적응하길 기다리면 될까요? 전임 선생님과 비교당하는 제 자신이 초라해지는 것 같습니다.

고민 해결

2학기에 담임을 맡아 전임 선생님에게 적응된 아이들을 지도하는 일은 쉽지 않습니다. 선생님의 역량이 부족해서 그런 것이 아닙니다. 복직한 지 얼마 지나지도 않았는데 너무 우울해하실 필요가 없습니다. 조금 더 여유를 갖고 학교생활에 적응하면 좋을 것 같습니다. 하루하루 더 나아질 것이라고 믿으며 스스로에게 용기와 힘을 주면 좀 더 행복한 학교생활을 할 수 있을 것입니다.

저도 신규 교사 때 비슷한 고민을 한 적이 있습니다. 제가 맡은 반의 학생들은 전임 선생님과의 관계가 너무 좋았고 학부모들의 만족도도 높았습니다. 처음에는 은근히 비교당하는 듯한 느낌을 받아 마음 상한 적이 있었습니다. 고민 끝에 선배 교사에게 조언을 구했더니 이렇게 말씀해 주셨습니다.

"너무 걱정하지 마세요. 아직 한 달도 안 됐는데 충분히 잘하고 있어요. 선생님은 신규 시절의 저보다 훨씬 잘하고 있으니 자신감을 가지세요. 시간이 지나면 아이들과 관계가 더 나아질 거예요."

선배 교사의 위로를 듣고 마음을 다잡게 되었고, 저의 부족한 부분을 인정하고 개선하기 위해 노력했습니다. 사람은 누구나 시행착오를 겪기 마련입니다. 선생님 또한 예외가 아닙니다. 물론 학교폭력이나 안전사고처럼 긴급한 분야는 민감하게 반응하고 재빠르게 대처해야 하겠지만, 학생들과의 관계나 기본적인 학급 운영에 대해서는 너무 조급하게 생각하지 않아도 됩니다. 아이들을 사랑하는 마음만 있다면 점점 나아질 수 있으니까요. 처음부터 누구나 완벽한 사람은 없습니다.

처음에는 누구나 다 서툴고 힘든 시간을 보냅니다. 선생님이 무엇보다 학생들을 위해 노력하는 모습을 보인다면 조금 부족해도 학생들은 선생님을 믿고 의지할 것입니다.

또한 전임 선생님의 학급 운영 방식을 무조건 따를 필요는 없습니다. 선생님의 학급 운영 방식이 틀린 것이 아니라 전임 선생님과 다를 뿐입니다. 하지만 전임 선생님의 학급 운영 방식을 무조건 배척하는 것도 좋지 않습니다. 전임 선생님의 학급 운영 방식에 학생과 학부모의 만족도가 높았다면 전임 선생님의 학급 운영 방식을 알아볼 필요가 있습니다.

대부분의 선생님들은 업무와 관련해서 모르는 부분이 있으면 전년도 담당자에게 찾아가거나 연락해서 물어보는 경우가 많지만, 학급 운영에 대해서는 자신의 지도 방식을 고집하는 경우가 많습니다. 내가 맡은 학생들이 전년도에 어떤 문제가 있었는지, 전년도에 담임선생님은 어떻게 학급을 운영했는지 등에 대해 물어보는 경우는 많지 않습니다. 물론 학급 운영은 선생님의 철학과 성격이 반영되기 때문에 자율성을 보장해 줄 필요가 있지만, 교육은 '자율'뿐만 아니라 '협력'과 '연속성'도 중요합니다. 협력과 연속성이 없는 자율은 오히려 부정적인 결과를 가져올 수 있습니다.

한나라의 승상을 지낸 조참曹參은 전임자의 좋은 방법을 그대로 이어 간 대표적인 인물입니다. 뛰어난 능력을 지닌 조참은 한나라의 천하 통일에 큰 공을 세웠습니다. 그러나 유방劉邦은 조참보다 소하蕭何를 더 중요하게 여겼고 소하를 승상에 임명하였습니다. 그래서 조참은 자신보다 높은 지위에 오른 소하를 미워했습니다. 이후 소하가 죽자 조참은 소하의 후임자로 승상이 되었습니다. 소하와 사이가 좋지 않은 조참은 소하의 후임자로서 어떻게 행동했을까요? 사마천 『사기』의 「조 상국 세가」 이야기를 살펴보겠습니다.

조참과 소하는 서로 지위가 높지 않을 때 잘 지냈다. 하지만 시 간이 지나고 서로의 지위가 높아지면서 조참과 소하는 사이가 멀 어졌다. 그러나 소하는 죽기 전 자신의 후임으로 조참을 추천했다. 그래서 조참은 소하의 뒤를 이어 한나라의 승상이 되었다. 그리 고 조참은 이전에 소하가 했던 일을 바꾸지 않고 그대로 따랐다.

조참은 말과 문장이 어눌하고 질박한 관리들과 중후한 사람들 을 불러들여 관리로 삼았다. 관리로서 말과 문장이 각박하고 명 성을 얻는 데 힘을 쓰는 자들은 바로 내쳐서 보냈다. 그러고는 별 다른 일을 하지 않고 낮밤으로 술만 마셨다.

많은 대신들이 나라 일을 돌보지 않는 조참의 모습을 보고 잘 못을 지적하려 했다. 하지만 대신들이 올 때마다 조참은 대신들 에게 바로 술을 마시게 했고, 조참에게 조언하려 하면 다시 마시 게 하여 취하게 했다. 그래서 많은 대신들이 끝내 말을 꺼내지 못 했다.

조참이 머물고 있는 집의 후원은 관리들의 기숙사와 가까웠다. 관리들은 기숙사에서 하루 종일 술을 마시고 노래를 불렀다. 그 래서 조참의 측근들이 매우 싫어했다. 측근들은 조참을 후원으 로 나오게 하여 관리들의 모습을 보게 했다. 측근들은 조참이 관 리들을 불러 혼내 주길 기대했다. 하지만 조참은 오히려 술을 더 가져오게 하고 그들과 함께 술을 마시며 노래를 불렀다. 이렇듯 승상이 된 후 조참은 별다른 일을 하지 않고 소하가 했던 일을 그대로 따랐다. 조참은 사람들의 작은 잘못을 보면 늘 감추어 주거나 덮어 주니 조참의 부서에는 일이 없었다.

혜제는 조참이 일을 하지 않는 것을 이상하게 생각했다. 자신이 황제 자리에 올랐는데 별다른 정책을 세우지 않고 소하가 했던 일을 그대로 하는 것이 못마땅했다. 이에 벼슬을 하고 있는 조참의 아들 줄을 불러 말했다.

"집으로 돌아가거든 조용히 아버지께 이렇게 한번 물어보시오. '고제(유방)께서 돌아가신 지 얼마 안 되었고, 황제는 아직 젊은데 그대는 승상이 되어 날마다 술만 마시고 아무 일도 하지 않으니 무슨 수로 천하 대사에 관심을 가지시렵니까?' 다만 내가 시켰다는 말은 하지 마시오."

줄이 휴가를 얻어 집으로 갔다. 그리고 조참에게 혜제가 이야기한 대로 말했다. 그러자 조참은 화를 내며 아들에게 곤장 200대를 때리고는 말했다.

"얼른 돌아가서 황제나 잘 모시도록 하거라. 천하의 일은 네가 말할 바가 아니다!"

이 소식을 들은 혜제는 조회 때 조참을 나무라며 꾸짖었다.

"그대는 줄을 어찌 그렇게 혼냈습니까? 그 일은 내가 시켜서 그대에게 이야기하게 한 것입니다."

그러자 조참이 관을 벗고 사죄하며 물었다.

"폐하께서는 돌아가신 고제와 비교하여 누가 더 영명하고 용감하십니까?"

혜제가 대답했다.

"짐이 어찌 선제보다 높겠습니까?"

조참이 다시 물었다.

"폐하께서 보시기에 신과 소하 중 누가 더 능력이 있습니까?"

혜제가 대답했다.

"그야 그대보다 소하가 더 능력이 있는 것 같소."

그 말을 들은 조참이 말했다.

"폐하의 말씀이 옳습니다. 고제와 소하는 천하를 평정하여 법령을 분명히 정했습니다. 폐하께서는 팔짱만 끼고 계시고 저는 자리를 지키면서 법령에 따라 빠진 것만 없도록 하면 되지 않겠습니까?"

혜제가 말했다.

"그대의 뜻을 잘 알겠소."

조참이 한나라의 승상으로 3년간 일했다. 조참이 승상으로 일할 때 백성들은 이런 노래를 불렀다.

소하가 법을 만드니
분명하고 반듯했네.
조참이 그것을 이어 가고 바꾸지 않았네.
맑고 차분하게 정치하니
백성이 하나같이 평안하네.

-「조 상국 세가」

보통 새로운 일을 맡거나 높은 지위에 오르면 자신을 과시하고 능력을 뽐내고 싶어 합니다. 그래서 전임자가 했던 일을 다 뒤집는 경우가 있는데, 조참은 그렇게 하지 않았습니다. 조참은 소하의 능력이 뛰어나다는 것을 알았고, 그의 정책이 현재 나라를 운영하기에 가장 적합한 통치 방법이라는 것을 알았기 때문입니다.

앞에서 이야기했듯이 조참과 소하는 사이가 좋지 않았습니다. 하지만 소하는 사심을 버리고 자신의 후임으로 조참을 추천했고, 조참 또한 소하의 법과 규정이 사회 풍토에 맞고 나라를 다스리는 데 적합하다고 여겨 정책의 일관성을 유지했습니다. 이러한 모습을 본 그 당시 사람들은 '소규조수蕭規曹隨'라는 말로 조참의 모습을 칭찬했습니다. 이는 예전에 쓰던 좋은 제도를 그대로 따르거나 이어 가는 것을 말합니다. 사마천은 그가 승상으로 있는 동안 청렴하고 도리에 합당한 정사를 펼쳤다고 하면서 조참이 추진한 정책[5]은 천하에 미덕으로 남을 만

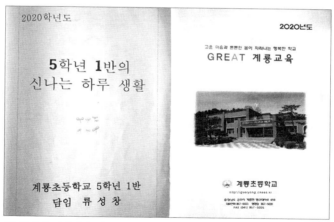

새 학기가 시작되기 전에 전임 선생님의 흔적이 담겨 있는 교육자료와 학급 교육과정은 꼭 살펴보는 것이 좋습니다.

하다고 하였습니다.

이전 담임선생님의 학급 운영 방식이 좋다고 그 방식을 그대로 따를 순 없습니다. 학급 운영은 선생님의 교육철학과 지도 방식을 보여 주기 때문입니다. 다만, 학생들과 학부모의 의견을 듣고 전임 선생님의 학급 운영 중 어떤 부분이 좋았는지 알아보아야 합니다. 그래서 전임 선생님의 학급 운영 방식을 선생님의 학급 운영 방식과 연계할 필요가 있습니다. 전임 선생님의 학급 운영 방식을 알아보고 선생님의 학급 운영에 활용한다면 더 훌륭하게 학급을 운영할 수 있을 것입니다.

학생들은 생각보다 훨씬 관대하고 마음이 따뜻합니다. 선생님이 학생들에게 다가가려고 노력하는 모습을 보인다면 학생들은 선생님의 학급 경영에 만족하고 적응할 것입니다. 시간과 노력은 배신하지 않습니다. 아직 한 달도 지나지 않았는데 너무 초조해하지 않으셔도 된다는 용기의 말씀을 드리고 싶습니다.

---

5. 일부러 일을 만들지 않고 이전의 방식을 따라 백성들이 편히 쉬면서 생업에 종사하게 하는 정책.

원칙과 융통성
사이에서
갈등하고
있습니다

정치가 복잡하고 쉽지 않으면

백성들은 그 나라에 모이지 않을 것이다.

정치가 쉽고 백성한테 가까우면

백성들은 반드시 그 나라에 모일 것이다.

-「노나라 세가」

주공 단(周公 旦, ?~?)
주나라 무왕武王의 동생이자 노나라의 시조이다.
형인 무왕을 보좌하여 상(은)나라를 정벌하고 주나라를 건국한다.
무왕의 어린 아들인 성왕成王을 보좌하여 주나라를 발전시킨다.

김 교사의 고민

저는 올해 새로 옮긴 학교에서 연구부장을 맡아 연구학교 업무를 추진하게 되었습니다. 연구학교를 운영하려면 선생님들의 도움이 절실한데 잘 도와줄지 걱정됩니다. 개학이 일주일밖에 남지 않았는데 어떻게 하면 선생님들과 원만하게 일을 처리할 수 있을지 고민하고 있습니다.

사실 저는 이전 학교에서 부장을 맡았는데, 그 학교에 다니면서 선생님들과 갈등을 겪었습니다. 저는 평소 일을 꼼꼼하고 원리 원칙대로 처리하는 편입니다. 또 제가 맡은 일은 철저하게 책임지고 처리하려고 합니다. 부장을 맡기 전에는 일과 관련해서 선생님들과 부딪히는 일이 없었습니다. 그런데 부장을 맡으면서 선생님들과 함께 처리해야 하는 일이 많아지니 문제가 생겼습니다. 일을 처리할 때마다 선생님들과 갈등이 생기고 다투게 되었습니다. 함께 일하는 선생님들이 "선생님은 융통성이 없어 주변을 힘들게 해요"라는 말을 했을 땐 충격을 받았습니다. 새로 옮긴 학교에서는 선생님들과 원만하게 일을 처리하고 싶은데 어떻게 해야 할까요?

고민 해결

일을 처리하는 방식은 개인의 성격과 관련이 있습니다. 그래서 사람마다 일을 처리하는 방식이 다릅니다. 느긋한 성격을 지닌 사람은 대부분 일 처리도 느긋하게 합니다. 반면에 성격이 급한 사람은 대부분 일 처리가 빠르고 서두르는 경향을 보입니다. 많은 사람들이 자신의 일하는 방식이 마음에 들지 않아 고치려 하지만 일하는 방식을 바꾸기란 쉽지 않습니다. 성격은 어릴 적에 타고나고 형성된 것이라 쉽게 바뀌지 않으니까요. 그러니 사람들은 보통 자신의 성격에 맞게 일을 처리합니다.

그런데 직장에서 근무하다 보면 자신의 일하는 방식을 고집하기 힘 듭니다. 직장에서는 여러 사람들과 이해관계가 얽혀 있기 때문입니다. 아무리 느긋한 성격이라도 성격이 급한 상사를 만나면 평소와 다르게 일을 빠르게 처리하려고 노력합니다. 반대로 성격이 급한 사람도 느긋한 직장 상사를 만나면 참고 기다려야 합니다. 그래서 직장에서 일을 처리하는 방식은 고정되지 않고 상대방에 따라 변하게 됩니다.

학교에서는 관리자를 제외하면 교직원 간에 상하관계가 분명하지 않습니다. 나이가 많거나 부장이라는 직책을 맡아도 다른 선생님들에게 자신의 일하는 방식을 억지로 따르게 할 수 없습니다. 그러므로 학교에서 원만하게 일을 추진하려면 다른 선생님들의 동의를 얻고 선생님들의 의견을 반영하는 일이 중요합니다.

선생님의 고민을 살펴보면 '원칙'과 '융통성'이 서로 충돌하는 것 같습니다. 언뜻 보기에 '원칙'과 '융통성'은 정반대의 성격인 것 같지만, 이 둘은 개념만 다를 뿐 결국 함께 추구해야 할 덕목입니다.

원칙에만 사로잡혀 융통성을 잃는다면 선생님이 원하는 대로 일을 추진하기 어려울 것입니다. 함께 일하는 선생님들의 호응을 얻을 수 없기 때문입니다. 애초에 원칙은 사람마다 다릅니다. 그래서 원칙만 적용하면 모든 구성원의 동의를 얻기 힘듭니다. 그러므로 일을 할 때 너무 원칙만 고집하면 안 됩니다. 물론 융통성만 내세우는 것도 옳지 않습니다. 융통성만 내세우면 일을 처리하는 방향을 잃고 목적을 달성하기 어려울 수 있습니다. 그러니 누구나 공감하는 원칙을 세우고 그 외 나머지는 융통성을 발휘하여 일의 진행 방향을 점검해야 합니다.

그렇다면 '원칙'과 '융통성'은 어떻게 활용해야 할까요? 결론부터 말하자면, 원칙에 어긋나지 않는 한 융통성에 비중을 두어야 합니다. 즉, 중요한 일은 원칙에 따라 철저히 처리해야 하지만 사소한 일은 각자의 성격에 맞게 융통성 있게 처리하도록 지켜봐야 합니다.

『사기』의 「흉노 열전」에는 '원칙'과 '융통성'에 관한 재미있는 이야기가 등장합니다.

흉노족의 묵돌이 왕이 되었을 때 이웃 나라인 동호[6]의 세력이 강성했다. 묵돌이 자기 아비를 죽이고 스스로 왕이 되었다는 것을 들은 동호의 왕은 묵돌에게 사자를 보내 묵돌의 아버지가 가지고 있던 천리마를 얻고 싶다고 청했다. 이에 묵돌이 신하들의 의견을 묻자, 신하들은 모두 이렇게 말했다.

"천리마는 흉노의 보배입니다. 그들에게 주지 마십시오."

그러나 묵돌은 이렇게 말했다.

"동호는 우리와 이웃 나라인데, 어떻게 말 한 마리를 아낄 수 있겠는가?"

---

6. 고대 흉노의 동쪽에 살던 유목민.

그리하여 결국 천리마를 동호에 보내 주었다.

얼마 뒤에 동호왕은 묵돌이 자신을 무서워하는 것으로 판단하고 다시 사자를 보내 묵돌의 첩 중 한 사람을 달라고 청했다. 묵돌이 또 좌우 신하들에게 물었다. 좌우의 신하들이 모두 화를 내며 말했다.

"동호왕은 매우 무례합니다. 감히 선우[7]의 첩을 요구하다니, 즉시 출병해서 그들을 공격해야 합니다."

그러나 이때도 묵돌은 이렇게 말했다.

"동호왕의 나라와 이웃하며 지내고 있는데 어떻게 여자 하나를 아낄 수 있겠는가?"

그리고 총애하던 첩 한 사람을 골라 동호왕에게 보내 주었다. 동호왕은 더욱 교만해져서 서쪽으로 흉노의 변경을 침범해 왔다. 당시 동호와 흉노 사이에는 1천여 리에 걸쳐 아무도 살고 있지 않은 황무지가 있었다. 두 나라는 각각 자기들의 형편에 따라서 그곳에 수비 초소를 세워 놓고 있었다.

동호는 또다시 사자를 보내 묵돌에게 이렇게 전했다.

"흉노와 우리가 경계하고 있는 황무지는 흉노로서는 어차피 소용없는 땅이니 우리가 갖도록 하겠소!"

묵돌은 이 문제에 대해 좌우의 대신들에게 또다시 의견을 물었다. 그러자 몇 사람이 이렇게 말했다.

"그 땅은 어차피 버려진 황무지입니다. 주어도 좋고 안 주어도

---

7. 흉노의 군주를 일컫는 말.

좋을 것 같습니다."

그러자 묵돌은 크게 화를 내며 이렇게 말했다.

"땅은 나라의 근본이다. 어떻게 그들에게 넘겨줄 수 있단 말인가?"

그러고는 주어도 좋다고 한 자들을 모조리 참수했다.

묵돌은 그 즉시 말에 올라 나라 안에 다음과 같은 명령을 내렸다.

"이번 출전에서 도망가는 자는 그 자리에서 즉시 죽이겠다."

그리고 마침내 동쪽으로 동호를 습격했다. 동호는 처음부터 묵돌을 얕잡아보고 있어서 흉노에 대한 방비를 거의 하지 않았다. 묵돌이 군사를 이끌고 습격해 순식간에 동호의 군사를 격파하고 그 왕을 잡아 죽였으며 백성들과 가축을 빼앗았다.

-「흉노 열전」

흉노匈奴는 한나라가 매우 두려워하는 민족이었습니다. 한나라는 흉노를 오랑캐라고 부르면서 겉으로는 멸시했지만 진시황秦始皇이 만리장성을 쌓아 경계할 정도로 두려워하는 민족이었습니다. 하지만 이전에는 흉노에 대한 두려움이 크지 않았습니다. 흉노족은 서로 단결하지 않고 서로 다퉜기 때문입니다. 그런데 묵돌冒頓이라는 지도자의 등장으로 흉노는 하나로 뭉쳤고 세력이 점차 강해졌습니다. 심지어 중국을 통일한 한나라 유방劉邦의 군대를 크게 격퇴할 정도였습니다. 묵돌의 강력한 힘에 굴복한 한나라는 흉노와 형제의 조약을 맺고 흉노를 형님의 나라로 인정하였습니다.

묵돌은 분열을 반복하던 흉노를 어떻게 통합했을까요? 그리고 어떤 방법으로 흉노를 강력한 제국으로 만들었을까요? 그건 바로 원칙과 융통성을 조화롭게 활용한 묵돌의 통치 방식이었습니다. 그의 통치 방식은 '가장 중요한 원칙은 절대 양보하지 않았지만 사소한 원칙에는 융통성을 발휘한다'는 것이었습니다. 그래서 각 부족의 신임을 얻고 전쟁에서 큰 승리를 거두었습니다. 원칙과 융통성을 발휘하여 부하들을 통솔하는 그의 능력은 지금까지 인정받고 있습니다. 심지어 미국의 유명 군사잡지 〈암체어〉[8]에서는 세계 100대 명장에서 묵돌을 12위에 선정할 정도였습니다.

선생님의 일 처리 방식에도 원칙과 융통성을 적용할 필요가 있습니다. 모든 일을 원칙대로만 처리하고, 선생님의 원칙을 무리하게 적용하면 문제가 생길 것입니다. 원칙만 있고 융통성 없는 사람들의 일 처리 방식을 '흔히 어려운 일을 어렵게 하고 쉬운 일도 어렵게 한다'라고 말하는데, 선생님은 혹시 그런 이야기를 주변에서 들어 본 적 없나요? 물론 영토는 절대 양보하지 않는 묵돌처럼 선생님도 일을 처리할 때 절대 변하지 않는 중요한 원칙은 정해야 합니다. 하지만 중요한 원칙을 방해하지 않는 작은 일들은 융통성을 발휘하는 자세가 필요합니다.

선생님의 고민을 해결하기 위해 『사기』의 이야기를 하나 더 소개하겠습니다.

주공이 섭정을 했을 때 강태공은 제나라 땅을 받아 그곳으로

---

8. 〈Armchair General〉 2008년 3월호.

떠났다. 다섯 달이 지난 후 주공에게 그곳의 정치 상황을 보고했다. 그러자 주공이 물었다.

"어찌하여 이렇게 빨리 보고하느냐?"

강태공이 답했다.

"저는 그곳에서 군신 간의 예를 간소화하고, 그곳의 풍속에 따라 다스렸습니다."

주공의 아들 백금은 노공이라 불리며 노나라 땅을 다스렸다. 백금이 노나라 땅을 받고 3년이 지나서야 주공에게 정치 상황을 처음으로 보고했다. 주공이 물었다.

"어찌하여 이렇게 늦게 보고하느냐?"

백금이 답했다.

"저는 노나라 땅에 도착하여 그곳의 풍속과 예의를 다 바꾸었습니다. 그 후 삼년상을 치르고 난 뒤에 상복을 벗어 버리느라 늦었습니다."

주공은 백금의 말을 듣고 한탄하며 말했다.

"아! 정치가 복잡하고 쉽지 않으면 백성들은 그 나라에 모이지 않을 것이다. 정치가 쉽고 백성한테 가까우면 백성들은 반드시 그 나라에 모일 것이다. 노나라는 후세에 아마 제나라의 신하가 되어 섬기게 될 것이다."

−「노 주공 세가」

주공周公은 주나라 무왕武王을 도와 상(은)나라를 정벌하는 데 큰 공을 세운 인물입니다. 그리고 무왕의 어린 아들 희송姬誦(훗날 성왕)

이 장성할 때까지 섭정을 하여 주나라를 안정시켰습니다. 섭정 기간 동안 '봉건 제도'와 '종법제'를 실시하여 주나라 정치 사회 제도의 기틀을 잡았고 행정 조직을 정비하였습니다. 또한 예학의 기초를 만들어 『역경』과 『주례』, 『의례』를 저술했습니다. 후대에 공자孔子는 주공을 이상적인 군자로 여겨 꿈에서라도 보고 싶어 할 정도로 존경을 표하는 인물이었습니다.

주공은 무왕을 도와 은나라를 정벌한 후 노나라 땅을 받았습니다. 그는 어린 조카 성왕을 도와야 하기 때문에 자신의 아들을 보내 노나라 땅을 다스리게 하였습니다. 제나라 땅을 받은 강태공姜太公은 다섯 달 만에 그 지역을 안정시켰지만, 주공의 아들은 3년이나 지나서야 그 지역을 안정시켰습니다. 그러자 주공은 아들의 통치 방식을 질책하며 이렇게 말했습니다.

"정치가 복잡하고 쉽지 않으면 백성들은 그 나라에 모이지 않을 것이다. 정치가 쉽고 백성한테 가까우면 백성들은 반드시 그 나라에 모일 것이다."

결국 후세에 제나라는 천하의 패권을 놓고 다투는 큰 나라로 성장하지만 노나라는 여러 나라의 눈치를 살피는 약소국으로 전락하였습

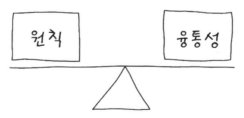

원칙과 융통성을 조화롭게 발휘하는 모습이 필요합니다.

니다.

주공의 아들이 통치하는 방식은 융통성이 부족한 선생님과 비슷한 점이 많습니다. 융통성이 부족한 선생님은 주변 상황을 고려하지 않고 자신의 방식으로 업무를 처리하려 합니다. 새로운 학교에 가도 기존에 있는 선생님을 배려하지 않고 자신의 업무 스타일을 고집합니다. 하지만 융통성이 있는 선생님은 강태공처럼 업무 방식을 간소화하고 기존 선생님들의 의견을 최대한 따르려 합니다. 당사자에게는 아무리 효율적인 방식이라도 다른 선생님들에게는 새롭게 느껴져 거부감이 생길 수 있습니다. 만약 자신의 일 처리 방식을 다른 선생님들에게 요구하고 싶다면 충분한 설명과 동의를 구해야 합니다.

저는 학기 초에 '한글 문서'로 주간업무 계획을 받는 대신 '구글 스프레드 시트'로 선생님들의 주간업무를 받으려 했습니다. 종이 낭비도 줄이고 누군가 한글 문서를 수합해서 정리해야 하는 단점도 해결할 수 있기 때문에 선생님들도 당연히 적극적으로 활용할 것이라 생각했습니다. 하지만 선생님들의 동의 없이 시작한 방식은 결국 실패로 끝났습니다. '구글 스프레드 시트'는 링크창에 접속해서 입력만 하면 되지만, 여러 선생님들은 이를 불편하게 생각했습니다. 기존 방식과 달라 익숙하지 않았기 때문입니다. 그래서 학기 초에 업무가 공유되지 않아 불편함을 겪었습니다. 결국 한글 문서로 주간업무 계획을 다시 받게 되었고 그 이후로는 업무 공유가 잘되었습니다. 그 일을 겪은 후 내가 아무리 효율적이고 좋은 방식이라고 생각해도 다른 선생님들의 동의를 얻지 못하면 아무 소용이 없다는 것을 알게 되었습니다.

원칙과 융통성을 함께 추구하는 가장 좋은 방법은 구성원과의 원활한 소통입니다. 그리고 충분한 소통을 통해 일의 우선순위와 원칙을 정하는 것이 가장 중요합니다. 선생님들과의 협의를 통해 중요한 일은 원칙을 정해 처리하고, 양보할 수 있는 작은 일은 융통성을 발휘하여 처리한다면 이전 학교에서 겪었던 갈등이 반복되지 않을 것입니다.

수업에 대해
조언하는
선배 교사가
불편합니다

좋은 약은 입에 쓰고, 좋은 말은 귀에 거슬린다.

-「유후 세가」

장량(張良, ?~기원전 186년)
전국시대 한韓나라의 명문가 출신으로 시황제를 암살하려고 시도했으나 실패한다.
진승陳勝과 오광吳廣의 난이 일어나자 유방劉邦을 도와 한漢나라 창업에 힘쓴다.
선견지명先見之明이 있는 책사로 항우項羽를 무너뜨리는 데 큰 공을 세운다.

박 교사의 고민

교직 생활 10년 차로 현재 학교에서 부장을 맡고 있습니다. 저는 성취 욕구가 강한 성격으로 신규 교사 시절부터 다양한 활동을 했습니다. 연구대회도 참가하고 교육청 일도 하는 등 다양한 분야에서 열심히 생활하고 있습니다. 학교에서 일을 잘한다고 인정받고 있고, 주변에서도 능력 있는 교사라고 칭찬받고 있습니다.

하지만 올해 새로 전입한 선배 교사 때문에 스트레스를 받고 있습니다. 수석교사인 그 선생님은 학부모 학교 참여의 날 저의 수업을 유심히 관찰했습니다. 그리고 저에게 수업에 관해 여러 조언을 해 주었습니다. 별 생각 없이 그분의 말을 들었는데 이번 학교 대표 공개수업자로 저를 추천했습니다. 학교에 후배 교사도 많은데 저를 추천한 것에 화가 났습니다. 당장 못 하겠다고 거절하려 했지만 괜히 버릇없다는 소리만 들을 것 같아 참았습니다.

공개수업을 대충 준비하려 했는데 선배 교사는 열정적으로 저를 도와주고 있습니다. 그런 선배 교사의 모습이 당황스럽습니다. 나한테 왜 그럴까 싶어 물어보니 "선생님은 업무나 외부 일은 잘하는데 수업에 대한 연구는 상대적으로 부족한 것 같아 아쉬워요. 이번 공개수업을 준비하면서 수업에 대해 배우고 관심을 가졌으면 좋겠어요"라는 대답을 들었습니다. 그 후 지금까지 수업에 대해 여러 가지 조언을 해 주고 있습니다.

대학교 실습을 제외하면 수업에 대해 이렇게 많은 시간과 노력을 기울인 건 처음이었습니다. 저를 위해 고생하는 선배 교사에게 고맙기도

하지만, 한편으로는 '저경력도 아닌데 내가 지금 왜 이런 잔소리를 들어야 돼?'라는 생각이 듭니다. 수업에 대해 조언하는 선배 교사가 불편한 저의 모습이 이상한 건가요?

고민 해결

학교에서 교사가 하는 일은 수업, 학생 생활지도, 업무 등입니다. 모든 일이 다 중요하지만, 많은 선생님들이 수업과 생활지도를 더 중요하게 생각합니다. 수업과 생활지도는 교사라면 기본적으로 누구나 해야 되는 일이라고 생각하기 때문이죠. 하지만 가장 기본적인 일임에도 불구하고 많은 선생님들이 수업과 생활지도를 연구하는 데 많은 시간을 투자하지 않습니다. 밀린 업무나 보고서 때문에 초과 근무하는 선생님들은 있었지만 일상적인 수업 준비 때문에 학교에 늦게까지 남아 연구하는 선생님은 많지 않았습니다. 그래서 시간이 지나면 업무 능력이나 보고서 작성 능력은 향상되지만 수업이나 생활지도는 저경력 시절과 비슷한 선생님들이 많습니다. 교사의 수업이나 생활지도가 발전하지 않는 이유는 여러 가지 있지만, 이번 시간에는 두 가지만 살펴보겠습니다.

첫째, 교사 스스로 자신의 수업이나 생활지도를 개선하겠다는 마음가짐이 부족합니다. 업무나 연구대회 등은 결과가 바로 나타나기 때문에 즉각적으로 주변 사람들로부터 인정받을 수 있습니다. 그래서 선생님들은 이 분야에 많은 시간과 노력을 투자하는데, 수업이나 생활지도는 누군가에게 인정받기 위한 분야가 아닙니다. 그래서 수업이나 생활지도에 별다른 문제가 발생하지 않으면 자신의 시간과 노력을 투자하려고 하지 않습니다. 특히 수업은 진도만 잘 나간다면 문제가 발생할 일이 거의 없어서, 수업에 대해 연구하며 시간을 투자하는 선생님이 많지 않습니다.

둘째, 선생님들이 수업이나 생활지도에 문제가 발생해도 주변 선생님들에게 솔직히 털어놓지 않습니다. 선생님들은 무의식적으로 수업이나 생활지도와 관련된 고민을 털어놓기 꺼려 합니다. 주변 선생님으로부터 무능력하다는 소리를 들을까 걱정되기 때문입니다. 실제로 학교에서 선생님들끼리 모이면 업무에 대해서는 활발하게 이야기하지만 자신의 수업이나 생활지도에 대한 어려움은 말하지 않습니다. 왜 그럴까요? 아마 선생님은 수업이나 생활지도는 당연히 잘해야 한다고 생각하는 것 같습니다. 그래서 주변 선생님에게 업무적으로 도움은 요청하지만 수업이나 생활지도는 도움을 요청하기 어려워합니다. 그런데 선생님들의 온라인 커뮤니티를 살펴보면 수업이나 학생들의 생활지도에 대한 문제점을 이야기하며 도움을 요청하는 선생님들이 많습니다. 그리고 많은 선생님들이 그 고민에 공감하며 조언을 해 줍니다. 그렇지만 온라인은 한계가 있습니다. 수업이나 생활지도가 발전하려면 같은 학교에 근무하는 선생님들과 활발하게 소통해야 합니다.

지금 선생님은 수석교사의 조언이 잔소리로 들리는 것 같습니다.

'저경력도 아닌데 내가 왜 수업에 대해 조언을 들어야 돼?'라는 생각 때문에 수석교사의 말이 불편하기만 합니다. 하지만 교사의 하루 기분을 좌지우지할 수 있는 것은 수업입니다. 학교에서 가장 많이 보내는 시간이 바로 수업 시간이기 때문입니다. 그러므로 업무나 대회 지도는 잠시 내려놓고 이번 기회에 수업을 진지하게 배워 보는 것이 어떨까요?

『사기』의 「유후 세가」에는 '양약고구良藥苦口'라는 고사성어가 등장합니다. 좋은 약은 입에 쓰다는 뜻으로, 지금 수석교사의 조언을 불편해하는 선생님에게 가장 어울리는 말인 것 같습니다. 고사성어가 등장한 이야기를 조금 더 살펴보면서 선생님의 고민을 해결해 보겠습니다.

초나라 회왕은 유방과 항우에게 군사를 이끌고 진나라에 대항하게 했다. 그리고 진나라 수도 함양을 점령하는 사람에게 천하의 제후를 다스릴 수 있는 패자의 지위를 주기로 약속했다. 유방은 장량을 불러 그와 함께 군대를 이끌고 진나라의 수도가 있는 관중 지방으로 진격했다.

여러 차례 진나라 군대를 물리치고 관중 지방으로 진격했고 마침내 진나라의 수도 함양에 이르렀다. 그러자 진나라 왕 자영이 유방에게 항복했다.

유방은 진나라의 궁으로 들어가서 엄청난 궁실, 휘장, 개, 말, 귀한 보물, 여자를 보고 그곳에 머물고 싶어 했다. 유방의 부하 번쾌가 유방에게 궁궐 밖으로 나가자고 간했으나 유방은 듣지 않았다. 이에 장량이 간언했다.

"무릇 진나라 황제들이 덕이 없었기 때문에 공께서 여기까지 온 것입니다. 천하를 위해 남은 도적들을 없애려면 검소한 것이 밑천입니다. 지금 진나라에 들어오자마자 쾌락에 몸을 맡긴다면 아무것도 이루지 못하고 민심을 잃게 될 것입니다. 충성스러운 말은 귀에 거슬리지만 행동에는 유익하고, 독한 약은 입에 쓰지만 병에는 좋다고 합니다. 원컨대 공께서는 번쾌의 말을 들으십시오."

유방은 장량과 번쾌의 말을 따라 진나라 궁에서 떠났다.

-「유후 세가」

건달 출신인 유방은 진나라 궁궐에 있는 많은 보물과 미녀를 보자 정신을 차리지 못했지만, 유방은 부하들의 조언을 듣고 자신의 욕망을 포기했습니다. 유방은 물질적인 욕심도 있었지만 그보다 더 큰 뜻을 품고 있었기 때문입니다. 이러한 유방의 모습은 백성들에게 깊은 인상을 남겼고 훗날 천하를 통일하는 데 큰 도움이 되었습니다.

부하들의 조언을 받아들인 유방처럼 선생님도 좀 더 열린 자세로 수석교사의 조언을 들어 보는 것이 어떨까요? 원래 자신에게 이로운 충고는 항상 귀에 거슬리는 법입니다. 지금보다 더 능력 있는 교사가 되기 위해 듣기 싫은 충고도 겸허하게 받아들일 줄 아는 지혜가 요구됩니다. 우선, 선생님이 그동안 업무나 대회 지도 등 눈에 보이는 성과에만 몰두하지 않았는지 생각해 보는 시간이 필요할 것 같습니다. 그리고 그러한 일들 때문에 교사에게 가장 중요한 수업은 소홀히 하고 있지 않았는지 진지하게 고민해 봐야 합니다. 물론, 선배 교사의 접근 방식이 옳다고 할 수는 없습니다. 선배 교사는 선생님과 제대로 의논하지 않고 공개수업을 시켰습니다. 그러한 선배 교사의 행동이 선생님을 화나게 했을 것입니다. 그래도 선생님의 고민을 살펴보면 수업에 도움을 주려는 선배 교사의 마음은 진심인 듯하니, 선생님이 마음을 열고 다가가면 좋겠습니다.

수업을 배우려는 마음은 경력과 상관없이 교사라면 누구나 가져야 합니다. 그러므로 저경력 교사뿐만 아니라 고경력 교사도 수업에 대한 배움이 필요하다고 봅니다. 현재 학교현장에서는 수업 연구나 연수는 대부분 저경력 선생님만 참여하는 경우가 많습니다. 그러한 관행에서 탈피한다면 수업에 대한 배움의 분위기가 학교현장에 확산될 것입니다.

저도 선생님처럼 수업보다는 각종 대회나 업무, 자료 개발에 많은

교사를 가장 빛나게 하는 시간은 수업입니다.

관심을 가졌습니다. 1년에 한두 번 하는 공개수업을 위해 투자한 시간이 수업 연구의 전부였고, 평소에는 실습 때 배운 수업 기술과 각종 참고 자료를 활용하였습니다. 주변에서도 '일은 잘하니 수업도 당연히 잘하겠지?'라고 막연하게 생각하며 제 수업은 크게 신경 쓰지 않았습니다. 그러다 우연히 제 수업을 공개한 적이 있었는데, 그때 선배 교사로부터 수업에 대한 배움을 실천하면 좋겠다는 이야기를 들었습니다. 처음에는 잔소리처럼 들렸지만 지금은 수업 연구회에 참여하면서 '질문 있는 수업'에 대해 연구하고 열심히 배우고 있습니다. 그당시 선배 교사는 저에게 수업에 대한 교사의 마음가짐을 이렇게 이야기해 주었습니다.

첫째, 수업이 가장 우선이다.

교사를 가장 빛나게 하는 것은 수업입니다. 그리고 주변에서 교사를 전문가로 인정해 주는 것도 수업입니다. 학생들과 가장 많이 대화하고 만날 수 있는 시간도 수업 시간입니다. 교사에게는 그 무엇보다 수업이 1순위입니다.

둘째, 수업 철학을 가져야 한다.

수업을 연구하다 보면 스스로 의욕이 상실되고 좌절하는 경우가 있습니다. 그때 선생님을 다시 일으킬 수 있는 것이 수업 철학입니다. 교육과정은 시대에 따라 변할 수 있지만 교사의 수업 철학은 변하지 않습니다. 즐거운 수업, 이야기를 많이 하는 수업, 움직임이 넘치는 생동감 있는 수업 등 간단하지만 분명한 자신의 수업 철학을 가져야 합니다.

셋째, 수업은 혼자가 아닌 함께 만드는 것이다.

학교 내 교사 모임 혹은 수업 연구회에 참여하여 함께 고민하고 해결하는 것이 좋습니다. 수업을 준비하고 연구하면서 서로의 생각을 듣고 함께 고민하는 것은 행복한 수업을 준비하기 위해 꼭 필요하다고 봅니다.

'선생님은 일을 잘하네요'라는 칭찬보다 '선생님은 일뿐만 아니라 수업도 잘하네요'라는 칭찬이 더 좋지 않을까요? 이번 기회에 선생님의 수업을 한번 되돌아보며 수업에 대해 진지하게 공부하고 연구하는 시간을 갖길 바랍니다.

학교는
왜
젊은 교사들에게
일을
몰아주나요?

재상이란 위로는 천자를 보좌하며

음양을 다스려 사계절을 순조롭게 하고,

아래로는 만물이 제때에 길러지도록 하며,

밖으로는 사방의 오랑캐와 제후들을 진압하고 어루만지며,

안으로는 백성들을 친하게 하여 복종하게 하고,

관리들로 하여금 각자 그 직책을 맡게 하는 것입니다.

－「진 승상 세가」

진평(陳平, ?~기원전178년)
초한전쟁楚漢之爭 초기에는 항우項羽를 섬겼으나 항우를 배신하고 유방劉邦을 섬긴다.
그리고 한나라가 천하 통일을 이루는 데 큰 공을 세운다. 여태후呂太后가 죽고
여씨의 난⁹이 일어나자 주발과 함께 이를 평정하고 문제를 황제로 옹립한다.

---

9. 고조 유방이 죽은 뒤 황후 여 태후가 여씨 사람을 왕으로 봉하고 정치를 멋대로 하자, 여
태후가 죽은 뒤 유씨가 들고일어나 여씨 일족을 몰살하였다.

이 교사의 고민

저는 경력 3년 차 교사입니다. 교직 생활을 하면서 이해되지 않는 부분이 있어 고민을 올립니다. 교사는 경력에 비례하여 호봉이 올라가므로 경력이 많은 교사들이 월급을 많이 받습니다. 경력이 많은 교사들이 돈을 많이 받으니 학교에서 하는 일도 더 많아야 되지 않나요? 그런데 교직 사회는 정말 이상하게도 거꾸로 가는 것 같습니다. 물론 나이 많은 교사 모두를 이야기하는 것은 아닙니다. 부장이나 승진에 욕심이 있는 선생님들은 일을 열심히 합니다. 하지만 부장이나 승진 욕심이 없는 나이 많은 선생님들은 대부분 일을 미루거나 기피하려고 합니다.

대표적인 예로 업무 분장 기간이 되면 신규 교사나 젊은 교사들은 어렵고 귀찮은 업무를 맡게 됩니다. 학년 배정도 마찬가지입니다. 나이 많은 선생님들은 매년 저학년이나 편한 학년을 맡습니다. 그런데 항상 힘들다고 하소연합니다.

곧 있으면 업무와 학년이 배정되는데 걱정이 많습니다. 관리자들은 나이 많은 선생님들을 우선적으로 배려하는 것 같고, 젊은 선생님들의 불만은 신경을 쓰지 않습니다. 나이가 어리면 무조건 참아야 하나요? 젊은 선생님들에게만 일이 몰리는 것 같아 너무 불공평합니다.

고민 해결

선배 교사들과 대화하다 보면 '라떼는 말이야'라는 불평 섞인 말로 젊은 선생님에게 핀잔을 주는 경우가 있습니다. 그런데 놀라운 사실은 그분들도 어릴 적 선배 교사에게 비슷한 이야기를 들었다고 합니다. 이런 사실로 미루어 볼 때 아무리 세상이 바뀌어도 세대 갈등은 계속 나타나는 것 같습니다. 지금 선생님이 고민하는 문제는 학교에서만 나타나는 현상이 아닙니다. 모든 직장에서 세대 간의 갈등은 나타납니다. 그러므로 교직 사회에서만 볼 수 있는 이상한 현상이라고 생각할 필요는 없습니다.

직장 내 세대 갈등은 왜 일어날까요? 많은 이유가 있겠지만 연구자들이 공통적으로 말하는 이유는 '고정관념' 때문입니다. 선생님의 고민에서 '나이가 많은 선생님들은 저학년만 선호하고 편한 업무만 맡으려고 해'라고 말했던 것들이 고정관념의 대표적인 예입니다. 고정관념이 쌓이면 상대방에 대한 오해를 야기하고 서로에 대한 갈등을 지속하게 만듭니다. 그 결과 소통과 협력은 어려워지고 학교 문화에 악영향을 끼칩니다.

메트러스 연구소Metrus Institute 소장인 윌리엄 A. 쉬에만은 "고정관념 때문에 남녀 구별, 인종 구별이 생겨났고 이제는 세대까지 부적절하게 구별하고 있는 것이다. 밀레니엄 세대 내에서 나이가 엇비슷한 경우에도 개인 간에는 엄청난 차이가 존재한다. 자체 연구 결과에서도 세대 간 차이보다 같은 세대 내 개인별 차이가 더 큰 것으로 나타난다"라고 했습니다. 그는 이러한 고정관념을 타파하고 인간관계를 개선할 수 있는 해법은 세대가 아닌 개인에게 초점을 맞춰 바라봐야 한다고 말합니다.

창의적 리더십 센터Center for Creative Leadership 제니퍼 딜의 연구 결과에 따르면, 사람들은 세대별 차이보다는 개인별 차이가 더 뚜렷하게 나타난다고 합니다. 또 세대별 고정관념을 해결하지 않으면 조직에 대한 적극성과 일체감이 저하된다고 말합니다.

실제 학교생활을 하다 보면 젊은 선생님의 경우에도 책임감이 부족하거나 남에게 일을 미루는 모습을 보이곤 합니다. 반대로 경력이 많은 선생님들 중에도 책임감을 갖고 맡은 일을 열심히 하는 선생님이 있습니다. 결국, 세대별 차이보다는 개인별 성격이나 태도 등에 따라 교직에서 생활하는 모습에 차이가 발생하는 것입니다. 따라서 선생님의 고민을 해결하려면 일단 나이 많은 교사들이 일을 하지 않는다는 생각에 변화를 주면 좋을 것 같습니다. 그리고 선생님의 고민을 '학교는 왜 일하는 사람에게만 일을 몰아주나요?'로 바꾸는 것이 어떨까요?

대부분의 조직은 열심히 일하는 사람에 의해 유지됩니다. 이탈리아 경제학자이자 사회학자인 빌프레도 파레토는 20:80 법칙을 이야기하며 이 현상을 설명했습니다. 파레토의 법칙으로도 불리는 이 법칙은 개미 집단에서 20%의 개미만 열심히 일을 하고 나머지 80%의 개미는 빈둥대고 있다고 설명합니다. 직장 사회에서도 이 비율이 비슷하게 적용된다고 말합니다. 그렇다면 80%의 일개미들은 쓸모없는 존재일까요? 하세가와 에이스케의 책 『일하지 않는 개미』에는 흥미로운 결과가 나옵니다. 그 책에 따르면 80%의 개미는 일부러 빈둥거리는 것이 아니라 일할 수 있는 준비가 되어 있어도 일하지 않는 존재라고 설명합니다. 그들은 열심히 일하는 개미들이 지쳐서 일을 멈추면 그들을 대신해서 일을 한다고 합니다. 80%의 개미는 집단의 존속에 꼭 필요한 일만 하며 평소에는 에너지를 비축하고 있다는 것입니다. 결국 열심히 일하는 개미의 역할이 순환되어 집단의 발전을 이끌어 내는 조직 원리가 지속적으로 발동된다고 합니다.

혹시 다른 선생님들도 자신이 맡은 일을 열심히 하는데 선생님이 알아차리지 못한 것은 아닐까요? 우리 주변에는 육아 때문에 집에 가서 아기를 돌본 후 밤늦게 일하는 선생님도 있고, 아침 일찍 출근해서 일하는 선생님도 있습니다.

물론 학기 초에 업무 분장을 할 때 눈에 보일 정도로 불공평하게 일이 배정되거나 내가 하지 않아도 될 일을 억지로 시키는 것은 예외입니다. 그런 상황이 발생하면 일을 맡기 전에 확실하게 거절 의사를 전달하거나 불만을 이야기해야 합니다. 이와 관련해서는 이 책의 첫 번째 이야기 '선생님들의 무리한 부탁을 어떻게 거절하면 좋을까요?'를 살펴보면 도움이 될 것입니다. 그리고 뺀질거리며 일을 기피하는 사람은 선생님뿐만 아니라 모든 선생님이 싫어할 것입니다. 그런 선생님들과 비교하며 스트레스 받지 않으면 좋겠습니다.

저도 일이 많을 때 다른 선생님들과 비교하며 힘들었던 적이 있습니다. 다른 선생님들은 바쁘지 않아 보이는데 나만 왜 이렇게 바쁘게 사는지 짜증이 난 적도 있습니다. 실제로 예전에 정년퇴직을 1년 남긴 선생님과 함께 근무한 적이 있었습니다. 제가 볼때 그 선생님은 업무도 없고 하는 일도 없는 것 같아 보였습니다. 하지만 시간이 지나고

눈에 보이는 것이 전부가 아닙니다(It's not always what you see).
겉에 보이는 현상이나 모습만 보고 함부로 판단하면 안 됩니다.

제가 오해하고 있었다는 사실을 깨달았습니다. 그 선생님은 매일 아침 학교에 일찍 출근해서 일찍 등교한 학생들을 도서관에 모아 놓고 독서 지도를 했으며, 문제 학생들이 가득한 기피 학급의 담임을 맡아 지도했습니다. 그리고 선생님들과 관리자 사이에서 중간 다리 역할을 하면서 교사들이 좀 더 편하게 학교생활을 할 수 있도록 애써 주셨습니다. 생각해 보니 그 선생님이 학교에 온 이후로 매년 교사들을 힘들게 했던 귀찮은 일들이 하나씩 없어졌습니다. 동학년이 아니었던 저는 선입견을 갖고 제 눈에 보이는 모습으로만 판단했던 것이었습니다.

사마천의 『사기』에도 이와 관련된 이야기가 나옵니다. 한나라 황제 문제文帝는 승상을 맡고 있는 진평陳平과 주발周勃의 모습을 보면서 도대체 이 두 사람은 하는 일이 무엇인지 궁금했습니다. 평소 황제는 다른 신하들은 부지런히 일하는데 두 승상은 하는 일도 없이 궁궐에서 빈둥거리며 시간만 보내는 것 같아 보였습니다. 참다못한 황제는 진평과 주발을 불러 국정에 관해 물었습니다. 과연 두 사람은 어떻게 대답했을까요?

문제가 조회를 하며 주발에게 물었다.
"한 해 동안 전국의 재판이 몇 건쯤 있는가?"
주발은 부끄러워하며 말했다.
"알지 못합니다."
그러자 황제는 또 물었다.
"한 해 동안 금전과 곡식의 수입과 지출은 얼마나 되는가?"
주발은 또 알지 못한다고 사죄하였는데, 땀이 등을 타고 적시며 대답할 수 없는 것을 부끄러워했다.
이에 황제는 좌승상 진평에게 같은 질문을 했다. 그러자 진평이 말했다.
"폐하께서 질문하신 대답은 모두 주관하는 관리에게 물어보시면 됩니다."
황제가 말했다.
"주관하는 자가 누구인가?"
진평이 말했다.
"폐하께서 재판에 대해 물어보시려면 재판을 담당하는 정위를 찾으시고, 금전과 곡식에 대해서 물으시려면 이를 담당하는 치속내사를 찾으시면 됩니다."
그러자 황제가 물었다.

"각각의 업무를 주관하는 자가 있다면 그대들은 하는 일이 무엇인가?"

진평이 말했다.

"저는 신하들을 주관합니다. 재상이란 위로는 천자를 보좌하며 음양을 다스려 사계절을 순조롭게 하고, 아래로는 만물이 제때에 길러지도록 하며, 밖으로는 사방의 오랑캐와 제후들을 진압하고 어루만지며, 안으로는 백성들을 친하게 하여 복종하게 하고, 관리들로 하여금 각자 그 직책을 맡게 하는 것입니다."

문제는 그 말을 듣고 크게 칭찬했다.

-「진 승상 세가」

업무에 따라 주관하는 사람이 따로 있다는 진평의 말처럼 선생님들에게는 각자 맡은 역할과 하는 일이 있습니다. 학교에서 어떤 역할의 일이 힘든지 객관적으로 비교할 수 있나요? 기안한 횟수가 몇 건인지, 맡은 예산이 얼마나 되는지, 민원이 많은 학급을 맡았는지, 학교에서 초과 근무를 얼마나 하는지 등으로 업무량을 비교할 수 있나요? 아마 어려울 것입니다. 사람의 능력과 성향이 다르고 학교 여건 및 상황에 따라 업무의 중요도가 다르기 때문입니다.

일을 많이 한다는 기준 또한 분명하지 않습니다. 한 시간이면 충분히 일할 수 있는 양이라도 두 시간의 여유가 생기면 대부분의 사람들은 두 시간 동안 그 일을 천천히 한다는 연구 결과가 있습니다. 그리고 같은 일이라도 선생님마다 업무 능력 혹은 일에 대한 익숙함에 따라 처리하는 속도가 다를 수 있습니다. '남의 떡이 더 커 보인다'라는 말처럼 다른 선생님의 일이 내 일보다 적어 보이고 쉬워 보이는 경향이 있습니다. 하지만 '역지사지'라는 말처럼 다른 선생님이 했던 일을 맡게 되면 생각보다 쉽지 않다는 것을 느낄 수 있습니다.

영국 주간지 〈이코노미스트〉에 '사람들은 왜 수입이 늘어나도 그만큼 더 행복해지지 못하는가?'라는 기사가 실렸습니다. 그 기사에서 런던정치경제대학교 리처드 레야드 교수는 '익숙해짐', '타인과의 비교', '여가 부족'의 세 가지 이유를 들어 사람들의 수입이 늘어나도 행복해지지 못하는 이유를 설명했습니다. '타인과의 비교'는 선생님이 지금 하고 있는 일을 줄이는 데 도움이 되지 않고 선생님의 정신 건강만 해칠 뿐입니다. 다른 선생님과 비교하지 말고 내가 맡은 일을 잘 해낼 수 있는지에 집중하면 선생님의 고민을 해결하는 데 조금이나마 도움이 될 것입니다.

학생·학부모 이야기

학생에게 무심코 던진 말 한마디, 꼭 지켜야 하나요?

교사의 권위를 무시하는 학생을 어떻게 지도하면 좋을까요?

학부모가 너무 어렵습니다

신규 교사에게 필요한 효과적인 생활지도 방법은 없을까요?

매일 불공평하다고 불만인 학생을 어떻게 지도해야 할까요?

꿈도 열정도 없는 학생들을 포기하고 싶습니다

학생들이 학급 규칙을 잘 따르지 않습니다

학생에게
무심코 던진
말 한마디,
꼭 지켜야 하나요?

약속을 어기시면 제후들이 주군을 믿지 않게 될 것이고
결국 천하의 지지를 잃게 될 것입니다.

-「제 태공 세가」

관중(管仲, 기원전 725년~기원전 645년)
춘추시대 제나라 출신의 경제학자이자 정치가로
제나라를 강대국으로 만드는 데 큰 공을 세운다.
'관포지교管鮑之交'로 유명한 그는『관자管子』라는 책을 남겼으며,
중국 역사상 실용주의 경제학을 가장 먼저 설파한 인물이다.

전 교사의 고민

저는 중학교 체육 교사입니다. 한 학기에 한 번 전교생을 대상으로 금연 교육을 하고 있는데, 교사인 제가 흡연자라 학생들 반응이 썩 좋지 않았습니다. 금연 교육 시간에 졸고 있는 학생들도 많고 심지어 저에게 먼저 금연하라고 대드는 학생도 있었습니다. 하지만 금연 교육은 한 학기에 한 번만 있고, 체육 수업 시간에는 학생들이 제 말을 잘 따르고 적극적으로 참여하기 때문에 학생들의 말에 크게 신경 쓰지 않았습니다.

그런데 어느 날 학부모 민원이 들어왔습니다. 흡연하는 교사가 어떻게 금연 교육을 할 수 있느냐고 막무가내로 따지는데 기분이 좋지 않았습니다. 그 사건을 계기로 금연을 결심하게 됐고, 학생들에게 금연하겠다고 선언했습니다. 그런데 금연은 작심삼일로 끝나고, 학생들에게 담배 피우는 모습을 들키고 말았습니다.

몇몇 학생이 저에게 실망했다는 말을 했지만 저는 그 말을 무시했습니다. 오히려 화를 내며 학생들의 말을 막은 적도 있었습니다. 시간이 지나면 학생들도 신경 쓰지 않을 것이라 생각했지만, 금연 약속을 어긴 이후로 저를 대하는 학생들의 태도가 이전과는 달라졌습니다. 그리고 수업 시간에 규칙을 지키지 않는 학생들이 많아졌습니다. 한 학생에게 물어보니 "선생님이 약속을 어겨서 친구들이 실망한 것 같아요"라고 말했습니다.

학생들과의 약속을 어긴 제 잘못은 인정하지만, 약속을 지키지 않았다고 저를 대하는 태도가 이렇게 바뀔 줄은 생각도 못했습니다. 학생들은 수시로 교사와의 약속을 어기면서 교사에게는 엄격한 잣대를 요구하는 모습이 황당합니다.

고민 해결

사람들은 무심코 던진 말 한마디의 중요성을 간과하는 경향이 있습니다. 심지어 "그냥 한 말이야", "넌 왜 이렇게 예민하니?"와 같은 말로 자신의 말을 대수롭지 않게 여기거나 약속을 지키라고 말하는 상대방을 비난하는 경우도 있습니다. 이렇듯 사적인 관계에서는 말 한마디를 어겨도 그냥 넘어가는 경우가 많습니다.

그러나 직장생활에서는 말 한마디가 중요합니다. 특히, 교사의 말한마디는 매우 중요합니다. 교사는 말 한마디를 통해 학생의 인생에 영향을 주고 학생의 인생을 바꿀 수 있기 때문입니다. 실제로 한 시사지[10]에서 사회 명사名士 38인人을 대상으로 '내 인생人生을 바꾼 교사의 말 한마디'에 대해 조사를 진행한 적이 있습니다. 이 조사 결과는 말 한마디의 중요성을 일깨워 주는 동시에 교사의 역할이 한 사람의 인생에 얼마나 큰 영향을 주는지 보여 줍니다.

학교에서 교사는 대부분의 시간을 학생과 함께 보냅니다. 수업 시간, 학생 생활지도, 진로 상담 등 학생들과 보내는 시간은 다양한데, 학생들과 지내면서 교사는 학생들에게 무심코 약속을 하는 경우가 있

---

10. 〈월간조선〉 2001년 1월호.

습니다. 교사는 무심코 한 약속에 대해 대수롭지 않게 생각할 수 있지만, 학생들은 교사의 말에 민감하게 반응합니다. 선생님의 금연처럼 학생들이 관심을 가질 만한 약속을 한 경우에는 더 예민하게 반응합니다. 선생님이 학생들에게 약속한 금연을 대수롭지 않게 여기면 학생들도 선생님의 말을 가볍게 받아들일 것입니다.

사마천의 『사기』에는 많은 군주들이 나옵니다. 그중 성공한 군주들은 자신의 말을 지키는 것이 얼마나 중요한지 알고 있었습니다. 제나라 환공桓公의 이야기를 살펴보면서 말 한마디의 중요성을 알아보겠습니다.

제나라 환공은 노나라를 쳐서 대승을 거두었다. 노나라 장공은 땅을 바치며 제나라와 화친을 청했다. 환공은 노나라의 화친을 받아들였다. 서로 만나 맹세를 맺을 때 노나라의 장수 조말이 비수를 들고 단 위에 올라가 환공을 위협했다. 제나라 환공이 당황하며 물었다.

"그대는 왜 이런 행동을 하는 것인가?"

조말이 대답했다.

"제나라는 강한 나라이고 노나라는 약한 나라입니다. 처음부터 제나라가 노나라를 정벌하는 것이 지나쳤습니다. 빼앗은 노나라의 땅을 돌려주시오!"

환공은 할 수 없이 조말의 요구를 들어주기로 약속했다. 환공의 말이 끝나자 조말은 비수를 던지고 자신의 자리에 태연하게 돌아갔다. 환공은 갑작스러운 상황에 당황하여 빼앗은 땅을 돌려

준다고 말했으나 다시 생각해 보니 화를 참을 수 없었다. 그래서 조말을 죽이고 땅도 돌려주지 않으려 했다. 그러자 관중이 정색하며 말했다.

"협박 때문에 허락하였더라도 약속을 깨고 그를 죽이는 것은 소소한 분풀이에 지나지 않습니다. 만약 약속을 어기시면 제후들이 주군를 믿지 않게 될 것이고 결국 천하의 지지를 잃게 될 것입니다."

결국 환공은 노나라에 빼앗은 땅을 돌려주었다. 제후들이 이 소식을 듣고는 모두 환공을 신뢰하며 의지하려고 했고 제나라는 더욱 강대해졌다.

－「제 태공 세가」

제나라 환공이 즉위할 당시 주나라는 왕권이 약해져 제후들에게 영향력을 행사할 수 없었습니다. 그래서 주나라를 대신해 중원의 질서를 유지하는 제후들이 등장했습니다. 이 시기를 춘추전국시대라고 부르며 주나라를 대신하여 여러 제후들에게 영향력을 행사하는 제후의 우두머리를 패자覇者라고 불렀습니다.

제나라는 강태공姜太公이 세운 나라로 소금과 같은 자원이 풍부했지만, 훌륭한 인물이 없어 강대국으로 성장하지 못했습니다. 그런데 환공이 군주가 된 후 제나라는 주변의 제후국을 압도하는 강대국으로 성장했습니다. 이때 환공을 도와준 인물이 '관포지교管鮑之交'로 유명한 관중管仲과 포숙鮑叔입니다. 환공은 훌륭한 신하의 도움으로 춘추시대에 가장 먼저 패자의 자리에 올랐습니다.

환공이 패자가 될 수 있었던 대표적인 이유는 무엇일까요? 그건 바로 제후들이 환공을 신뢰했기 때문입니다. 특히, 노나라와의 전쟁에서 승리한 후 차지한 땅을 자신의 말 한마디 때문에 그대로 돌려주었던 사건은 주변 제후들에게 큰 믿음을 주었습니다. 만약 환공이 관중의 말을 무시하고 약속을 어겼다면 어떤 일이 벌어졌을까요? 아마 제나라는 약한 나라를 침략하고 약속을 어기는 나라로 낙인찍혀 여러 제후국들의 견제와 침략을 받게 되었을 것입니다. 그리고 환공은 패자가 될 수 없었을 것입니다. 사마천 『사기』에는 말 한마디의 중요성을 알 수 있는 또 다른 이야기가 있습니다.

초나라 장왕이 즉위한 후 이웃 국가인 진陳나라에서 하징서라는 신하가 군주를 시해한 사건이 발생했다. 장왕은 평소 진나라를 차지하고 싶었는데 쳐들어갈 명분이 생기자 주변 제후들과 연합하여 진나라에 쳐들어갔다. 그리고 진나라를 쉽게 정벌하기 위해 진나라 백성에게 다음과 같이 포고령을 내렸다.

"이번 전쟁은 하징서를 벌주기 위함이다. 다른 목적은 없으니 안심하라."

전쟁에서 승리한 후 장왕은 하징서를 죽였다. 하지만 장왕은 백성들과의 약속을 어기고 진나라 영토를 차지했다. 장왕의 승리 소식을 들은 많은 신하들이 궁으로 들어와서 장왕에게 승리를 축하해 줬다. 얼마 후 제나라의 사신으로 간 신숙시가 돌아왔는데 장왕의 승리에 대해 축하하는 말이 없었다. 장왕은 신숙시에게 그 이유를 묻자 그가 대답했다.

"옛 속담에 '소를 끌고 남의 밭을 지나가면, 밭 주인이 그 소를 빼앗는다'는 말이 있습니다. 탐욕스러운 사람을 욕하는 속담으로 남의 밭을 지나가는 것은 분명 죄를 짓는 것이지만, 그렇다고 그 소까지 빼앗는 것은 너무 지나치다는 말입니다.

처음 진나라를 공격할 때, 왕께서는 여러 제후들의 군대를 모아 올바른 명분을 갖고 출전하였습니다. 그리고 진나라 백성들에게 하징서를 벌주는 것 이외에 다른 목적은 없다고 약속하셨습니다. 그런데 왕께서는 처음 약속을 어기고 진나라의 영토를 빼앗아 그 땅을 차지해 버렸습니다. 천하의 제후들이 주군을 어떻게 생각하겠습니까? 백성들이 왕의 말을 따르겠습니까? 제가 축하하러 오지 않은 이유는 주군께서 한 말을 지키지 않았기 때문입니다."

그 이야기를 듣고 장왕은 자신이 지난날 진나라 백성들에게 했던 말을 떠올리며 부끄러워했다. 그리고 즉시 진나라 왕의 후손에게 나라를 돌려주었다.

–「초 세가」

초나라는 주나라의 제후국이지만 중원 지역(주나라 수도 및 그 주변 지역)을 중심으로 보면 남쪽의 외딴 국가였습니다. 땅은 제후국 중 가장 컸지만 남방 이민족들과 다툼이 잦았으며 인구도 많지 않았습니다. 그래서 주나라와 중원의 주변 제후국들에게 항상 무시를 당하며 살았습니다. 하지만 기원전 7세기 장왕莊王의 등장으로 초나라는 중원의 여러 제후국과 패권을 다툴 정도로 크게 성장했습니다.

장왕이 즉위하고 초나라가 어떻게 성장할 수 있었을까요? 현명한 인재 등용, 강력한 군사력 등 여러 이유가 있지만, 저는 말 한마디를 지킨 장왕의 모습이 가장 큰 이유라고 생각합니다. 만약 신숙시申叔時의 말을 듣지 않고 진나라를 차지했다면 어떤 일이 생겼을까요? 아마 진나라 백성들은 장왕을 믿지 않고 약속을 어긴 사람으로 비난했을 것입니다. 그리고 약속을 가볍게 여기는 장왕의 모습을 보면서 초나라 백성들도 그를 신뢰하지 않았을 것입니다.

선생님의 상황도 이와 비슷합니다. 선생님이 학생들과 한 약속을 어겼는데 학생들이 과연 선생님을 신뢰할 수 있을까요? 학생들이 수업 규칙을 지키지 않는 것은 당연해 보입니다. 왜냐하면 선생님이 먼저 약속을 어겼기 때문입니다.

환공과 장왕은 땅을 얻는 것보다 자신의 말 한마디 지키는 것을 선택했습니다. 이러한 모습을 통해 그들은 천하 사람들에게 큰 신뢰를 얻게 되었고 제후들에게 패자로 인정받을 수 있었습니다.

저도 지난해 선생님과 비슷한 경험이 있었습니다. 평소 저는 편식을 하는 편인데 학생들에게 음식을 남기지 말라고 말하는 것이 불편했습니다. 제가 잔반을 버리면 학생들은 "선생님은 왜 음식을 버리세요? 학생들은 다 먹으라고 하면서"라고 말했습니다. 그럴 때마다 "선생님은 어른이라 괜찮아"라는 말로 넘어갔지만, 학생들의 불만은 계속되었고 결국 학생들에게 음식을 남기지 않겠다고 약속했습니다.

그런데 얼마 후 약속을 지키지 못하고 반찬을 남겼습니다. 그날 이후 학급 규칙들을 어기는 학생들이 늘어나기 시작했습니다. 결국 저는 학생들에게 약속을 어긴 점에 대해 사과했고, 지금까지 음식을 남기지 않으려고 노력하고 있습니다.

선생님은 학생들에게 금연 약속을 어겼다는 사실을 솔직하게 말하고 사과해야 합니다. 그리고 지금부터라도 다시 학생들과 약속한 금연을 지키려고 노력해야 합니다. 만약 금연이 어렵다면 금연을 위해 노력하는 모습을 보여 주거나 금연이 어렵다는 사실을 솔직하게 말해야 합니다. 선생님은 슈퍼맨이 아니기 때문에 학생들과 약속한 모든 말을 지킬 수 없습니다. 하지만 적어도 자신의 말을 지키려고 노력하거나 지키지 못한 이유를 솔직하게 인정하고 사과하는 모습을 보여 줘야 한다고 생각합니다. 이러한 모습을 보여 준다면 학생들은 선생님을 신뢰하게 될 것이고 체육 시간에 학생들의 수업 태도도 좋아질 것입니다.

교사의 권위를
무시하는 학생을
어떻게
지도하면
좋을까요?

지록위마指鹿爲馬-사슴을 가리켜 말이라 한다.
윗사람을 농락하여 권세를 휘두르는 경우를 뜻함.
-「진시황 본기」

조고(趙高, ?~기원전 207년)
전국시대 진나라의 정치가이다. 진시황의 유서를 조작해
막내아들 호해胡亥를 황제 자리에 앉히고 진나라의 권력을 장악한다.
훗날 승상의 위치까지 오른 조고는 수많은 만행을 저질러
진나라를 멸망에 이르게 만든다.

유 교사의 고민

우리 반은 아침마다 지훈이의 선동으로 하루가 시작됩니다. "얘들아 오늘 수학 수업 대신 체육 수업을 하는 건 어때?", "오늘 선생님이 수업 시간에 영화를 보여 주면 좋겠다.", "선생님은 왜 쉬는 시간을 정확히 지키지 않나요?", "선생님은 수업 시간에 스마트폰을 자유롭게 사용하면서 학생들은 왜 사용하지 못하게 하나요?"

3월 초 지훈이는 힘이 세고 말주변이 좋으며 리더십도 있어 친구들에게 인기가 많은 학생이었습니다. 가끔 엉뚱한 질문을 하지만 수업을 방해하거나 주변에 피해 줄 정도는 아니었습니다.

그러던 지훈이가 전교 회장이 된 이후부터 점점 달라졌습니다. 평소 질문이 많은 학생이었지만 질문하는 태도와 말투가 이전과 달리 버릇없게 변하기 시작했습니다. 그리고 친구들을 선동하여 무리한 요구를 자주 합니다. 그 요구를 거절하면 "선생님은 학생들이 민주적으로 정한 의견을 왜 무시하나요?"라고 따집니다. 하루에도 몇 번씩 반복되는 지훈이의 황당한 소리에 순간적으로 화가 치밀고 체벌하려는 마음이 듭니다. 처음에는 지훈이의 행동에 당황하고 불편해하던 아이들이 점점 지훈이를 멋있다고 생각하며 지훈이의 행동을 따라 하고 있습니다. 하루가 다르게 교사의 권위를 무너뜨리는 이 버릇없는 학생을 제가 어떻게 지도해야 할지 모르겠습니다.

고민 해결

미국의 정신의학자 에릭 번Eric Berne은 『심리 게임』에서 "학생들은 교사의 학급 경영을 방해하는 방해 게임을 종종 일으킨다"라고 말합니다. 학생들은 인정받고 싶은 욕구를 갖고 있는데 교사에게 대들면 주변 친구들이 인정해 준다고 느끼기 때문입니다. 만약 교사가 학생들의 그릇된 인정 욕구에 제대로 대처하지 못하면 교사의 권위가 무너지는 현상이 발생한다고 합니다. 이로 인해 교사는 상처를 받고 교직에 대한 자신감을 잃게 된다고 경고합니다.

지금 선생님이 겪고 있는 상황도 지훈이의 인정 욕구에서 비롯된 '방해 게임'의 한 종류일 것입니다. 이러한 방해 게임을 통해 지훈이는 친구들이나 교사에게 인정받기를 원하고 있습니다. 아들러의 이론을 교육현장에 적용한 개인심리학자 루돌프 드라이커스Rudolf Dreikurs는 교사에게 상처를 주는 아이들의 심리를 네 가지 유형으로 구분하였습니다.

> 첫째, '관심 끌기'입니다.
> 많은 아이들에게 보편적으로 일어나는 행동입니다. 긍정적인 방법으로 교사의 관심을 끌면 문제가 없습니다. 하지만 그 방법이 통하지 않을 경우 아이들은 부정적인 방법으로 관심을 끌어 교사를 괴롭게 합니다.
>
> 둘째, '힘겨루기'입니다.
> 리더십이 있는 아이들은 자신이 주인공이 될 때 인정받는다고 느낌

니다. 그래서 교사 혹은 친구들에게 언어적·물리적인 힘을 행사하여 주인공이 되려 합니다. 그리고 이런 행동을 통해 교사보다 우위에 있음을 증명하려 합니다.

셋째, '보복하기'입니다.

자신은 항상 누군가에게 상처받는다고 생각하고 자기가 이것을 갚아 주어야 한다고 생각합니다. 그래서 그러한 아이는 어느 순간 보복을 시도합니다. 이런 아이는 다른 사람들이 싫어하는 잔인한 행동을 함으로써 인정을 받으려 합니다.

넷째, '비행 행동 표현하기'입니다.

아이가 보복하는 행동을 계속하다 보면 가정과 학교는 아이를 포기하게 됩니다. 그리고 그런 아이는 부적절한 또래 관계에서 소속감을 찾으려고 합니다. 이들의 공격적인 행동은 학급과 가정의 범위를 넘어서서 조직적인 비행에 이르게 되고, 그 결과 부모들조차도 이러한 자녀의 행동에 절망하여 아이들을 자칫 포기하기도 합니다.

선생님의 고민을 살펴보면 지훈이는 '관심 끌기'와 '힘겨루기'로 선생님에게 인정받고 싶어 합니다. 만약 선생님이 지훈이의 잘못된 행동에 올바르게 대처하지 못한다면 학급을 운영하는 데 문제가 발생할 수 있습니다. 과연 어떤 문제가 발생할까요? 사마천 『사기』의 「진시황 본기」에는 다음과 같은 이야기가 등장합니다.

진시황이 죽자 조고는 진시황의 유서를 조작하여 자신이 가르쳤던 진시황의 막내아들 공자 호해를 황제로 앉혔다. 그리고 주변 인물을 제거하여 자신의 힘을 키웠다. 시간이 흘러 자신의 권세가 더욱 커지자 조고는 황제가 되고 싶은 마음이 들었다. 조고는 모반을 일으키기로 결심하였으나 주변 신하들이 자신을 따르지 않을까 걱정되었다. 그래서 모반을 일으키기 전에 신하들이 황제와 자신 중 누구를 따를지 알아보기로 하였다. 어느 날 조고는 이세황제[11]에게 사슴을 바치면서 말했다.

"폐하, 제가 좋은 말 한 마리를 구했습니다."

이세황제는 웃으며 말했다.

"승상이 틀리지 않았소? 사슴을 말이라 하니 말이오."

황제는 좌우 신하들에게 사슴인지 말인지 물었다. 신하들 중 몇몇은 침묵하였고 여러 신하들은 말이라고 말하여 조고에게 아부했다. 몇몇 신하들은 사슴이라 말했는데 그 신하들은 훗날 조고가 모함하여 모두 죽임을 당하였다. 이 사건 이후 모든 신하들이 조고를 두려워하였다.

이 무렵 항우는 진나라 군대를 여러 차례 격파하였다. 진나라 장한의 군대는 지원군을 요청하는 상소를 보냈으나 중간에 조고가 상소를 가로채고 이를 무시하였다. 황제는 그 사실도 모른 채 상림원에서 매일 사냥하면서 놀았다. 그런데 어느 날 지나가던 행인이 상림원에 들어갔는데, 이세황제가 그를 직접 활로 쏘아 죽이는 사건이 발생하였다. 조고는 대신을 시켜 이 사건을 규탄하게 했다.

---

11. 진시황은 최초의 황제라는 뜻으로 시황제라고 불린다. 진시황이 죽은 후 호해가 황제가 되자 이세황제로 불린다.

"누구의 짓인지는 모르겠지만 사람을 죽여 그 시체를 궁 안에 옮겨 놓은 자가 있습니다."

이에 이세황제는 자기가 실수로 사람을 죽였다고 말하였다. 그러자 조고는 이세황제에게 말했다.

"천자가 아무 까닭도 없이 사람을 죽였으니 귀신도 폐하의 제사를 받지 않을 것이며 하늘도 재앙을 내릴 것입니다. 궁전을 멀리하고 하늘에 기도를 하시어 재앙을 피하도록 하시는 것이 좋겠습니다."

그리하여 이세황제는 다른 궁으로 옮겨 사흘 동안 머물렀다. 이 무렵 군대를 일으킨 유방은 진나라 수도까지 진격하였다. 조고는 이 일로 황제가 자신을 문책하자 자신의 가족들과 모의해 말했다.

"황제가 간언을 듣지 않더니 지금 일이 위급해지자 화를 우리 가문에게 돌리려 한다. 나는 천자를 바꿔 공자 영을 다시 세우려 한다. 공자 영은 어질고 검소하여 백성들이 모두 그의 말을 따를 것이다."

조고는 황제의 명령이라 속이고 궁궐을 수비하는 병사들에게 흰옷을 입히고 손에 무기를 들어 궁 안으로 행진하도록 했다. 그리고 자기는 먼저 궁에 들어가 황제에게 고했다.

"폐하, 반란군이 궁 안으로 쳐들어오고 있습니다."

깜짝 놀란 이세황제는 사실을 확인하기 위해 누각에 올라갔다. 조고의 말대로 흰옷을 입은 무리들이 궁으로 몰려들고 있었다.

이세황제는 곁에 있는 환관에게 원망하며 말했다.

"그대는 어찌하여 일이 이 지경이 되도록 나에게 알리지 않았는가? 이 지경에 이르게 하다니."

이에 환관이 대답했다.

"제가 감히 아뢰지 않았으므로 목숨을 부지할 수 있었습니다. 만약 신이 일찍 아뢰었더라면 이미 처형되었을 것인데, 어떻게 지금까지 살아남을 수 있었겠습니까?"

조고는 이세황제에게 자살하라고 강요했고 마침내 이세황제는 자살하였다.

-「진시황 본기」

천하를 통일한 진나라는 통일 이후 15년 만에 멸망했습니다. 강력했던 진나라가 순식간에 멸망했던 이유는 무엇일까요? 여러 이유 중 간신 조고趙高의 만행도 큰 역할을 했습니다. 황제의 비위를 맞추며 관심을 얻은 조고는 지위가 높아지자 황제의 권위를 뛰어넘는 모습을 보였습니다. 『사기』에서는 '지록위마指鹿爲馬'라는 고사성어를 통해 조고의 만행을 대표적으로 보여 줍니다. 모든 정적을 제거한 조고는 신하들이 자신을 어떻게 생각하는지 살피기 위해 사슴을 궁궐로 가져옵니다. 그리고 황제에게 사슴을 말이라고 말합니다. 놀랍게도 대부분의 신하들이 조고의 눈치를 보느라 그와 같이 말합니다. 사슴이라고 솔직하게 말한 신하들은 나중에 조고의 모함으로 전부 죽게 됩니다. 결국 황제를 따르는 사람은 없어지고 황제는 점점 고립됩니다. 마침내 황제는 조고에 계략에 말려들어 자살하게 됩니다.

지훈이의 잘못된 행동을 계속 놔둘 경우 학생들은 교사의 말보다 지훈이의 말에 더 신경 쓰게 될 것입니다. 그리고 지금 상황을 계속 방치하면 선생님의 권위를 뛰어넘는 상황이 발생할 것입니다. 결국 선생님의 학급은 제대로 운영되지 않을 것입니다. 그러면 이러한 문제를 어떻게 해결하면 좋을까요?

개인심리학자인 알프레드 아들러Alfred Adler는 "인간의 모든 행동은 특정한 목적을 갖고 있으며, 그 행동은 사회적인 관계에 기반을 두고 있다"라고 설명합니다. 아들러의 설명을 교실 상황에 적용하면 학생들의 모든 행동은 교실 안의 교사와 학생, 학생과 학생 사이의 사회적인 관계에서 비롯되고, 문제 행동을 일으킬 경우 관계 회복을 통해 풀어나가면 됩니다.

우선, 지훈이와 같은 아이들은 복종성과 순종성은 낮고 지배성은 월등히 높은 성격을 갖고 있습니다. 이러한 학생의 지배성을 무시하고 억제하는 것은 결코 쉬운 일이 아닙니다. 또 교사가 체벌과 강압으로 학생을 억제하려 한다면 상황은 더 악화될 것입니다. 따라서 이러한 학생의 지배성을 긍정적인 측면에서 이해하고 학급 내에서 일정한 역할을 줘야 합니다. 그래서 자신의 힘을 특정한 역할을 통해 분출할 수 있도록 도와줘야 합니다.

끊임없이 도전하고 따지는 아이에게 평정심을 유지하며 차분하게 대하기란 쉽지 않지만, 교사가 화를 내는 순간 아이는 자신이 이겼다고 생각하며 더 심하게 행동하곤 합니다. 반면에 선생님이 학생을 차분하게 타이른다면 오히려 학생은 예상치 못한 반응에 당황해하며 부끄러워할 것입니다. 예를 들어 지훈이가 "선생님, 왜 쉬는 시간을 정확히 지키지 않나요?"라고 따지면, 교사는 평소처럼 화를 내지 말고 "지훈아 쉬는 시간을 지키지 못해 기분이 좋지 않았구나. 발표하고 싶은 친구들이 많아서 수업이 늦게 끝났네? 선생님이 다음에는 쉬는 시간을 지키도록 노력할게"라고 차분하게 설명하면 됩니다. 그렇게 지훈이를 타이른 후 대화를 이어 나간다면 지훈이는 화를 내거나 다른 아이들을 선동하지 못할 것입니다. 지훈이와 같이 교사에게 따지며 교사를 이기려는 학생을 지도하는 팁은 다음과 같습니다.

1. 학생의 논쟁에 휘말리지 말고 평정심 유지하기

아이의 버릇없는 행동에 화를 내고 큰 소리를 내는 순간 아이는 속으로 그 반응을 즐기며 그 행동을 멈추지 않을 것입니다. 『손자병법』에도 "적이 밤에 크게 소리를 지르는 것은 지금 두려움을 느끼기 때문이다"라고 했습니다. 차분한 목소리로 아이에게 휘둘리지 않는 것이 가장 중요합니다.

2. 발언할 수 있는 시간을 따로 마련하기

아이가 이야기를 할 수 있는 시간 및 공간을 마련해 주는 것이 좋습니다. 쉬는 시간이나 점심시간에 선생님에게 말을 할 수 있도록 합니다. 이를 통해 아이가 수업 시간에 방해하거나 떠들지 않게 하고 다른 친구들을 선동하지 않도록 예방합니다.

3. 하고 싶은 말을 글로 쓰게 하기

말로 하기는 쉬워도 글로 적는 것은 쉽지 않습니다. 요구 사항이 있을 때 글로 적으라고 하면 아이의 불필요한 말과 행동을 줄일 수 있습니다.

4. 본인에게 적합한 역할을 부여하여 자존감을 키우기

무례하게 구는 아이들은 교사와 친구들에게 관심을 받고 싶어 하는 욕구가 강합니다. 그러므로 아이의 특성에 적합한 역할을 준다면 아이의 행동을 바꾸는 데 효과를 볼 수 있습니다.

앞에서 소개한 책 『심리 게임』에서는 사람의 마음속에 세 가지 목소리가 있다고 합니다. '부모의 목소리', '어른의 목소리', '아이의 목소리'가 있는데, 그중 반항하고 대드는 아이를 진정시킬 수 있는 목소리는 '어른의 목소리'라고 합니다. 아이는 아이일 뿐입니다. 논리적이고 합리적인 어른의 목소리로 지훈이의 버릇없는 행동을 차분하게 다룬다면 선생님의 고민은 충분히 해결될 수 있을 것입니다.

학부모가
너무
어렵습니다

세상일에는 잊으면 안 되는 것이 있고,

또 잊어야만 하는 것이 있습니다.

남이 공자에게 베푼 은혜는 결코 잊어서는 안 되지만,

공자께서 남에게 덕을 베풀었을 때에는 빨리 잊으셔야 합니다.

－「위 공자 열전」

신릉군(信陵君, ?~기원전 243년)
전국시대 위나라 출신의 정치가로 위소왕魏昭王의 아들이다.
전국사공자戰國四公子[12] 중 한 사람으로 성품이 인자하고 겸손해 3,000명의 식객을
거느렸다. 한나라를 건국한 유방뿐만 아니라 많은 사람들에게 존경을 받았다.
그래서 사마천은 다른 사군자들의 열전은 「맹상군 열전」, 「평원군 열전」, 「춘신군 열전」이라고
제목을 붙였지만 신릉군 열전만은 「위 공자 열전」이라고 붙여 존경의 뜻을 전했다.

---

12. 중국 전국시대 말기에 활약했던 인물인 제나라의 맹상군(孟嘗君), 조나라의 평원군(平原君), 위나라의 신릉군(信陵君), 초나라의 춘신군(春申君)을 일컫는 말이다.

양 교사의 고민

저는 평소에 아이들이 좋아서 교대에 들어갔습니다. 그리고 실습 기간에 아이들을 가르치면서 교사가 되고 싶은 마음이 더 커졌습니다. 교사가 된 후 아이들을 가르치면서 행복한 시간을 보냈지만, 최근 학부모와의 관계 때문에 교직 생활에 어려움을 겪고 있습니다. 학부모 앞에서는 해야 할 말도 생각이 안 나고 자연스럽게 대화를 이어 나가기도 어렵습니다. 그리고 말을 함부로 하는 학부모를 만나거나 교사에게 따지듯이 말하는 학부모를 만나면 화를 참기 어렵습니다.

작년에 몇몇 학부모가 저에게 부적절한 말과 행동을 했습니다. 그래서 저는 화를 참지 못하고 학부모들에게 통명스럽게 대하고 연락을 피했습니다. 그러자 학부모들은 교원평가에 제가 불친절하다는 의견을 남겼습니다. 그 후 그분들은 지금까지도 저에 대해 좋지 않은 이야기를 하고 있습니다. 최근에 교감 선생님께 그 소식을 들었는데 너무 화가 났습니다. 이런 일을 겪으니 학부모 총회나 상담 기간 등 학부모와 대화하는 시간이 너무 어렵고 부담스럽습니다. 학부모와 어떻게 지내는 것이 좋을까요?

고민 해결

학부모와 원만한 관계를 맺기란 참 어렵습니다. 특히, 젊은 교사들은 학부모를 상대한 경험이 적기 때문에 더욱 어려움을 겪습니다. 학부모에게 친절하게 대하거나 요구 사항을 잘 들어주면 만만하게 보일까 걱정되고, 거리를 두고 냉정하게 대하면 불친절하고 퉁명스럽다고 생각할까 걱정입니다. 심지어 교원평가나 민원 등 다양한 경로를 통해 교사를 평가하니 학부모와 원만한 관계를 맺는 데 어려움은 더 커지고 있습니다. 학부모가 담임교사를 바꿔 달라고 교장에게 압력을 넣었다는 신문 기사와 학부모와의 갈등으로 인해 교사가 자살했다는 뉴스를 보면 교사가 전문직인지 서비스직인지 구분조차 안 될 정도입니다. 최근 학부모와의 갈등으로 고통을 겪었던 선배 교사는 '학부모를 고객처럼 생각하고 서비스한다는 마음'을 가져야 된다고 빈정거리며 이야기합니다.

잦은 교권 침해로 고통을 겪는 교사들이 늘어나자 '교원의 지위 향상 및 교육 활동 보호를 위한 특별법' 개정안이 발의되었습니다. 이 법은 2019년 10월 17일부터 시행되고 있습니다. 그런데 법은 최소한의 장치일 뿐 학부모와의 원만한 관계를 형성하는 데 근본적인 해결책이 될 수 없습니다. 그렇다면 학부모와의 원만한 관계는 어떻게 만들 수 있을까요?

학부모는 아이의 생활지도와 성장에 가장 밀접하게 관련되어 있으므로, 한 해 동안 학급을 잘 운영해 나가려면 학부모의 지지는 필수입니다. 우선 학부모를 아이들의 올바른 성장을 위해 함께 고민하는 '교육적 파트너'라고 생각하는 마음이 필요합니다. 아이의 성장을 위해 함께 협력한다는 공감대가 형성된다면 교실에서 일어나는 많은 문제들을 원만하게 해결할 수 있습니다.

하지만 교사 혼자 마음먹는다고 학부모와의 관계가 원만해질 수는 없습니다. 이를 위해서는 평소 교사와 학부모 사이에 활발한 소통이 선행되어야 하고, 서로에 대한 신뢰를 쌓아야 합니다. 학부모와 원만한 관계를 맺고 있는 선배 교사들의 좋은 방법을 소개하겠습니다.

첫째, 학부모와 신뢰를 쌓아야 합니다.

많은 학부모들이 가장 걱정하는 것은 자녀와 관련된 일입니다. 교사가 무책임하거나 편애하지 않을까, 혹시 우리 아이가 친구들 사이에서 소외받지 않을까 하는 불안한 마음을 갖고 있습니다. 일단 선생님은 학부모의 감정을 수용하고 불안한 마음을 없앨 수 있도록 교사로서 책임감과 소명의식을 보여 줘야 합니다. 또 학부모와 활발한 대화를 통해 신뢰를 쌓아야 합니다. 상대방과 신뢰를 쌓을 수 있는 가장 좋은 방법은 소통이기 때문입니다. 소통을 할 때 가장 중요한 원칙은 항상 '차분하고 친절한 태도'를 유지하는 것입니다. '웃는 얼굴에 침 못 뱉는다'는 속담처럼 학부모가 아무리 몰상식한 행동이나 언행을 보여도 선생님이 차분하고 친절한 태도를 보인다면 선생님을 대하는 태도는 바뀔 것입니다. 『사기』에도 비슷한 일화가 등장하는데, 상대방의 태도에 휘둘리지 않고 공손한 태도를 유지하여 주변 사람들에게 신뢰를 얻은 신릉군信陵君이라는 인물입니다. 신릉군이 어떤 모습을 보여 주었는지 이야기를 살펴보겠습니다.

위나라에 후영이라는 선비가 있었다. 그는 나이 일흔에 집이 가난하고 성문을 지키는 변변치 않은 일을 하였다. 신릉군은 그의 소문을 듣고 그와 만나기 위해 후한 선물을 보냈다. 하지만 후영은 받지 않았다. 그러자 신릉군은 큰 잔치를 베풀고 손님들을 불러 모았다. 손님들이 다 모인 후 신릉군은 수레와 기마를 거느리고 몸소 후영을 맞이하러 갔다. 후영은 다 해진 옷과 모자를 걸치고 곧바로 공자의 윗자리에 올라타면서 조금도 사양하지 않았다. 그는 이 기회에 신릉군의 태도를 살펴보려 했다. 신릉군은 말고삐를 잡은 채 더욱더 공손하게 대했다. 한참 수레를 타고 가다가 후영이 말했다.

"제게는 시장의 푸줏간에 주해라는 친구가 하나 있습니다. 잠깐 그곳에 들러 친구를 만나고 싶습니다."

신릉군은 수레를 몰아 시장에 들어갔다. 후영은 주해를 만나 한참 동안 이야기하며 신릉군의 태도를 살펴보았다. 그러나 신릉군의 낯빛은 더욱더 부드러웠다. 길가의 모든 사람들이 그 모습을 쳐다보았고 신릉군의 시종들은 모두 마음속으로 후영을 욕했다. 후영은 신릉군의 낯빛이 끝내 변하지 않음을 확인하고 친구와 헤어져 수레에 올랐다. 모든 손님들이 신릉군이 오기만을 기다렸다. 신릉군은 집에 이르자 후영을 윗자리로 이끌어 앉히고 모든 손님들에게 일일이 소개했다. 손님들은 신릉군의 모습에 매우 놀랐다. 술자리가 무르익자 신릉군은 일어나 후영의 장수를 기원하는 술잔을 올렸다. 그러자 후영이 말했다.

"오늘 저는 공자를 난처하게 만들었습니다. 저는 한낱 문지기에 지나지 않는데 공자께서 몸소 수레와 기마를 끌고 오셨습니다. 또한 많은 사람이 보는 앞에서 저를 깍듯이 대우했습니다. 저는 공자님의 이름을 높여 드리기 위해 일부러 주해에게 들러 공자님을 기다리게 했습니다. 저는 공자님의 태도를 살펴보았는데 공자께서는 더욱더 공손했습니다. 아마 시장 사람들은 저를 소인이라 하고, 공자는 선비를 귀하게 대접하는 장자라고 생각했을 것입니다."

-「위 공자 열전」

위나라 신릉군은 중국의 전국시대에 활약했던 인물로 평원군平原君, 맹상군孟嘗君, 춘신군春申君과 함께 전국사공자로 이름을 널리 알렸습니다. 이 당시 귀족들은 자신의 힘을 키우기 위해 선비를 길렀는데, 이렇게 길러진 선비는 빈객, 학사, 책사, 식객 등 다양한 이름으로 불려 많은 활약을 펼쳤습니다. 특히, 사공자는 3,000명의 선비를 길러 중국 전역에 이름을 널리 알렸습니다. 그중 상대방의 신분이나 태도와 상관없이 겸손하고 공손한 태도를 보인 신릉군은 많은 선비들에게 존경을 받았습니다. 사마천도 예의 바르고 어진 태도를 보이는 신릉군의 모습을 높이 평가하고 존경했습니다.

무례하거나 예의 없는 학부모라도 신릉군처럼 항상 친절하고 차분한 태도로 대한다면 선생님에 대한 평가는 높아질 것입니다. 그리고 선생님을 무시하는 태도는 점점 사라지고 선생님에 대한 신뢰가 쌓일 것입니다. 학부모와의 신뢰관계가 형성된다면 훗날 어떠한 문제가 발생해도 선생님과 먼저 소통해서 문제를 해결하려 할 것입니다. 실제로 학부모들은 화를 잘 내고 쉽게 흥분하는 선생님에게 뒷말을 많이 합니다. 그리고 자녀에게 문제가 생기면 선생님에게 연락하기보다는 관리자 혹은 교육청이나 언론기관에 직접 민원을 제기하는 경우를 많이 보았습니다.

혹시 선생님이 쉽게 흥분하고 화를 잘 내는 성격이라면 세계적인 커뮤니케이션 전문가 바바라 베르크한의 책 『화나면 흥분하는 사람 화날수록 침착한 사람』을 추천하고 싶습니다. 저도 욱하는 성격 때문에 많은 어려움을 겪었습니다. 부모님조차 "너는 욱하는 성격 때문에 상대방에게 쌓은 신뢰를 한순간에 다 잃는다"라고 말씀하실 정도였습니다. 그래서 초임 시절에는 많은 오해를 받고 어려움을 겪었습니다. 하지만 이 책을 읽으면서 상대방의 태도와 상관없이 '차분하고 친절한 태도'를 유지하는 방법을 알게 되었습니다. 물론 아직도 부족하지만 이전보다 나아지기 위해 열심히 노력하고 있습니다.

선생님의 '차분하고 친절한 태도'와 함께 학부모와 신뢰를 쌓기 위해 할 수 있는 구체적인 방법은 무엇이 있을까요? 선생님께서 실천할 수 있는 몇 가지 방법을 소개하겠습니다.

학기 초 가정통신문 보내기

새로운 학기가 시작되면 아이들과 선생님만큼 학부모도 설레고 궁금해합니다. '올해 우리 아이가 어떤 담임을 만날지', '담임선생님의 성격과 교육관은 어떨지' 등은 학부모들 사이에서 꽤나 큰 주제입니다. 이런 학부모의 궁금증을 해소할 수 있는 가장 좋은 방법은 학기 초 가정통신문입니다. 가정통신문에는 선생님의 교육철학과 교육 목표를 담는 것이 좋습니다. 어떤 철학을 갖고 학급을 운영할지 소개하는 일은 학부모가 교사를 신뢰할 수 있는 첫걸음입니다. 제가 학기 초 학부모에게 보내는 가정통신문을 소개하겠습니다.

질문쟁이 ○학년 ○반 꿈둥이 학부모님 안녕하십니까?

저는 20○○년 올해 행복한 마음으로 ○학년 ○반 질문쟁이 꿈둥이들과 생활하게 될 교사 ○○○입니다. 먼저 귀한 아이를 맡겨 주신 학부모님께 감사드립니다. 1년 동안 이 아이를 가르치기 위해 최선을 다할 것을 약속드립니다. 짧지만 이 글을 통해서 제가 어떤 철학과 가치관을 가지고 아이들을 가르치려 하는지를 말씀드리고자 합니다.

저의 교육철학은 '사랑'입니다. 대학 시절부터 교육철학에 대해 많이 생각해 보았지만 사랑만큼 중요한 것은 없다는 것이 제 결론이었습니다. '아이들은 어른의 사랑을 먹고 자라난다'는 말이 있습니다. 이 말처럼 아이들에게 가장 중요한 것은 어른들의 사랑이라고 생각하고, 저는 모든 아이들을 관심과 사랑으로 보살펴 주려고 노력할 것입니다.

다음으로 제 올 한 해 교육 목표는 '바른 인성을 가꾸는 질문쟁이 꿈둥이 ○학년 어린이'입니다. 시대가 변할수록 학생들의 학습능력은 높아지고 있지만 그에 반해 남을 돕고 배려하는 마음은 현저히 떨어지고 있는 것이 사실입니다. 학생들의 바르고 균형 잡힌 성장을 위하여 기본 학습능력뿐만 아니라 예절교육, 즉 친구들과 함께 생활하는 태도를 기르는 데에도 힘을 기울일 것을 약속드립니다. 다음으로 학생들에게 자기 주도적인 생활 태도를 정착시키기 위해 노력할 것입니다. 학생들의 결과물보다는 성장 과정과 노력을 중시하여, 모든 일에 책임감을 갖고 최선을 다하는 성실함을 가르치겠습니다.

1년 동안 저의 사랑을 먹고 자라게 될 아이들을 지켜봐 주십시오. 아이들이 웃을 때 웃고, 아이들이 울 때 눈물짓는 교사가 되겠습니다. 그리고 1년 동안 아이들의 사랑을 먹고 행복해할 저의 모습도 지켜봐 주십시오. 열정을 가지고 아이들이 성장해 갈 수 있도록 최선을 다하겠습니다. 긴 글 읽어 주셔서 감사합니다. 가정에 늘 행복이 가득하시길 빌며, 희망찬 3월, 설레는 첫인사를 마감합니다.

학부모 총회 준비하기

학부모를 만난 첫 순간이 아직도 생생하게 기억납니다. 아무것도 모르고 정신없이 지내던 신규 교사 시절에 학부모와 대화하는 시간은 정말 힘들었습니다. 시선 처리도 잘 안 되고 목소리도 제대로 나오지 않았습니다. 경력이 쌓이면서 조금씩 나아졌지만 아직도 학부모 총회는 어렵기만 합니다. 그래도 학부모 총회에 대한 준비를 잘해 놓는다면 어려움은 조금씩 줄어들 것입니다.

먼저, 학부모 총회를 할 때 깔끔한 옷차림과 단정한 용모, 밝은 미소로 학부모를 만나도록 합니다.

때로는 형식이 내용을 지배하는 경우가 있습니다. 아무리 훌륭한 교육철학과 학생 지도 계획을 준비했다고 하더라도 첫인상에서 부정적인 선입견을 주면 학부모의 신뢰를 받기 어려울 수 있습니다. 첫인상은 3초면 결정된다고 합니다. 그리고 첫인상의 결과가 부정적인 경우 이를 뒤집는 데 200배의 정보량이 필요하다고 합니다. 긍정적인 첫인상을 위해 깔끔한 옷차림과 단정한 용모, 밝은 미소는 꼭 필요합니다.

그다음으로, 학부모 총회를 할 때 인쇄물이나 발표 자료를 활용하는 것이 좋습니다. 인쇄물이나 발표 자료에는 교사의 교육철학과 1년 동안 학급 지도를 위한 구체적인 계획을 보여 줍니다. 이때 선생님의 교육철학을 분명하게 이야기하는 것이 가장 중요합니다. 선생님의 명확한 교육철학 토대 위에서 1년 동안 학급을 어떻게 운영할지 구체적인 계획을 소개합니다.

저는 학급에서 학부모 총회를 진행할 때 '학급 관심도 평가'를 실시합니다. 이것은 학급 운영을 소개하기 위해 나눠 주는 인쇄물입니다.

매년 실시하는 꿈나무 학급 관심도 평가는 학부모들에게 인기가 좋습니다. 평가 결과를 바탕으로 1년 동안의 학급 운영에 대해 학부모와 자연스럽게 이야기할 수 있습니다.

5학년 학부모 성함 :

20○○학년도 꿈나무 학급 관심도 평가

○○초등학교   ○학년 자녀 이름:

1. 꿈나무반 학생들은 총 몇 명일까요?

    (   )

2. 5학년 꿈나무반의 별명은 무엇일까요?(네글자)

    (   ) 꿈나무반

3. 꿈나무반 학생들의 수학여행 장소는?

  ① 경주   ② 경주   ③ 공주
  ④ 강주   ⑤ 호주

4. 꿈나무반 학생들이 가장 좋아하는 수업은?

  ① 체육   ② 처육   ③ 국어
  ④ 제육   ⑤ 사회

5. 꿈나무반 모둠 이름이 아닌 것은?

  ① 흥미   ② 인성   ③ 정직
  ④ 탐구   ⑤ 진로

6. 꿈나무반 친구들이 주로 하는 수업 방법은?

  ① 거꾸로 수업 ② 탐구 수업 ③ 강의식 수업
  ④ 질문 있는 수업 ⑤ 없다

7. 꿈나무반 학생들 중 커플은 총 몇 커플일까요?

    (   )

8. 1학기동안 꿈나무 학생들은 몇 번의 체험학습을 갔을까요?(전체적으로 간 체험학습)

  ① 1번   ② 2번   ③ 3번
  ④ 4번   ⑤ 5번

9. 꿈나무 학생들의 음악 수업은 어떤 선생님이 가르치나요?

    (   )

10. 꿈나무 학생들이 4월 3일 형제를 맺은 학년은?

  ① 1학년   ② 2학년   ③ 3학년
  ④ 4학년   ⑤ 6학년

11. 꿈나무 학생들 중 형제 자매가 가장 많은 학생은?

    (   )

12. 꿈나무 학생들이 가장 많이 참여하는 방과후 활동은?

    (   )

13. 꿈나무 학생들이 가장 많이 태어난 달은?

  ① 1월
  ② 3월
  ③ 7월
  ④ 9월
  ⑤ 12월

14. 류성창 선생님의 태어날 아기의 태명은?

  ① 건강이   ② 알콩이   ③ 달콩이
  ④ 힘찬이   ⑤ 튼튼이

보너스 문제) 자녀에 하고 싶은 말을 자유롭게 적어주세요.

    (   )

꿈나무 5-1

꿈나무 학급 관심도 평가 양식

1년 동안 학급을 어떻게 운영할지 시험문제 형태로 소개합니다. 학부모들이 직접 문제를 풀어 보고, 정답을 많이 맞힌 학부모에게는 상품도 주면서 초반의 어색한 분위기를 화기애애하게 바꿀 수 있습니다.

'학급 관심도 평가'는 학부모와 학생의 소통이 원활한지, 학부모가 학급에 대해 관심을 갖고 있는지 등을 파악할 수 있습니다. 그리고 평가 결과를 바탕으로 학부모와 자녀가 평소에 대화를 잘하는지, 학교 교육에 대한 학부모의 관심과 책임감 등에 대해 이야기할 수 있습니다. 이렇듯 '학급 관심도 평가'를 실시하면 학부모와 대화 소재를 풍부하게 마련할 수 있고 대화의 주도권을 교사가 가질 수 있습니다.

소통 공간 만들기

밤늦게 카카오톡이나 문자 메시지를 보내는 학부모 때문에 교사들은 많은 고통을 받고 있습니다. 최근 충청남도교육청에서는 투넘버, 투폰 서비스를 지원하여 학부모의 밤늦은 연락에 고통받는 교사들의 고충을 덜어 내려고 노력하고 있습니다. 두 개의 번호가 필요할 정도로 휴대전화를 통한 교권 침해는 심각한 상황입니다. 저도 학부모의 끊임없는 연락으로 힘들었던 적이 있었습니다. 그 일을 겪은 후 학부모에게 전화번호를 공개하지 않으려 했지만 소용이 없었습니다. 다양한 경로로 제 번호를 알아냈으며 연락을 받지 않으면 소통이 부족하다는 불만을 드러냈습니다.

결국, 저는 소통 공간을 따로 만들기로 결심했습니다. 제가 사용하는 소통 공간은 '클래스팅'이라는 온라인 학급 커뮤니티입니다. 클래스팅의 게시글이나 비밀 상담방을 통해 학부모들의 이야기를 듣고 민원

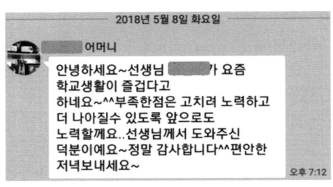

█████ 어머니

안녕하세요~선생님 █████가 요즘
학교생활이 즐겁다고
하네요~^^부족한점은 고치려 노력하고
더 나아질수 있도록 앞으로도
노력할께요..선생님께서 도와주신
덕분이예요~정말 감사합니다^^편안한
저녁보내세요~

오후 7:12

활발한 소통을 통해 자녀의 교우 관계에 어려움을 겪었던 학부모의 고민을 해결할 수 있었습니다.

을 받았습니다. 클래스팅을 운영하면서 밤늦게 학부모의 연락을 받는 일이 현저히 줄어들었습니다. 물론, 학급 커뮤니티를 개설하고 관리하는 일은 교사에게 업무를 하나 더 얹어 주는 것과 같이 부담스러운 일입니다. 그래서 학급 커뮤니티를 사용할 때에는 반드시 필요한 기능만 사용하는 것이 좋습니다. 저는 클래스팅을 활용할 때 게시글과 알림장, 비밀 상담방, 사진첩 이렇게 4개의 기능만 활용하고 있습니다.

학부모와의 신뢰관계가 구축된다면 아이들을 가르치고 학급을 운영하는 데 큰 도움이 됩니다. 실제로 제가 다니던 학교에서 정○○ 학생이 체육 시간에 다친 일이 있었습니다. 그 학생의 담임을 맡았던 A선생님은 학부모와 관계가 원만했습니다. 그래서 별다른 문제 없이 일이 원만하게 해결되었습니다. 하지만 다음 해에 학부모와 관계가 원만하지 못한 B선생님이 담임을 맡으면서 문제가 생겼습니다. 똑같이 정○○ 학생이 비슷한 사고를 당했는데, 학부모는 '교사가 그 시간에 어떤 대처를 했는지', '왜 바로 학부모에게 연락을 안 했는지' 등 다양한 문제를 제기했고 B선생님은 그 일로 인해 큰 고통을 겪었습니다. 저는 그 사건을 지켜보면서 B선생님이 안쓰럽다는 생각도 했지만, 한편으로는 학부모와 신뢰관계를 형성하는 것이 교사를 위해서도 반드시 필요하다고 느꼈습니다.

둘째, 교사를 올바르게 대하는 방법을 학부모에게 알려 주어야 합니다.

모든 학부모는 선생님과 좋은 관계를 맺길 원합니다. 자신의 자녀를 가르치는 선생님을 일부러 적으로 만들고 싶은 학부모가 있을까요? 다만 표현 방식이 서툴거나 불필요한 언행 때문에 선생님에게 오해를 받는 학부모가 종종 있습니다. 실제로 '맘 카페'와 같은 어머니들의 커뮤니티를 살펴보면 많은 학부모들의 고민 글이 올라옵니다. 그중 자녀의 담임교사를 만나기 전에 어떻게 해야 할지 전전긍긍하는 글이 많습니다. 다음은 어느 '맘 카페'에 담임교사를 만나기 전 학부모의 고민으로 올라온 글입니다.

Q. 아이가 새 학년에 올라가고 이제 조금 한시름 놓으려나 싶었는데, 학부모 면담 가정통신문이 왔네요. 아직 새 학년 시작한 지 얼마 되지도 않아 선생님 만나서 할 이야기도 마땅치 않을 것 같아요. 사실 무작정 내 아이 잘 봐주십사 하는 마음밖엔 없는데, 면담이 제대로 될까요? 그냥 선생님께 무난한 인상만 심어 줘도 좋겠는데요. 선생님과 대화하는 법을 알고 싶습니다.

−2학년 남자아이를 키우는 30대 전업주부

교사를 올바르게 대하는 방법을 알려 주기 위해 학부모 연수를 실시하는 방법도 있지만 연수 때문에 학부모를 모이게 하는 것은 어려울 수 있습니다. 그리고 학부모 연수를 실시하는 것은 담당 교사에게 부담스러운 일입니다. 제가 생각하는 가장 좋은 방법은 학기 초 전체 학부모를 대상으로 교육과정 설명회를 실시하는 날에 교사를 대하는 방법을 간단하게 설명하는 것입니다. 아래와 같은 내용을 간단히 소개하면 교사를 대하는 학부모의 태도가 훨씬 좋아질 것입니다.

●학부모 상담 시 담임선생님을 대하는 방법

1. 선생님과의 대화는 수다가 아닙니다.
선생님께 꼭 전달해야 할 특이 사항은 미리 정리해서 이야기하면 좋습니다.

2. 선생님과 대화할 때 호감의 제스처를 활용하면 더욱 좋습니다.
신뢰하고 있다는 눈빛, 공감하고 있다는 끄덕임 등은 대화의 활력소가 됩니다. 다소 이해하기 어렵고 공감되지 않는 내용이라도 일단 고개라도 끄덕여 주고 이후에 질문을 해 주면 좋습니다.

3. 아이의 단점을 섣불리 이야기하는 건 금물입니다.
생각보다 많은 엄마들이 선생님 앞에서 아이의 부족한 점이나 단점을 이야기합니다. 아이가 실수해도 너그럽게 봐주기를 바라는 마음에서지만 자칫 아이에 대한 섣부른 오해나 잘못된 잣대를 심어 줄 수 있습니다.

4. 아이의 행동 중 오해를 불러일으킬 수 있는 부분들은 미리 양해를 구해야 됩니다.

자칫 오해를 살 수 있는 아이의 습관이나 행동이 있다면, 사전 설명을 해 놓는 것이 좋습니다. 미리 양해를 구해 두면 선생님이 아이에 대해서 오해할 일은 그만큼 줄어들 수 있습니다.

5. 나는 아이를 올바르게 판단하는 부모인지 먼저 생각해 보시기 바랍니다.

안에서 새는 바가지 밖에서도 샌다고 합니다. 부모가 아이의 모습을 제대로 알고 올바르게 판단해야 선생님과 진솔한 대화를 나눌 수 있습니다.

셋째, 주변 선생님들에게 도움을 요청합니다.

학부모와 문제가 생기면 119처럼 도움을 요청할 수 있는 사람이 있는데, 바로 학교에 있는 선생님들입니다. 특히, 그 학부모를 잘 알고 있는 이전 담임선생님에게 도움을 요청하면 문제를 쉽게 해결할 수 있습니다. 혹시 그 선생님과 관계가 불편하여 도움을 요청하기 어렵다면 경력이 많은 선생님에게 도움을 요청하는 방법도 있습니다. 고경력 교사들은 다양한 유형의 학부모들을 만나면서 경험이 쌓였고 자신만의 노하우가 있습니다. 후배 교사가 먼저 고민을 상담하고 도움을 청하면 선배 교사는 친절하게 조언해 줄 것입니다. 실제로 선배 교사들은 후배 교사가 문제가 생겨도 조언해 주기 조심스러울 때가 있습니다. 괜히 참견하는 것 같고 꼰대 같은 느낌이 들 수 있기 때문입니다. 학부모와 문제가 생기거나 학부모와의 관계 형성에 어려움을 겪는다면 동료 선생님들에게 선생님의 생각을 솔직히 털어놓고 도움을 요청하는 자세가 필요합니다.

많은 학생들과 매일 함께 지내며 수업과 공문 등 다양한 일을 해내는 교사는 쉽지 않은 직업입니다. 학생과 교직원뿐만 아니라 학부모와의 관계도 신경 써야 되고 최근에는 마을교육으로 지역 주민까지 상대해야 하니 너무 힘들 것입니다. 심지어 아무리 잘해 줘도 불만투성이인 사람들이 있습니다. 저는 그런 사람들을 대할 때 항상 이 말을 머릿속에 간직하고 있습니다.

세상일에는 잊으면 안 되는 것이 있고, 또 잊어야만 하는 것이 있습니다. 남이 공자에게 베푼 은혜는 결코 잊어서는 안 되지만, 공자께서 남에게 덕을 베풀었을 때에는 빨리 잊으셔야 합니다.

-「위 공자 열전」

학교에서 화나는 일이 생기면 학생들이 보내 준 편지들을 보며 마음을 다스리고 있습니다.

학부모와 좋은 관계를 맺기 위한 다양한 방법도 결국 선생님의 마음먹기에 달려 있습니다. 저는 화가 날 때 학생들이 준 편지와 응원 메시지를 보면서 마음을 다스리고 있습니다. 그리고 학부모가 나에게 어떤 행동을 하길 바라는 마음보다는 내가 어떻게 행동하면 좋을지에 집중하고 있습니다. 선생님도 화가 날 때 마음을 다스릴 수 있는 방법을 찾길 바랍니다. 그리고 학부모와의 관계 때문에 고민에 빠진 선생님에게 제가 전해 준 방법이 도움이 되길 바랍니다.

신규 교사에게
필요한
효과적인
생활지도 방법은
없을까요?

백성의 입을 막는 것은 흐르는 물을 막는 것보다 심각합니다.

-「주 본기」

주 여왕(周 厲王, ?~기원전 828년)
주나라 10대 왕으로 탐욕스럽고 잔인한 성품을 지녔다.
신하들의 간언을 물리치고 폭정을 일삼아 중국 최초의 민중 폭동인
'국인폭동國人暴動'을 일으키게 만든 장본인이다. 결국 백성들에 의해
여왕은 쫓겨나고 주나라는 왕 없이 국가가 운영되는 공화제[13]가 실시된다.

---

13. 주공(周公)과 소공(召公)이 천자(天子)를 대신해 함께 나라를 운영했는데, 두 사람이 공
동으로 화합하여 나라를 운영했다는 것에서 공화(共和)가 유래되었고 이후에는 왕이 없
는 정치체제를 일컫는 말로 쓰인다.

김 교사의 고민

올해 첫 발령받은 신규 교사입니다. 저는 발령받기 전 교직 관련 도서를 읽고 교사 커뮤니티 사이트를 살펴보며 학급 운영에 관한 정보를 수집했습니다. 교사 커뮤니티에는 '3월 한 달이 일 년을 좌우한다', '교사는 학생들에게 만만하게 보이면 안 된다' 등 학생들을 엄격하게 잡아야 한다는 의견이 많았습니다.

그래서 저는 반 아이들을 만나는 첫 순간부터 강하게 통제했습니다. 규칙을 지키지 않으면 큰 소리로 화를 내고, 반성문이나 얼차려 등 벌도 많이 줬습니다. 차분하고 온화하게 학생들을 지도하는 선생님들을 보면 항상 부러웠지만, 그런 방법으로 학급을 관리할 자신이 없어 엄격한 통제 방식을 계속 유지했습니다.

그런데 요즘 고민이 생겼습니다. 엄격하게 지도하면 학생들의 생활태도가 좋아질 줄 알았는데 그렇지가 않았습니다. 학생들에게 화를 자주 내서 그런지 학생들이 저를 피하는 것 같고 대화도 단절된 것 같습니다. 시간이 지날수록 저와 학생들의 관계가 점점 멀어지는 게 느껴집니다. 최근에는 선생님이 너무 무서워 아이가 학교 다니기 싫어한다는 학부모 민원도 받았습니다. 아직 수업과 업무에도 제대로 적응하지 못했는데 생활지도에 문제가 생기니 답답하기만 합니다. 저처럼 생활지도에 어려움을 겪고 있는 신규 교사들이 쉽게 적용할 수 있는 생활지도 방법은 없을까요?

고민 해결

대다수 선생님은 친절한 선생님, 학생과 소통을 잘하는 선생님이 되길 원합니다. 하지만 실제로는 학생들을 엄하게 다루고 학생들의 주의 집중을 위해 강하게 통제하는 '권위자형 교사'로 행동합니다. 학생들을 쉽게 통제할 수 있고 관리하기 편하기 때문입니다. 그런데 '권위자형 교사'에게는 치명적인 단점이 있습니다. 우선, 학생들에 대한 생활 지도 효과가 오래가지 못한다는 점입니다. 권위자형 교사에게 문제 행동을 지적받은 학생들은 선생님에 대한 두려움으로 잠시 복종하지만 시간이 지나면 본래의 모습으로 돌아옵니다. 결국 더 큰 자극을 통해 학생들을 지도해야 하고 나중에는 교사가 먼저 지치게 됩니다.

'권위자형 교사'의 또 다른 단점은 학생과의 소통 단절입니다. 학생들은 선생님을 두려워해 자신의 고민을 털어놓지 못하고 잘못을 저지르면 감추려 합니다. 또 시간이 지나면 지날수록 학생들은 교사에게 마음의 문을 닫습니다. 실제로 ○○초등학교 학생이 학교 담장 근처에서 폭행을 당했는데 선생님에게 도움을 요청하지 않았다는 뉴스 기사가 교육계에 큰 충격을 준 적이 있습니다. 폭행당한 학생은 선생님이 교실에 있는 것을 알고 있었지만 도움을 요청하지 않았다고 합니다. 왜 그랬을까요? 그 학생은 인터뷰에서 "선생님은 항상 화를 내고 무서워요. 그리고 제 이야기를 제대로 들어준 적이 없어요"라고 말했습니다.

사마천의 『사기』에는 '권위자형 교사'처럼 백성들을 억압하는 군주들이 많이 등장합니다. '포락지형炮烙之刑'[14]이라는 잔혹한 형벌로 백성들을 억압한 상(은)나라의 주왕紂王, 엄격한 법으로 백성들의 삶을 고달프게 만든 진시황始皇帝이 백성들을 억압하는 대표적인 군주들입니다. 그들의 강압적인 통치 방식은 처음에는 효과가 있었지만, 시간이 지날수록 많은 부작용을 보이며 백성들의 외면을 받았습니다. 주나라 여왕厲王의 이야기를 통해 그의 강압적인 통치 방식이 어떤 부작용을 일으켰는지 살펴보겠습니다.

주나라 여왕은 간신들에게 나라를 맡기고 포악한 정치를 일삼았다. 그래서 모든 백성들이 왕을 비방했다. 그러자 주나라 신하 소공이 왕에게 간언했다.

"백성들의 삶이 매우 어렵습니다. 백성들이 폐하의 통치 방식을 견디지 못하고 있습니다."

이 말을 들은 여왕은 매우 화를 냈다. 그리고 백성들과 신하들에 대한 감시와 형벌을 강화하고 왕실과 정책에 대한 비방을 금지했다. 그러자 왕에 대해 비방하는 백성들이 줄어들었다.

백성들을 강압하는 통치 방식이 효과를 나타내자 여왕은 전보다 더욱 엄한 형벌로 나라를 다스렸다. 그러자 백성들은 나라의 정책이나 왕의 행실에 대해 더 이상 말로 전달하지 않았다. 대신 길에서 만나면 눈짓을 통해 왕실에 대한 불만의 마음을 전달하였다. 더 이상 백성들의 불만이 들리지 않자 여왕은 자신의 강압적인 통치 방식을 만족하며 매우 기뻐했다. 그리고 지난날 자신에

---

14. 불에 달군 쇠로 단근질하는 형벌로, 상나라 주왕 때의 잔인한 사형 방법을 이르는 말.

게 간언한 소공을 불러 말했다.

"내가 비방하는 것을 금지시키자 백성들이 감히 말하지 않게 되었노라. 더 이상 주나라에 대한 불만은 없을 것이니라."

그러자 소공이 답했다.

"이는 강제로 말을 못하게 막은 것입니다. 백성의 입을 막는 것은 흐르는 물을 막는 것보다 심각합니다. 흐르는 물이 막혔다가 터지면 물가 주위의 많은 사람들이 다치는 것처럼, 백성들 또한 이와 같습니다. 그래서 물을 다스리는 자는 둑을 터서 물길을 이끌고, 백성을 다스리는 자는 마땅히 그들이 말하도록 이끌어야 합니다. (…) 무릇 백성들이란 마음으로 깊이 생각하고 나서 입으로 말하는 것이니 올바른 의견으로 받아들여 실행해야 합니다. 그런데 그런 백성의 입을 막다니 도대체 며칠이나 막을 수 있겠습니까?"

하지만 왕은 이 말을 듣지 않았다. 3년 후 백성들은 더 이상 여왕의 정치를 견디지 못하고 폭동을 일으켰다. 여왕은 왕위에서 쫓겨났고 주나라는 이 사건을 계기로 왕실의 권위가 약해지고 국력이 크게 쇠퇴하였다.

-「주 본기」

주나라는 상(은)나라 주왕을 몰아내고 새롭게 중국 대륙을 차지한 나라입니다. 주나라는 초대 무왕武王부터 6대 공왕共王까지 지속적으로 발전했지만, 10번째 왕인 여왕에 이르러 주나라는 크게 쇠퇴했습니다. 여왕이 통치할 때 중국 최초의 민중 폭동인 국인폭동國人暴動이 일어났고, 주나라 왕실의 권위는 크게 약해지고 민심을 잃게 되었기 때문입니다.

여왕이 통치할 때 민중 폭동이 왜 발생했을까요? 간신 등용, 높은 세율 등 다양한 원인이 있었지만 가장 큰 원인은 백성들의 입을 막아 버린 여왕의 통치 방식이었습니다.

여왕은 간신들과 함께 백성들을 수탈하여 자신의 이익을 채우는 모습을 보였습니다. 또 충직한 신하들의 간언을 외면하고 백성들의 입을 막는 극단적인 모습을 보였습니다. 이후 주나라 왕실에 대한 백성들의 비방은 없어졌으나 속마음까지 막을 수는 없었습니다. 이를 보다 못한 소공召公이 "백성의 입을 막는 것은 흐르는 물을 막는 것보다 심각합니다"라고 조언했지만, 이미 눈과 귀가 막힌 여왕은 그의 말을 외면했습니다. 결국 국인폭동이 일어나 여왕은 쫓겨나고 주나라의 국력은 크게 쇠퇴했습니다. 만약 여왕이 소공의 조언을 받아들여 백성들의 입을 막지 않았다면 어떻게 되었을까요? 적어도 백성들의 폭동은 일어나지 않았을 것입니다.

『사기』의 「혹리 열전」에서도 비슷한 이야기가 등장합니다. '혹리酷吏'는 혹독하고 무자비한 관리들을 뜻하는데 사마천은 『사기』에 「혹리 열전」을 만들어 그들을 비판했습니다. 여기에는 12명의 혹리가 등장하는데, 그중 10명은 사마천이 살았던 시기의 관리들이었습니다. 그 당시 황제 무제武帝는 혹리들을 이용하여 백성들을 강압적으로 통치했습니다. 혹리들로 인해 백성들의 삶은 어려워졌으나 무제는 오히려 더 엄격하게 법령을 적용하여 강압적인 통치를 멈추지 않았습니다. 결국 백성들은 혹리들의 탄압을 피하기 위해 도적의 길을 택했습니다. 그러자 무제는 더욱 강압적인 방법을 선택했는데 「혹리 열전」에는 다음과 같이 기록되어 있습니다.

한나라 조정에서는 '침명법沈命法'을 제정하여 이렇게 반포했다.
"도적떼가 일어났을 때, 관리들이 이를 발각하지 못하거나 혹은 발각한 후에 체포한 도적의 수가 규정 미달이면 2,000석의 봉록을 받는 고관 이하의 말단 관리는 모두 책임을 지고 사형에 처한다."
법이 시행되자 말단 관리들은 도적의 수를 채울 수 없기 때문에 설령 도적을 적발했더라도 체포하지 않았다. 왜냐하면 체포한 도적의 수가 규정 미달이면 죽임을 당하기 때문이다. 그리고 도적떼를 발견해도 상부 관청에 보고하지 않았다. 왜냐하면 만일 도적을 체포하지 못할 경우 상부 관청까지 그 책임이 전가되기 때문이었다. 이 때문에 상부 관청에서도 가급적 고발을 하지 못하도록 했다. 그래서 도적떼는 더욱 많아지게 되었고, 상하 관리들은 서로 속이고 허위 문서를 작성해 법망의 제재를 피했다.

–「혹리 열전」

사마천은 「혹리 열전」을 통해 백성들의 상황을 살펴보지 않고 강압적으로 통치하는 무제의 어리석음과 무능함을 비판했습니다.

선생님의 강압적인 지도 방식이 언제까지 지속될 거라고 생각하나요? 혹시 더 강하게 지도하면 학생들의 생활 모습이 더 나아질 거라고 생각하나요? 저는 그렇지 않을 것이라고 생각합니다. 오히려 시간이 지날수록 지금과 같은 부작용은 계속 발생할 것입니다. '역지사지易地思之'의 입장에서 한번 생각해 보겠습니다. 만약 학교에 새로 온 교장 선생님이 '선생님들에게 만만하게 보이면 학교 운영이 힘들어질 수 있으니 확 잡아야겠군'이라는 생각으로 선생님들을 억압하고 강하게 통제하면 어떤 생각이 들까요? 처음에는 눈치를 보며 교장 선생님의 말을 잘 따르겠지만, 그런 방식이 계속되면 선생님의 마음에는 점점 불만이 쌓일 것입니다. 결국 교장 선생님을 피하거나 뒷담화를 통해 불만을 해소할 것입니다.

그렇다면 어떤 방법으로 학생들을 지도해야 할까요? 선생님은 대학교에 다닐 때 '구성주의 이론'에 대해 한 번쯤 들어 봤을 것입니다. 또 학생들을 '구성주의 이론'에 기초하여 지도해야 된다고 배웠을 것입니다. 구성주의 이론에 따르면 교사는 학생의 눈높이에 맞춰 지도해야 하고, 학생이 잘못된 행동을 하면 스스로 문제를 해결할 수 있도록 도와줘야 한다고 말합니다. 그런데 이제 막 학교현장에 들어온 신규 교사에게 구성주의 이론에 기초한 생활지도 방법은 너무 어렵습니다.

저는 신규 선생님들에게 '1-2-3 매직 생활지도' 방법을 소개하고 싶습니다. 초등학교 교사인 제 아내도 선생님처럼 학생 생활지도에 많은 어려움을 겪었습니다. 학교에 발령받자마자 고학년을 맡았고, 학생들에게 만만하게 보이지 않기 위해 반 아이들을 강하게 통제했습니다. 하지만 시간이 지나면서 아내의 지도 방식에 문제가 생겼습니다. 우선 학생들과의 관계가 원만하지 않았고, 아내의 지도 방식에 익숙해진 학생들은 더 큰 문제 행동을 일으켰습니다.

참다못한 아내는 저에게 생활지도에 대한 고민을 털어놓았지만 저

또한 큰 도움을 주지 못했습니다. 한참 고민하다 결국 주변에 있는 선생님에게 도움을 요청했습니다. 그때 그 선생님은 『행복한 교실을 위한 1-2-3 매직』이라는 책을 추천해 주었습니다. 학생 지도를 책으로 배운다는 것이 미심쩍었지만 지푸라기라도 붙잡는 심정으로 책을 구입하여 읽어 보았습니다. 그런데 그 책에 소개된 '1-2-3 매직 생활지도'는 생활지도에 어려움을 겪는 아내의 고민을 해결하기에 가장 적합해 보였습니다.

저는 아내에게 그 책을 추천해 주었습니다. 처음에는 시큰둥하게 반응했던 아내가 책을 읽으면서 좋아했습니다. 심지어 여름방학 때는 '1-2-3 매직 생활지도'에 대한 연수를 들으면서 공부를 했습니다. 이를 통해 자신감을 얻은 아내는 2학기가 시작되자마자 반 아이들에게 '1-2-3 매직 생활지도'를 적용했습니다. 결국 아내는 강압적으로 학생들을 통제하던 생활지도 방식에서 벗어날 수 있었고 학생들과의 관계도 매우 좋아졌습니다.

학생 생활지도에 어려움을 겪는 선생님을 위해 '1-2-3 매직 생활지도'를 간단히 소개하겠습니다. 우선, '1-2-3 매직 생활지도'는 교사의 책임이 먼저 강조되는 훈육법입니다. 하지만 학생들을 잔소리와 고함, 체벌 따위로 지도하는 것과는 완전히 다릅니다. '1-2-3 매직 생활지도'를 활용한 생활지도는 단순하게 자극과 반응으로 바라본 행동주의 이론의 단점을 극복하고 유기적 인간의 의식과 사회 환경을 고려한 '신행동주의 이론'을 토대로 등장했습니다. 학생들을 작은 어른이 아닌 학생 그 자체로 바라보며 올바른 훈육의 필요성을 강조하고 있습니다. 그리고 1-2-3 매직은 '온화하지만 단호한 지도자형 선생님'을 지향하고 있습니다.

　1-2-3 매직은 학생들의 문제 상황을 '행동 중지 상황'과 '행동 시작 상황'으로 나눕니다. 친구를 놀리는 행동, 말대꾸 등과 같이 문제 행동을 멈추도록 하는 상황은 '행동 중지 상황'입니다. 그리고 교실 청소하기, 과제 해결하기 등과 같이 학생들이 지금부터 시작해야 하는 상황은 '행동 시작 상황'입니다. 이렇게 문제 상황을 두 가지로 나누고 학생의 문제 행동에 따른 해결 전략을 다르게 적용합니다. 왜냐하면 상황에 따라 행동 동기가 다르므로 그에 대한 해결 전략이 달라져야 하기 때문입니다. 그러므로 어떤 학생이 문제 행동을 하면 '행동 시작 상황'인지, '행동 중지 상황'인지를 우선 정확하게 판단해야 합니다.

　학생들의 문제 상황을 판단한 후 1-2-3 매직은 크게 3단계로 나눌 수 있습니다. 1단계는 '문제 행동을 조절하는 방법'이고 2단계는 '권장 행동을 강화하는 방법'입니다. 마지막으로 3단계는 '학생들과 좋은 관

카운팅을 활용하여 학생의 문제 행동을 멈추니 학생들과의 관계가 더 좋아졌습니다.

계를 형성하는 방법'입니다.

문제 행동을 조절하는 1단계 방법에는 '카운팅'이 있습니다. 카운팅은 말 그대로 문제 행동을 일으킬 경우 하나, 둘, 셋을 말하면서 학생 스스로 고칠 기회를 주는 것입니다. 카운팅을 적용하기 전에 다음과 같은 원칙을 지켜야 합니다.

첫째, 행동 중지 상황에서만 이용하기.
둘째, 카운팅의 효과에 대해 의심하지 말기.

두 가지 원칙을 알았다면 다음으로 카운팅 방법을 소개하겠습니다. 우선, 학생이 문제 행동을 일으킨다면 첫 번째 카운팅 후 5초를 기다려 줍니다. 두 번째 카운팅 후 첫 번째와 마찬가지로 5초를 기다려 줍니다. 마지막 카운팅이 끝나도 문제 행동을 멈추지 않으면 교사는 타임아웃을 외치며 약속된 장소에 학생을 이동시킵니다. 그리고 자신의 행동에 대해 반성할 수 있는 시간을 줍니다. 이때 타임아웃의 장소는 학급 구성원과 떨어져야 하며, 학생의 주의를 분산시키면 안 됩니다. 또 학생이 지루함을 달랠 수 있는 즐거운 장소는 피해야 됩니다. 꼭 타임아웃이 아니라도 점심시간에 자유 시간을 박탈하는 등 다양한 방법을 활용할 수 있습니다.

카운팅을 할 때 가장 주의해야 할 점은 '화나면 침묵하라'입니다. 교사는 카운팅을 하기 전 혹은 카운팅을 하면서 학생의 잘못을 설명하거나 화를 내는 행동을 하면 안 됩니다. 물론 학생이 옷을 벗는 비정상적인 행동을 보이거나 특정 물건으로 상대방을 위협하는 위험한 행동을 하면 교사가 즉각적으로 개입하여 행동을 중지시켜야 합니다. 그러나 그런 위험한 상황이 아니라면 침묵을 유지해야 합니다.

권장 행동을 강화하는 2단계 방법은 학생들이 바른 행동을 시작하도록 이끌어 주는 훈육법입니다. 숙제하기, 줄 서기, 집중하기, 청소하기 등이 권장 행동에 해당합니다. 행동을 중지하는 1단계에 비해 행동을 시작하는 2단계는 학생들의 동기가 더 많이 필요합니다. 그래서 교사의 노련한 지도와 지속적인 노력이 필요합니다.

권장 행동을 강화하는 가장 중요한 비법은 '반복'입니다. 반복은 지루하고 진부해 보이지만 학생들의 행동을 격려할 때는 반복이 가장 효과적인 방법입니다. 어떤 행동을 반복적으로 수행하면 습관이 되고 그 습관이 붙으면 숨 쉬는 것처럼 자연스러운 일이 됩니다.

학생들의 바른 행동을 격려하기 위해 1-2-3 매직에서 제안하는 여덟 가지 방법을 소개하겠습니다. 여덟 가지 방법에는 칭찬하기, 부탁하기, 타이머, 상점 제도, 결과 경험하기, 생활점검표, 대화 보여 주기, 카운팅 응용하기(문제 행동을 조절하기 위한 카운팅과는 다름)가 있습니다. 이 중 한 가지 방법만으로 충분히 효과가 나타날 수 있지만, 필요하다면 여러 가지 방법을 동시에 사용할 수도 있습니다. 여덟 가지 방법의 자세한 활용법은 『행복한 교실을 위한 1-2-3 매직』 책에 소개되어 있으니 참고하기 바랍니다.

좋은 관계를 형성하는 3단계 방법은 학생과 학생의 문제 행동을 분리해서 생각하는 것입니다. 이를 통해 교사와 학생은 긍정적인 관계를 맺을 수 있고 불필요한 시간 낭비를 줄일 수 있습니다. 학생들과 좋은 관계를 형성하는 방법은 칭찬과 용서, 공감적 경청 등 다양한 방법이 있는데, 가장 중요한 것은 교사 스스로 마음을 잘 다스리며 건강하게 지내는 것입니다. 매일 자신의 감정을 외면하지 말고 몸과 마음이 건강한지 챙겨야 합니다.

'1-2-3 매직 생활지도'를 적용하면 학생들에게 매 순간 소리를 높이며 강압적으로 지도할 필요가 없습니다. 학생들을 통제할 필요가 있는 순간에 간단한 카운팅으로 문제 행동을 통제할 수 있어 선생님의 불필요한 에너지 소모를 줄일 수 있습니다. 그리고 문제 행동을 평화적으로 해결할 수 있기 때문에 교사의 권위가 살아나며 학생들과 소통이 원활해질 수 있습니다. 그뿐 아니라 교사의 교수·학습 시간도 늘어나고 학생들을 처벌하려는 유혹도 피할 수 있습니다. 마지막으로 누구나 쉽게 배울 수 있다는 장점이 있습니다.

처음 학생들을 만날 때 강하고 엄격하게 통제하면 효과도 즉각적이고 선생님도 편하지만, 시간이 지나면 학생들은 선생님의 엄격한 지도 방식에 내성이 생기게 됩니다. 그러면 선생님은 학생들을 지도하기 위해 이전보다 더 강력하게 학생들을 통제해야 합니다. 결국 학생들을 지도하다 선생님이 먼저 지치게 될 것입니다. 그리고 '학생들을 가르치는 데 자신없어', '난 교사라는 직업이랑 안 맞나 봐'라는 좌절감에 빠질 것입니다. 이러한 모습은 경력이 쌓이거나 학생들이 바뀌어도 계속 반복될 것입니다.

저도 신규 교사 시절 엄격한 통제 방식으로 학생들을 지도했습니다. 하지만 퇴근 시간이 되면 '학생들에게 기가 빨린다'라는 느낌을 받았습니다. 계속 이런 방법으로 지도하다간 제가 먼저 지쳐 쓰러질 것 같았습니다. 그래서 저에게 적합한 생활지도 방법을 찾기 위해 학생들의 생활지도와 관련된 여러 연수를 듣고 다양한 책을 읽으며 공부했습니다. 그리고 요즘에는 아내와 함께 '1-2-3 매직 생활지도'를 적용하며 행복한 학교생활을 보내고 있습니다.

요즘 '1-2-3 매직 생활지도'를 적용하기 위해 학교에서 틈틈이 책을 읽고 있습니다.

학생들의 생활을 지도하는 방법은 다양합니다. 제가 소개한 이 방법이 학생들의 생활지도를 위한 만능열쇠는 아닙니다. 학생 혹은 선생님의 성향에 따라 적합하지 않을 수도 있습니다. 하지만 지금까지 다양한 방법을 활용해도 효과가 없었다면 '1-2-3 매직 생활지도'를 적용해 보라고 추천하고 싶습니다. 왜냐하면 이것은 많은 교육학자와 선생님들에게 효과성을 인정받은 학생 지도 방법이기 때문입니다.

자세한 방법은 토머스 W. 펠런, 세라 제인 쇼너가 쓴 『행복한 교실을 위한 1-2-3 매직』이 있으니 한번 읽어 보길 추천합니다.

이번 이야기를 통해 학생들을 지도하는 데 어려움을 겪는 선생님의 고민이 조금이나마 해결되면 좋겠습니다. 그리고 학생들의 생활지도에 스트레스 받지 않고 행복한 학교생활을 보내길 바랍니다.

매일
불공평하다고
불만인 학생을
어떻게
지도해야 할까요?

이목지신移木之信-위정자가 나무 옮기기로 백성들에게 믿음을 준다.
남을 속이지 않고 약속을 반드시 지킴을 뜻함.
-「상군 열전」

상앙(商鞅, ?~기원전 338년)
전국시대 진나라를 대표하는 정치가이다.
진나라 효공孝公 때 재상에 임명되어
법가法家 사상에 근거한 변법變法개혁[15]을 추진한다.
그의 개혁은 약소국인 진나라를 가장 강력한 국가로 만들었고,
훗날 진시황의 천하 통일에 기초를 닦아 놓는 업적을 남긴다.

15. 기존의 법률을 고쳐 법을 다시 만드는 개혁.

민 교사의 고민

저는 올해 첫 담임을 맡았습니다. 작년에는 전담이라 잘 몰랐는데 담임을 맡으니 학생 지도가 힘들다는 것을 느꼈습니다. 특히 학기 초에 학급 업무가 밀려드니 학생들의 생활지도에 신경 쓸 여유가 없었습니다. 그래서 학급 규칙에 따른 칭찬이나 벌칙을 명확하게 적용하지 못했습니다. 그리고 바쁜 일이 생기면 학생들이 잘못해도 넘어가는 경우가 많았습니다. 그러다 보니 학급 운영에 문제가 생겼습니다.

시간이 지나면서 칭찬이나 벌칙을 적용할 때 불공평하다고 불평하는 학생들이 점점 많아지고 있습니다. 특히, 벌칙을 적용할 때 불평이 더 심해집니다. 저는 학생들이 잘못된 행동을 하면 좋은 말로 타이르는 편인데, 매번 좋은 말로 타이르니 말을 듣지 않습니다. 그리고 다른 친구들과 비교하거나 따지려 듭니다. 학기 초 규칙을 제대로 적용하지 못한 제 잘못도 있지만 그렇다고 이대로 방치하면 안 될 것 같습니다. 혹시 학생들에게 효과적으로 상과 벌을 줄 수 있는 방법이 있나요? 그리고 학생들에게 공평한 선생님이 되려면 어떻게 하는 것이 좋을까요?

고민 해결

학생들에게 상벌을 적용하다 보면 "억울해요", "불공평해요"와 같은 말을 자주 듣게 됩니다. 툭하면 다른 친구들과 비교하는 학생들을 공평하게 지도하기란 쉽지 않은 일입니다. 과연 선생님이 학생들을 공평하게 대하는 것이 가능할까요?

선생님의 고민을 해결하기 전에 '공평'과 '공정'의 개념을 정확하게 살펴볼 필요가 있습니다. 공평은 어느 쪽으로도 치우치지 않고 고른 것으로 정의하며 반대말로 불공평이 있습니다. 공정은 공평하고 올바름을 이야기하며 반대말로 불공정이 있습니다. 이 두 단어는 비슷하면서도 미묘한 차이가 있습니다. 공평은 상황과 관계없이 모든 학생들을 똑같이 대하는 것을 말하며, 공정은 주변 상황을 고려하여 학생들을 대하는 것을 의미합니다.

공평(왼쪽)과 공정(오른쪽)

그렇다면 공평한 선생님과 공정한 선생님 중 어떤 선생님이 돼야 할까요? 저는 공정한 선생님이 돼야 한다고 생각합니다. 모든 학생을 동일한 잣대로 공평하게 대하면 역차별이 발생할 수 있기 때문입니다. 하지만 비교 심리가 강한 학생들에게 공정함만 적용하면 학생들을 지도하는 데 어려움이 발생할 수 있습니다. 특히, 첫 만남부터 학생들에게 공정의 잣대를 무리하게 적용하면 학생들은 선생님이 차별한다고 오해할 수 있습니다. 그러므로 학기 초에는 학생들을 공평하게 대하는 것이 좋습니다. 학생들에게 공평한 선생님으로 인정받고 신뢰가 쌓이면 이후 상황에 따라 공정함을 발휘해도 학생들은 선생님의 결정을 믿고 따를 것입니다.

학기가 시작되는 3월은 선생님에게 가장 중요한 시기입니다. 그 기간 동안 학생들이 올바른 생활 습관을 형성할 수 있기 때문입니다. 그 과정 속에서 선생님과 학생은 서로에 대한 신뢰관계를 형성할 수 있습니다. 선생님은 학기 초에 상과 벌을 분명하게 적용하지 못했기 때문에 문제가 발생하고 있지만, 아직 늦지 않았습니다. 지금이라도 학생들이 선생님을 믿고 학급 규칙을 지킬 수 있도록 지도해야 합니다. 일단 그동안 상과 벌을 제대로 적용하지 못한 이유를 설명해서 학생들의 불평을 해소해야 합니다. 그다음 학생들에게 상과 벌을 명확히 적용하는 모습을 보여 주어 학생들이 선생님을 신뢰하도록 만들어야 합니다.

상과 벌을 제대로 적용하기 위한 방법으로 '신상필벌信賞必罰'이라는 고사성어를 소개하고 싶습니다. 이 고사성어는 상과 벌을 규칙에 따라 분명하게 처리해서 상을 줄 만하면 반드시 상을 주고 벌을 줄 만하면 반드시 벌을 주어 사람들이 규칙을 신뢰하도록 만들어야 한다는 뜻입니다. 『사기』의 「상군 열전」을 통해 신상필벌에 대한 이야기를 살펴보겠습니다.

진나라의 정치는 기존의 보수적인 귀족들이 잡고 있었고 귀족들의 뜻에 따라 법이 집행되었다. 그래서 백성들은 나라의 법에 대해 제대로 알지 못했다. 상앙은 새롭게 법을 만들고 시행하여 나라의 힘을 튼튼하게 하려 했는데, 법을 시행하면 귀족들이 자신을 모함하고 백성들이 불편해하며 자신을 비난할까 걱정되었다. 그렇지만 상앙을 신임한 효공은 상앙에게 힘을 실어 주었고, 상앙은 자신이 만든 법을 시행하기로 결심했다.

법의 내용은 다음과 같았다.

열 가구 혹은 다섯 가구로 백성들의 집을 묶어 서로를 감독하고 (중략) 왕족이라도 공이 있는지 없는지를 따져 공이 없으면 왕족 명부에 올리지 못하게 했다. 귀하고 천함, 벼슬과 작위의 등급을 분명히 하여 땅과 집을 차등 있게 등록하게 했고, 노비의 옷도 그 집안의 등급에 따라 달리 입게 했다. 공을 세운 사람은 부와 명예를 누렸고, 공이 없는 자는 아무리 부유해도 명예를 누릴 수 없었다.

상앙의 개혁은 진나라가 훗날 천하를 통일하는 데 결정적인 기초를 닦아 놓았다.

법령이 갖추어졌지만 백성들에게 아직 알리지 않았다. 왜냐하면 백성들이 법을 믿지 않을까 염려되었기 때문이다. 그래서 상앙은 3장 길이의 나무를 도성의 남문에 세운 다음 백성들에게 이 나무를 북문으로 옮기면 10금을 주겠다고 공표했다. 하지만 백성들은 이상하게 생각하여 아무도 나무를 옮기지 않았다. 이에 상앙은 10금에서 50금으로 상금을 올렸다. 이때 어떤 사람이 나무

를 북문으로 옮기자 바로 50금을 주었다. 이를 통해 국가에서 공
표한 내용은 반드시 지킨다는 것을 분명히 했다. 이후 상앙은 백
성들에게 새로 고친 법을 알렸다.

법이 민간에 시행된 지 1년이 지나자 수천 명의 진나라 백성들
이 수도에 몰려와 새로운 법이 불편하다고 말했다. 그리고 얼마
지나지 않아 태자가 법을 어겼다. 그러자 상앙이 말했다.

"법이 지켜지지 않는 것은 윗사람부터 법을 어기기 때문이다."

그리고 태자를 법대로 처리하려 했다. 하지만 태자는 군주의
후계자로 처벌할 수 없었다. 그래서 태자의 스승인 공자 건을 처
벌하고, 태자의 교육을 맡은 공손고도 처벌하였다. 이 소식을 들
은 진나라 백성들은 법을 두려워했고 모두 법을 지켰다.

법령이 시행되고 10년이 지나자 진나라의 백성들은 크게 기뻐
했다. 길 위에 남의 물건이 있어도 줍지 않았다. 그리고 산에는 도
적이 없어졌고 집집마다 풍족해졌다. 백성들은 전쟁에 나가 공을
세워 부와 명예를 갖기 위해 용감하게 싸웠지만 백성들끼리의 사
사로운 다툼은 겁을 내며 피했다. 처음에는 수도에 찾아와 법령
이 불편하다고 말한 진나라 백성들이 이제는 법령이 편리하다고
말했다. 상앙은 이 소식을 듣고 관리들에게 말했다.

"법에 대해 이러쿵저러쿵 말하는 자들은 법을 시행하여 백성
들을 교화하는 데 방해하는 자들이다. 이들을 변방으로 추방시
켜 법에 대해 함부로 말하지 못하도록 하여라."

그 뒤로 법령에 대해 함부로 말하는 백성들이 없었다.

-「상군 열전」

춘추시대 변방국인 진나라는 전국시대에 강대국으로 성장했습니다. 변방의 후진국인 진나라가 강대국으로 성장할 수 있었던 이유는 무엇일까요? 가장 큰 이유는 상앙商鞅의 법 개혁 때문이었습니다. 상앙의 법 개혁으로 귀족들의 특권을 폐지했고, 평민들도 공을 세우면 관직과 토지를 받을 수 있게 하였습니다. 이러한 개혁으로 진나라의 왕권은 강화되고 중앙 집권 국가로 성장했지만, 아무리 좋은 법이라도 이를 제대로 시행하지 못하면 아무 소용없습니다. 실제로 그 당시 진나라 백성들은 법을 신뢰하지 않았습니다. 그래서 상앙은 백성들에게 '나무를 옮기면 금을 주겠다'는 다소 믿기 힘든 약속을 공표하였습니다. 국가에 대한 믿음이 없던 진나라 백성들은 아무도 나무를 옮기지 않았는데, 그때 한 백성이 혹시나 하는 마음에 나무를 옮겼습니다. 그러자 상앙은 그 백성에게 진짜로 금을 주었습니다. 그리고 왕족이나 귀족들도 법을 어기면 벌을 주어 법을 분명히 지키도록 하였습니다. 이러한 모습을 통해 진나라 백성들은 법을 신뢰하게 되었습니다. 법에 대한 백성들의 신뢰를 바탕으로 진나라는 강대국으로 성장할 수 있었고, 훗날 천하를 통일할 수 있었습니다.

선생님의 학급도 진나라 시대의 모습과 비슷합니다. 학급 규칙을 신뢰하지 않고 있는 선생님의 반 학생들은 학급 규칙을 제대로 지키지 않고 있으며 벌칙에 대한 불만이 많습니다. 그러므로 우선, 무작정 벌칙을 적용하기보단 학급 규칙을 잘 지켰을 때 상을 주어 학급 규칙에 대해 긍정적으로 느끼도록 만들어야 합니다. 상을 통해 어느 정도 학생들이 학급 규칙에 익숙해지면 벌칙도 함께 적용하는 것이 좋습니다.

이때 벌칙을 공평하게 적용하여 학생들이 불만을 느끼지 않도록 해야 합니다. 벌칙을 공평하게 적용하는 가장 좋은 방법은 누가기록입니다. 선생님의 학급일지나 클래스 123과 같은 어플을 활용하여 학생들이 학급 규칙을 잘 지키는지 기록하면 불공평하다는 불만을 줄일 수 있습니다. 선생님 혼자 기록하기 어렵다면 1인 1역이나 학급 임원에게 역할을 부여하여 학생들과 함께 기록하도록 합니다. 그리고 선생님도 예외 없이 학급 규칙을 지키는 모습을 보여 줘야 합니다. 이를 어길 경우 선생님도 벌칙을 받겠다고 약속하고 지켜야 합니다. 그런 모습을 지속적으로 보여 준다면 학생들은 선생님이 공평하다고 여기고 학급 규칙에 대해 불만을 갖지 않을 것입니다.

다음으로 학생들에게 효과적으로 벌을 줄 수 있는 방법을 알아보겠습니다. 효과적인 벌을 사용하려면 다음과 같은 원칙을 지켜야 합니다.

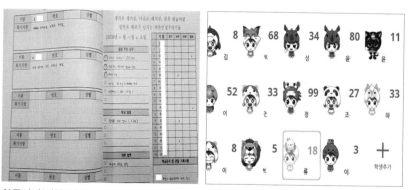

학급일지(왼쪽)와 클래스123(오른쪽)을 활용해 학생들이 학급 규칙을 잘 지키는지 기록합니다. 이 기록은 학부모 상담 및 학생 상담의 기초 자료로 활용할 수 있습니다.

첫째, 한 번에 한 가지 행동만 지도해라.

둘째, 벌의 기준을 확실하고 명확하게 세워라. 즉, 학생이 어떤 행동을 했을 때 어떤 벌을 받게 되는지를 사전에 분명히 가르쳐라.

셋째, 벌을 사용하기 전에 주위 환경에서 문제 행동의 유발 요소들을 제거하라.

넷째, 벌을 사용할 때는 강도가 낮은 것부터 높은 것으로 시작하지 말고, 처음부터 높은 강도를 선정하여 사용하라.

다섯째, 벌은 문제 행동이 일어나자마자 즉시 놓치지 않고 이루어져야 한다.

마지막으로 교사들이 학생들에게 사용하는 여러 벌칙을 알아보겠습니다. 학생들이 잘못할 때 주는 벌칙은 부정적인 자극을 주는 '정적 벌'과 긍정적인 자극을 제거하는 '부적 벌' 두 가지 종류로 나눌 수 있습니다. 예를 들어 지각한 경우 앉았다 일어나기 같은 신체적인 고통을 주면 '정적 벌'을 주는 것이고, 좋아하는 음악 듣기를 못하게 하면 '부적 벌'을 주는 것입니다. 벌칙의 종류는 신체적인 고통을 주는 벌칙부터 언어적 질책, 타임아웃, 신체적인 운동 등 여러 가지가 있습니다. 그러나 최근 학생 인권 강화로 인해 신체적·정신적 고통을 크게 주는 벌칙은 지양하고 있습니다.

다양한 벌칙 중 저는 '반성문'을 추천하고 싶습니다. 쉬는 시간이나 점심시간을 활용하여 반성문을 쓰게 하면 정적 벌과 부적 벌을 동시에 만족시킬 수 있습니다. 반성문은 학생 지도의 누적 자료로 남아 학생 생활지도나 학부모 상담에도 활용할 수 있습니다. 물론, 학생에게 강제로 반성문을 쓰도록 강요할 수는 없습니다. 그러므로 학기 초에 학급 규칙을 어길 경우 반성문을 쓴다는 것을 함께 약속해야 합니다. 그리고 학생과 학부모에게 충분히 안내하고 설명하여 동의를 받는 절차를 갖추고 실행해야 합니다. 반성문을 쓰기 전에 교사는 학생과 충분한 대화를 통해 학생들이 잘못을 스스로 깨닫도록 해야 합니다.

그런데 반성문을 쓸 때 잘못한 일을 빈 A4용지에 다 채워 적으라는 방식은 좋지 않습니다. 그럴 경우 학생들은 자신의 잘못된 행동을 진심으로 반성하기보다 빈칸을 다 채우기 위해 억지로 쓰는 경우가 많습니다. 그러므로 반성문에 어떤 내용을 써야 할지 구체적으로 제시하는 것이 좋습니다. 우선, 제가 활용하는 반성문 양식을 소개하겠습니다.

잘못한 행동에 대해 육하원칙으로 간단하게 쓰게 한 후 『명심보감』 같은 교훈이 되는 책의 글귀를 제시하여 쓰도록 합니다. 이때 학생의 잘못된 행동과 관련 있는 글귀를 제시하고 그 글귀를 읽어 본 후 적도록 합니다.

학생들의 잘못을 훈육하고 바르게 지도하려는 선생님은 학생에게 항상 따뜻한 시선을 지녀야 합니다. 그리고 선생님도 학생들과 함께 규칙을 지키려고 노력해야 합니다. 그래야 선생님의 행동이 진정성 있게 전달될 수 있습니다. 또한 학생들이 잘못된 행동을 했을 경우 학생의 이야기를 충분히 들어준 후 상황에 맞게 벌칙을 사용해야 합니다.

_____의 반성문

1. 오늘 일어났던 일에 대해 간단히 적으세요.

잘못한 학생은 누구인가요?	
언제 잘못된 행동을 했나요?	
어디에서 잘못된 행동을 했나요?	
무엇을 잘못했나요?	
어떻게 잘못된 행동을 했나요?	
왜 잘못된 행동을 했나요?	

2. 시간을 돌린다면 어떻게 행동할 것인가요?

3. 지금부터 달라질 나의 모습을 적어 봅시다.

4. 다음 『명심보감』을 큰 소리로 읽고 두 번씩 쓰세요.

〈지혜편〉 남을 무시하지 말라.
자기가 잘났다고 생각하여 남을 업신여겨서는 안 되고, 자기가 크다고 생각해서 작은 사람을 무시해서는 안 되고, 용기를 믿고 적을 가볍게 대해서는 안 된다.

『명심보감』을 활용한 반성문 양식

만약 학급 규칙을 어긴 학생에게 벌칙을 줬다면 다음에 그 학생이 동일한 규칙을 잘 지켰을 경우 많이 칭찬해 줘야 합니다. 마지막으로 아무리 효과적인 벌칙도 학생을 사랑하는 선생님의 마음과 일관성 있는 태도가 없다면 아무런 소용이 없다는 것을 잊지 말아야 합니다.

꿈도
열정도 없는
학생들을
포기하고
싶습니다

낭중지추囊中之錐 - 주머니 속의 송곳.

재능이 뛰어난 사람은

숨어 있어도 남의 눈에 띄게 됨을 이르는 말.

-「평원군 열전」

평원군(平原君, ?~기원전 251년)
전국시대 조나라 출신의 정치가이자 혜문왕惠文王의 동생이다.
3,000명의 식객을 거느린 전국사공자 중 한 명으로 장평대전長平大戰[16] 이후
위기에 빠진 조나라를 구해 천하에 이름을 떨친다.

---

16. 중국 진나라와 조나라 사이에 벌어진 대규모 회전으로 전국시대의 판도를 바꾼 대표적인 전투이다. 장평대전에서 승리한 진나라는 천하를 통일하는 기반을 마련하였고, 이 전투에서 패한 조나라는 약 30년 후에 멸망하게 된다.

정 교사의 고민

저는 중학교 3학년 담임입니다. 중학교 3학년은 특성화고, 일반고, 자사고 등 자신의 진로를 설계하기 위해 고등학교 진학을 준비하고 선택하는 학년입니다. 올해 3학년 담임을 맡으면서 다른 학년에 비해 더 큰 책임감을 갖고 학생들이 원하는 미래를 설계하는 데 도움을 주기 위해 노력하고 있습니다.

최근 진로교육에 대한 사회적 관심이 높아져 자유학기제, 교육과정 재구성 등 다양한 방법으로 학생들의 진로를 도와주고 있습니다. 하지만 이러한 도움이 소용없는 학생들이 있습니다. 그 학생들은 학교에 오면 매일 잠을 자거나 다른 친구들을 괴롭히는 문제 행동을 일으킵니다. 인근의 비행 청소년들과 어울리며 물건을 훔치거나 술을 마시고 흡연을 하는 일탈 행동을 하는 학생도 있습니다. 그런 학생들을 바라보면 답답하고 한숨만 나옵니다. 잘하는 것이라고는 아무것도 없어 보이는 불량한 학생들에게 진로교육이 필요할까요? 꿈도 열정도 없는 학생들을 포기하고 싶습니다.

고민 해결

학교에서 배우는 모든 교육은 진로와 직간접적으로 연관되어 있습니다. 그리고 초등학교부터 고등학교까지 진로교육의 내용은 학생들의 발달단계에 따라 조금씩 차이가 있습니다. 초등학교는 진로 의식을 형성하는 단계이고, 중학교는 진로 탐색 및 기초 진로를 설계하고 준비하는 단계입니다. 그리고 고등학교는 진로를 설계하고 준비하며 구체적으로 진로를 탐색하는 단계입니다. 그러나 이러한 진로교육의 내용은 평균적인 학생들의 발달단계에 따라 설정한 것이기 때문에 학교에서 진로교육을 할 경우 개별적인 학생들의 발단단계도 고려할 필요가 있습니다.

선생님의 고민에서 나타나는 목표의식이 없고 무기력하게 지내는 학생들은 대부분 진로 의식조차 제대로 형성되지 않은 학생들입니다. 자신에 대한 이해조차 제대로 이뤄지지 않았기 때문에 학교생활에 흥미를 느끼지 못하고 계속 방황하게 됩니다. 그러므로 이러한 학생들은 자신의 자아를 이해하는 기초적인 진로교육이 먼저 이뤄져야 합니다. 그렇다면 어떤 방법으로 지도하는 것이 좋을까요?

📖 학교급별 진로발달단계

진로발달단계	초등학교	중학교	고등학교
	진로 인식	진로 탐색	진로 선택 및 준비
진로교육 중점 영역	I. 자아 이해와 사회적 역량 개발	II. 일과 직업 세계의 이해 III. 진로 탐색	IV. 진로 디자인과 준비

학교급별 진로발달단계

첫째, 자존감을 키우는 활동을 많이 활용해야 합니다.

자존감은 말 그대로 자기 자신을 스스로 높여 소중하게 대한다는 뜻입니다. 하버드대학교 교육학과 교수인 조세프 킴에 따르면, 자존감은 '내가 다른 사람에게 사랑과 관심을 받을 만한 사람이라는 자기 가치와 주어진 일을 잘할 수 있다고 믿는 자신감'이 합쳐진 말이라고 합니다. 그리고 자존감은 미래의 성공과 실패를 결정하는 데 큰 영향을 준다고 합니다. 그러므로 학생들에게 자존감은 매우 중요합니다. 특히, 진로 의식이 형성되지 않은 청소년에게 자존감은 반드시 필요합니다. 2011년 EBS에서 방영된 〈아이의 사생활: 제3부 자아 존중감〉에서 나타나듯이 자존감이 높은 아이들은 신체 만족도, 자아상, 리더십, 공감 능력, 성공에 대한 확신 등 많은 영역이 높게 나타났습니다. 이러한 높은 자존감은 학업성취도와 장래 희망에도 큰 영향을 줍니다. 그러므로 목표의식이 없고 무기력한 학생들에게 자존감을 키워 주어야 합니다.

자존감을 키우려면 작은 성취부터 시작해야 합니다. 자존감이 낮은 학생들에게 성취감을 느끼게 하려면 성취 가능한 것부터 차근차근 도전하도록 도와줘야 합니다. 그래야 꾸준히 도전하면서 성공하는 기쁨을 느낄 수 있습니다. 그런데 자존감이 낮은 학생들은 성취를 해도 별다른 기쁨을 느끼지 못하는 경우가 많습니다. 성취를 해도 주변에서 별 볼 일 없다고 무시하는 경우가 많기 때문입니다. 심지어 부모님이나 선생님도 '넌 쓸데없이 그런 걸 했니?'라며 대수롭지 않게 말하는 경우가 있습니다. 하지만 교사는 학생들의 별 볼 일 없는 능력이라도 무시하지 않고 격려해야 합니다.

사마천의 『사기』에는 '계명구도鷄鳴狗盜'라는 고사성어가 등장합니다. 천한 재주를 가진 사람도 때로는 요긴하게 쓸모가 있음을 비유하는 말로 「맹상군 열전」에서 소개하고 있습니다. 맹상군孟嘗君이 활약하던 전국시대에는 저마다 특별한 재능을 갖춘 선비들이 있었지만, 하찮고 쓸모없는 재주를 가진 선비들도 있었습니다. 지위가 높은 사람들은 그런 선비들을 무시하고 외면했습니다. 하지만 맹상군은 쓸모없는 재주를 가진 선비도 모두 등용했는데, 어느 날 맹상군이 위기에 처했을 때 쓸모없는 재주를 가진 선비가 맹상군의 목숨을 구했습니다. 「맹상군열전」 이야기를 통해 자세히 살펴보겠습니다.

진나라 소왕은 제나라의 맹상군이 현명하다는 소문을 듣고 맹상군을 만나고 싶어 했다. 그리하여 자신의 아우를 제나라에 볼모로 보내고 맹상군을 진나라로 초대하였다. 맹상군이 진나라로 가려 하는데 많은 빈객들이 그를 말렸다. 소대라는 빈객이 말했다.

"오늘 아침 저는 이곳으로 오는 길에 나무 인형과 흙 인형이 서로 주고받는 말을 들었습니다. 나무 인형이 '하늘에서 비가 내리면 너는 허물어질 거야'라고 말하자, 흙 인형이 '나는 원래 흙에서 태어났으니 허물어지면 흙으로 돌아가면 그뿐이지만 하늘에서 비가 내리면 너는 어디까지 떠내려가야 할지 몰라'라고 대답했습니다. 진나라는 호랑이와 이리처럼 사나운 나라입니다. 당신께서 그곳으로 가서 돌아오지 못하는 날에는 흙 인형의 비웃음을 피하지 못할 것입니다."

맹상군은 그 말을 듣고 진나라로 가는 것을 포기했다. 하지만 제나라 왕은 진나라 왕의 거듭된 강요를 이기지 못해 맹상군을 진나라로 보냈다. 맹상군을 만난 진나라 소왕은 맹상군을 재상으로 삼으려 했다. 그러자 소왕의 신하가 말했다.

"맹상군은 훌륭한 인물로서 제나라의 일족입니다. 지금 그를 진나라의 재상으로 삼으면 반드시 제나라의 이익을 먼저 생각하고 진나라의 이익을 뒤로 미룰 것입니다. 그러면 진나라는 위태로워집니다."

진나라 소왕은 맹상군을 재상으로 삼으려던 생각을 그만두고, 그를 가두어 죽이려고 했다. 이에 맹상군은 사람을 보내 소왕의 애첩에게 가서 자신을 풀어 주기를 청하였다. 소왕의 첩은 맹상군이 갖고 있는 흰여우 가죽옷을 원했다. 하지만 그 가죽옷은 진나라에 도착했을 때 소왕에게 이미 바쳐졌었다. 맹상군은 고민에 싸여 빈객들에게 대책을 물었지만 제대로 대답하는 이가 없었다. 그런데 빈객들 중 평소 주위 사람들에게 무시당하는 빈객들이 있었는데 그중 한 명은 개 흉내를 내어 좀도둑질을 하는 사람이었고 다른 이는 닭 울음소리를 잘 내는 사람이었다. 그중 좀도둑질을 하는 사람이 말했다.

"제가 그 가죽옷을 구해 오겠습니다."

밤이 깊어지자 그는 개 흉내를 내어 진나라 궁궐의 창고 속으로 들어가 여우 가죽옷을 훔쳐 돌아왔다. 맹상군이 이것을 소왕의 애첩에게 바치니 애첩은 소왕에게 맹상군을 풀어 주라 간청하였다. 결국 애첩의 간청을 물리치지 못하고 소왕은 맹상군을 풀어 주었다. 맹상군은 풀려나자마자 즉시 말을 몰고 달아났다. 그리고 한밤중이 되어서야 그는 진나라 영토의 경계인 함곡관에 도착했다. 소왕은 뒤늦게 맹상군을 풀어 준 것을 후회하고 군사들을 풀어 그를 쫓게 했다.

　함곡관은 진나라 국경에 있는 요새로 첫닭이 울어야만 함곡관의 문을 여는 법이 있었다. 맹상군은 뒤쫓아 오는 자들 때문에 어찌할 바를 모르고 발만 동동 구르고 있었다. 그때 빈객 중 닭 울음소리를 잘 내는 사람이 닭 울음소리를 흉내 내자 근처의 닭들이 다 울었다. 닭 울음소리가 들리자 함곡관의 문이 열리고 맹상군은 함곡관을 빠져나왔다.

　처음 맹상군이 좀도둑과 닭 울음소리를 잘 내는 사람을 빈객으로 삼았을 때 다른 빈객들은 두 사람과 함께 있는 것을 매우 부끄러워했다. 그런데 맹상군이 진나라에서 곤경에 처했을 때 결국 이 두 사람이 그를 구하였다. 그 뒤 빈객들은 맹상군의 사람보는 눈을 다시 보고 더욱 그를 따르게 되었다.

-「맹상군 열전」

맹상군은 쓸모없는 재주를 가진 선비도 모두 등용했습니다. 많은 사람들이 그러한 맹상군의 모습을 비난하고, 쓸모없는 능력을 가진 선비와 함께 있는 것을 부끄러워했지만, 맹상군은 끝까지 그들을 챙기고 보살폈습니다. 결국 그 쓸모없는 재주를 가진 선비들은 위기의 순간에 맹상군을 구했습니다.

　선생님은 별 볼 일 없는 능력을 갖고 있는 학생들을 바라보며 걱정하고 있지만 언젠가 그 학생이 자신의 능력을 발휘할 기회가 오게 될 것입니다. 실제로 학교에 다닐 때 공부보다는 게임에 관심이 많아 주변에서 한심하다고 비난받은 학생이 있었습니다. 그 사람은 현재 '대

아프리카 BJ 참여 학생(왼쪽)과 영화창작동아리 활동 사진(오른쪽). 아이들이 자신의 재능을 발휘할 수 있도록 도와줘야 합니다.

도서관'으로 불리며 대한민국 1인 크리에이터를 대표하고 있습니다. 그 학생이 훗날 유튜브라는 새로운 방송매체를 통해 성공할 줄 누가 알았을까요? 그러므로 교사는 학생들의 사소한 능력도 눈여겨보아야 합니다. 또 그 능력을 발휘하여 작은 성취감이 쌓이도록 도와주어야 합니다. 특히, 자존감이 낮은 학생들의 능력을 잘 관찰하고 격려해서 자존감이 높아지도록 지도해야 합니다.

둘째, 충분한 시간을 갖고 자신의 능력을 발휘할 수 있는 기회를 주어야 합니다.

진로교육에 가장 필요한 것은 시간입니다. 아름다운 꽃과 열매를 맺으려면 씨앗이 싹을 틔우고 줄기가 뻗어 자랄 때까지 기다려 주어야 합니다. 자라기도 전에 조급하게 뽑으면 아름다운 꽃과 열매를 맺을 수 없습니다. 마찬가지로 학생들에게도 충분한 시간이 필요합니다. "이게 올바른 길이야. 내 말대로 해"라고 말하며 성급하게 학생들을 압박하면 안 됩니다. 그리고 학생들이 자신의 능력을 발휘할 수 있는 기회도 주어야 합니다. 학생들에게 충분한 시간을 주어도 능력을 발휘할 기회가 없다면 아무 소용이 없습니다.

사마천 『사기』의 「평원군 열전」에는 이와 관련된 이야기가 등장합니다. 이를 통해 학생들의 능력을 발휘할 수 있는 기회를 주는 일이 왜 필요한지 살펴보겠습니다.

진나라는 조나라를 공격하여 수도를 포위했다. 조나라 왕은 초나라의 도움을 받기 위해 평원군을 사신으로 보냈다. 평원군은 자신의 빈객 중 학문에 깊고 용감한 사람 스무 명을 뽑아서 함께 가려고 했다. 평원군이 빈객들에게 말했다.

"평화롭게 담판을 지어 초나라의 도움을 얻을 수 있다면 좋은 일이오. 하지만 평화롭게 담판을 지을 수 없다면 초나라 왕을 협박해서라도 도움을 받을 작정이오. 나와 함께 가서 도와주시오."

평원군은 열아홉 명의 빈객을 뽑았다. 하지만 나머지 한 명은 쉽게 구할 수 없었다. 이때 모수라는 빈객이 있었는데 평원군에게 가서 스스로를 추천했다. 그러자 평원군이 물었다.

"선생께서는 제 집에 머문 지 몇 해나 되었소?"

모수가 말했다.

"3년이 되었습니다."

평원군이 대답을 듣고 말했다.

"대체로 현명한 선비는 주머니 속에 있는 송곳 같아서 그 끝이 금세 드러나 보이는 법이오.[17] 지금 선생께서는 제 문하에 3년간 있었지만 내 주위 사람들이 선생을 칭찬하는 것을 들은 적이 없소. 이것은 선생에게 특별한 재능이 없다는 뜻이오. 선생은 나와 함께 갈 수 없으니 집에 남으시오.”

그러자 모수가 말했다.

“저는 오늘에야 당신의 주머니 속에 넣어 달라고 부탁드리는 것입니다. 만일 저를 좀 더 일찍 주머니 속에 넣었다면 그 끝이 금세 드러났을 것입니다.”[18]

결국 평원군은 모수와 함께 가기로 했다. 하지만 열아홉 명의 빈객들은 그를 무시하며 비웃었다. 그러나 초나라로 가는 동안 모수와 대화하면서 사람들은 그의 능력을 알게 되었다.

이른 아침 초나라에 도착한 평원군은 초나라 왕과 만나 조나라의 구원을 요청했는데, 해가 중천에 이르도록 결정짓지 못했다. 그러자 열아홉 명의 빈객들이 모수에게 평원군을 도우라고 말했다. 그때 모수가 곧바로 칼자루를 잡고 왕과 평원군이 있는 계단 위로 올라갔다. 그리고 모수가 평원군에게 말했다.

“초나라가 도와줄지 말지 왜 이리 오래 걸립니까? 이렇게 오랜 시간이 걸리도록 결정하지 못하는 이유가 무엇입니까?”

그러자 초나라 왕이 평원군에게 물었다.

“저자는 누구요?”

평원군이 자신의 빈객이라 대답하자 초나라 왕이 화를 내며 말했다.

---

17. 낭중지추(囊中之錐).
18. 모수자천(毛遂自薦).

"어찌하여 내려가지 않는가! 나는 그대 주인과 이야기하는 중인데 감히 무슨 짓인가?"

이 말을 들은 모수는 칼자루를 잡고 왕 앞으로 다가가 외쳤다.

"왕께서 저를 꾸짖는 이유는 주변에 초나라 군사가 많다고 생각하기 때문입니다. 그러나 지금 열 걸음 안에서는 왕 주변에 저밖에 없습니다. 그러므로 왕의 목숨은 제 손에 달려 있습니다. 제 주인이 앞에 있는데 저를 꾸짖는 까닭이 무엇입니까?

지금 초나라는 넓은 땅이 있고 수많은 병사들이 있습니다. 이는 천하의 우두머리가 될 수 있는 좋은 조건입니다. 하지만 지난번 초나라는 진나라 백기 장군에게 크게 패했습니다. 첫 번째 전쟁을 통해 언과 영 지방을 빼앗겼습니다. 두 번째 전쟁을 통해 선왕의 능묘가 불태워졌고, 세 번째 전쟁을 통해 초나라 종묘를 욕보였습니다. 이 일은 초나라에게 100대가 지나도 잊을 수 없는 원통한 일이며 조나라도 이를 분하게 여기고 있습니다. 그런데 왕께서는 그 원한을 잊고 계십니다. 지금 진나라와 전쟁하는 것은 초나라를 위한 일이지 조나라를 위한 것이 아닙니다."

이 말을 들은 초나라 왕은 고개를 끄덕이며 말했다.

"옳은 말이오. 참으로 선생의 말씀이 맞소. 조나라를 도와 진나라와 싸우겠소."

그러자 모수는 다시 물어봤다.

"진짜로 결심하셨습니까?"

모수의 질문에 초나라 왕은 다시 한 번 자신의 결심을 이야기했다. 평원군은 초나라의 도움을 약속받고 조나라로 돌아와 말했다.

"내가 다시는 선비를 볼 수 있는 능력이 뛰어나다고 말하지 않겠다. 나는 지금까지 수천 명의 선비를 만났고 그 선비들 중 뛰어난 사람은 다 놓치지 않고 모셨다고 생각해 왔다. 하지만 이번 모수 선생의 경우를 보면 내가 얼마나 어리석은지 알겠다. 모수 선생은 초나라에 가서 다른 선비들이 이뤄 내지 못한 큰일을 해냈다. 그의 세 치 혀는 군사 100만 명보다도 강했다. 이제부터 나는 감히 선비를 잘 알아본다고 말하지 않겠다."

그러고는 모수를 우대하였다.

-「평원군 열전」

아무리 능력 있는 사람도 그 능력을 발휘할 수 있는 기회조차 주어지지 않는다면 아무 소용이 없습니다. 학생들이 능력을 키울 수 있도록 도와주는 것도 중요하지만 그 능력을 발휘할 수 있는 기회도 함께 마련해야 합니다. 그렇다면 학생들에게 어떻게 기회를 줄 수 있을까요? 학생들에게 개별적인 시간을 마련하여 능력을 표현할 기회를 준다면 좋겠지만 현실적으로 어려운 일입니다. 현실적으로 가장 좋은 방법은 수업 시간을 통해 학생들이 능력을 발휘할 수 있는 기회를 주는 것입니다. 교육과정을 진로교육과 연계하여 재구성한다면 수업 시간을 통해 진로 역량을 키울 수 있습니다.

셋째, 모든 교사가 진로교육 역량을 강화하기 위해 노력해야 합니다. 중·고등학교는 진로전담교사가 배치되어 있고 초등학교도 진로전담

교사를 보직교사로 운영하는 법이 시행되고 있습니다. 하지만 많은 학급을 진로전담교사가 다 맡아 지도할 수 없습니다. 주당 10시간 내외의 수업으로 진로전담교사가 만날 수 있는 학생은 한정적이며 담임교사와의 역할 상충 또는 상호 떠넘기기를 유발하고 있는 실정입니다. 그러므로 담임교사도 진로교육 역량을 이해하고 언제든 진로 수업을 실시할 수 있어야 합니다. 학생들의 소질과 적성을 가장 잘 이해하는 사람은 담임교사이기 때문입니다. 담임교사가 진로교육에 준비되어 있지 않으면 일회성 행사나 스펙 쌓기 프로그램에 의존하여 많은 학생들을 소외시킬 수 있습니다.

진로교육 역량을 강화하기 위해서는 학교 내 교사학습공동체, 진로 관련 연구회 등에서 활동하는 방법이 있습니다. 연수를 통해 진로교육을 공부하는 방법도 있습니다. 이와 같은 방법을 활용해 선생님의 진로교육 역량을 키우고 수업과 연계한 진로교육을 실천한다면 선생

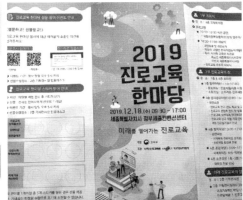

충남초등진로교육연구회에 가입하여 여러 선생님들과 학생들의 진로교육을 위한 다양한 활동에 참여하고 있습니다.

님이 갖고 있는 고민을 충분히 해결할 수 있을 것입니다.

다양한 경로를 통해 진로에 대한 정보를 얻을 수 있는 시대지만 학생들은 여전히 학교에서 배우는 교사의 진로교육에 많은 영향을 받습니다. 목표의식도 없고 무기력하게 지내는 학생들의 진로교육을 포기해서는 안 되는 이유입니다. 교사라는 직업이 가치 있는 이유는 학생들의 삶에 영향을 줄 수 있는 큰 힘을 가졌기 때문입니다. 꿈과 비전이 없는 아이는 미래도 없습니다. 우리 아이들에게 미래가 없다면 대한민국의 미래도 없습니다. 진로교육의 본질은 학생들의 내적 동기를 바탕으로 시행착오를 겪으며 계속 도전하게 이끌어 주는 것입니다. 설사 학생이 장래에 무엇이 되고 싶은지 명확하게 찾지 못해도 괜찮습니다. 무언가를 찾는 과정을 통해서 자존감을 키워 주는 것만으로도 충분하기 때문입니다. 선생님의 올바른 진로교육으로 문제 학생들도 꿈과 열정을 갖길 기대하겠습니다.

학생들이
학급 규칙을
잘 따르지
않습니다

법이란 천자와 천하 사람들이
모두 함께 적용되는 것입니다.

−「장석지 · 풍당 열전」

손숙오(孫叔敖, ?~?)
춘추시대 초나라 장왕莊王 밑에서 활약하였다.
군제 개혁 및 내정 쇄신을 주도하여 초나라가 안으로는 부국강병을 이루고
밖으로는 패업을 달성하는 데 절대적인 공헌을 한 인물이다.

전 교사의 고민

올해 3년 차 교사입니다. 담임을 맡으면서 정신없이 3월이 지나갔습니다. 생각보다 많은 학급 업무 때문에 힘든 하루를 보내고 있습니다.

여러 가지 학급 업무 중 학급 규칙이 저를 가장 힘들게 합니다. 3월 초 학급 회의를 통해 민주적인 절차로 규칙을 만들려고 했지만 쉽지 않았습니다. 시간도 많이 걸리고 서로 의견이 맞지 않아 어려움이 많았습니다. 우여곡절 끝에 학급 규칙을 만들었지만 잘 지켜지지 않고 있습니다. 그래서 매달 학급 회의를 열어 학생들이 원하는 대로 학급 규칙을 바꾸려 했지만 소용없었습니다. 오히려 더 소란스러워지고 학급 분위기가 어수선해졌습니다. 최근에는 학생들이 학급 규칙에 대한 불평불만이 많아지고 있으며, 심지어 선생님이 강제로 규칙을 만드는 것이 더 좋겠다는 의견도 나오고 있습니다. 학생들이 학급 규칙을 따르도록 하려면 어떻게 해야 할까요?

고민 해결

학생들과 매일 교실에서 지내는 담임교사는 학생들에게 신경 쓸 일이 많습니다. 특히, 하루 종일 학생들을 지도하다 보면 학생들에게 기가 빨린다는 느낌을 받게 될 것입니다. 워낙 다양한 개성을 지닌 학생들이 모여 있고, 학부모의 요구 사항도 많아지니 학생들을 지도하는 일은 점점 어려워지고 있습니다.

교육현장에서 '한 해 농사'라는 말이 자주 사용됩니다. 이 말에는 일 년 동안 학급에서 시간을 보내는 학생들의 생활 모습과 학생들을 지도하는 교사의 마음가짐이 드러납니다. 농사의 과정과 비슷하게 학급도 일 년 동안 정성을 들여야 한 해를 무사히 마무리할 수 있습니다. 일 년 동안 학급 운영의 운명을 결정하는 것은 바로 학급 경영입니다. 그리고 학급 경영의 성공 여부를 판가름하는 중요한 요소가 학급 규칙입니다. 학급 규칙은 학생들과 한 해를 잘 보내기 위한 첫걸음입니다.

　예전에는 담임교사가 직접 학급 규칙을 정하고 학생들에게 안내하며 일방적으로 따르게 했습니다. 비민주적인 방식으로 부작용이 많았지만 교사에게는 가장 편한 방법이었습니다. 요즘에는 학생들의 민주시민역량을 키우고 합리적인 의사결정 방식을 기르기 위해 많은 선생님들이 민주적인 방법으로 학급 규칙을 정하고 있습니다. 만장일치로 학급 규칙이 정해지면 좋겠지만 현실적으로 이런 결과가 나오기는 어렵습니다. 그래서 다수결의 원칙으로 학급 규칙을 정하는 경우가 많습니다.

　학급 규칙은 공정하고 명확한 기준을 바탕으로 다수의 의견에 따라 정해야 합니다. 하지만 소수의 의견도 무시해서는 안 됩니다. 그리고 꼭 필요한 규칙이 빠지거나 학생 생활규정에 어긋나는 결정이 이뤄지면 교사가 개입해야 합니다. 예를 들어 수업 시간에 스마트폰을 사용해도 좋다는 다수의 의견을 학급 규칙에 그대로 반영하면 학급 운영이 제대로 이뤄지지 않을 것입니다. 그리고 모든 규칙을 다 같이 의논하면 시간이 오래 걸려 결정되기도 어렵습니다. 그러므로 규칙을 만들기 위한 대원칙은 선생님이 정해서 안내하고, 대원칙과 관련한 세부 규정은 학생들이 토의하여 결정하는 것이 좋습니다. 예를 들어 짝꿍을 정할 때 소외되는 친구가 없어야 하고, 한 달에 한 번씩 바꾸는 것으로 원칙을 정한 후 학생들이 토의하도록 합니다. 이때 '무패 방법'을 사용하면 효과적입니다. 무패 방법은 갈등의 당사자들이 6가지 단계를 통해 서로에게 수용 가능한 해법을 도출하기 위해 협력하는 방법입니다. 이 방법을 적용하면 양쪽 모두가 해결책을 받아들여 상처를 받거나 소외받는 학생 수가 적어지게 됩니다. 무패 방법에 대한 자세한 설명은 토머스 고든의 『교사 역할 훈련』을 참고하기 바랍니다.

다음으로 올바른 학급 규칙을 만들기 위한 몇 가지 원칙을 소개하겠습니다.

1. 명확하고 공정한 기준으로 학급 규칙 정하기

학급 규칙을 정할 때 학급에 규칙이 왜 필요한지 생각해 보는 시간이 필요합니다. 학급 규칙의 필요성을 제대로 알지 못한다면 아무리 좋은 학급 규칙을 정해도 제대로 지켜지기 어렵습니다. 그러므로 관련 과목과 연계하거나 쉬는 시간을 활용하여 규칙의 필요성을 가르쳐야 합니다. 학생들이 학급 규칙의 필요성에 대해 충분히 이해한 후 학생들과 함께 학급 규칙을 만듭니다.

학급 규칙에서 학생들이 가장 민감하게 반응하는 것은 '보상'과 '벌칙'입니다. 그래서 보상과 벌칙을 받는 기준은 명확하고 공정하게 제시해야 합니다. 오죽하면 공자님도 '백성들은 가난한 것이 아니라 불공평한 것에 분노한다'라고 말할 정도이니 공정이라는 원칙은 매우 중요합니다. 하지만 상황에 따라 융통성을 발휘해야 합니다. 예를 들어 전날 아픈 부모님을 간호하느라 잠을 못 잔 학생이 수업 시간에 졸았다고 기존의 벌칙을 그대로 적용하면 안 됩니다. 그러므로 회의에서 정해진 학급 규칙은 반 아이들에게 공정하게 적용하되 상황에 따라서 유연하게 적용할 수 있다는 사실도 안내해야 합니다. 모두가 공감할 수 있는 예외적인 사례를 설명하면 학생들도 충분히 납득할 것입니다.

학기 초에 정한 학급 규칙에 학생들의 불만이 많을 경우 학급 회의를 통해 규칙을 바꿀 필요가 있지만, 터무니없는 요구를 하거나 몇 명의 개인적인 이익 때문에 학급 규칙을 변경하자고 요구하는 것은 교사가 개입하여 단호하게 막아야 합니다. 별다른 이유 없이 학급 규칙을 자주 변경한다면 학생들에게 혼란을 가져올 뿐만 아니라 누군가는 피해를 받을 수 있기 때문입니다. 그리고 규칙이 너무 많지 않아야 합니다. 10개 이상 넘어가는 규칙은 학생뿐만 아니라 교사도 기억하기 어렵습니다.

2. 학급 규칙을 지킬 수 있는 마음 기르기

아무리 명확하고 공정한 기준을 정해도 매일 학급 규칙을 지키기란 쉽지 않습니다. 또 한 번 규칙을 어기면 계속 어기는 학생이 있습니다. 이런 학생은 아무리 벌칙을 줘도 아랑곳하지 않고 규칙을 어깁니다. 오히려 규칙에 대해 부정적인 감정이 생겨 반항하는 상황까지 발생합니다. 그러므로 학생들이 규칙을 지킬 수 있는 마음을 기르도록 지도해야 합니다.

학급 규칙은 신체적 고통과 수치심을 이용하여 행동을 제한하는 것이 아니라 민주시민으로서 꼭 필요한 것을 지키게 하는 연습입니다. 학생들이 학급 규칙을 지키는 과정 속에서 책임감과 존중의 마음을 기르도록 교사가 도와줘야 합니다.

여기서 교사의 태도가 가장 중요합니다. 학생들이 학급 규칙을 어길 때 교사는 감정적으로 대응하기보다는 냉정하고 침착하게 학생들과 이야기해야 합니다. 이때 '나 전달법I-message'을 활용하면 좋습니다. 나 전달법은 '나'를 주어로 사용하여 내 생각이나 감정을 전달하여 상대방이 공격받는다는 반감을 느끼지 않게 말하는 기법입니다. '나'를 주어로 상대방의 행동이나 상황을 구체적으로 이야기합니다. 그리고 상대방의 말과 행동이 나에게 미친 영향을 구체적으로 이야기하고, 그로 인해 생긴 자신의 감정을 솔직하게 이야기합니다. 만약 학생들이 수업 시간에 장난친다면 "야, 조용히 안 해! 한 번만 더 떠들면 반성문 쓸 거야"라는 말 대신 "선생님은 네가 장난쳐서 수업을 할 수 없어. 장난치지 않았으면 좋겠구나"라고 말하는 것이 나 전달법입니다.

3. 자연스럽게 학급 규칙을 지키도록 유도하기

'넛지 효과nudge effect'라는 말을 들어 봤나요? 넛지는 '옆구리를 슬쩍 찌른다'는 뜻으로 강요에 의하지 않고 유연하게 개입함으로써 선택을 유도하는 방법을 말합니다.

학생들이 학급 규칙을 억지로 지키는 것이 아니라 넛지 효과를 활용해 자연스럽게 지킬 수 있도록 도와줘야 합니다. 예를 들어 저학년 학생들에게 화장실 규칙을 자세하게 알려 줘도 제대로 지키기 어려울 수 있습니다. 그렇다고 교사가 매번 규칙을 잘 지키는지 확인하기란 쉽지 않습니다. 특히 저학년 남학생들은 소변기에 소변을 볼 때 제대로 조준하지 않거나 장난치는 학생들이 많습니다.

학생들의 소변 지도를 어떻게 할까 고민하던 중 리처드 탈러와 캐스 선스타인의 책 『넛지』에서 아이디어를 얻었습니다. 책에는 암스테르담 공항에서 소변기에 파리 모양 스티커를 붙여 놓는 아이디어만으로 소변기 밖으로 새어 나가는 소변량을 80%나 줄일 수 있었다고 합니다. 그래서 저도 화장실 소변기에 스티커를 붙여 학생들이 스티커를 조준하여 소변을 볼 수 있도록 자연스럽게 유도하는 방법을 사용했습니다. 이 방법을 사용하니 화장실 이용 규칙을 지키는 학생들이 이전보다 훨씬 많아졌습니다.

사마천 『사기』의 「순리 열전」에도 이와 같이 자연스럽게 법을 지키도록 유도하는 이야기가 등장합니다. 순리循吏는 '백성들이 법을 잘 지키도록 일하는 관리'란 뜻으로 「순리 열전」은 다섯 순리들의 일화를

학교 소변기에 스티커를 설치한 모습(왼쪽)과 학교 계단에 스티커를 설치한 모습(오른쪽)

간략하게 이야기하고 있습니다. 그중 초나라의 재상 손숙오孫叔敖는 왕에게 법령을 자주 내리면 백성들이 혼란에 빠진다고 경고하며 자연스럽게 백성들이 법을 지킬 수 있도록 조언합니다. 「순리 열전」중 손숙오 이야기를 살펴보겠습니다.

초나라의 백성들은 전통적으로 바퀴가 작고 몸체가 낮은 수레를 사용했다. 초나라 장왕은 자신의 말을 소중하게 여겼는데 자신의 말이 수레를 끌 때 불편해하는 모습을 보았다. 그래서 왕은 낮은 수레를 높이도록 법령을 내렸다. 이 사실을 알게 된 손숙오가 반대하며 말했다.

"법령을 자주 바꾸면 백성들은 어느 것을 따라야 할 바를 모르게 되므로 좋지 않습니다. 만약에 왕께서 반드시 수레의 높이를 올리고 싶으시다면, 마을 사람들로 하여금 마을 입구의 문턱을 높이게 하십시오. 수레를 타는 사람은 대부분 신분이 높은 사람들입니다. 그들은 문턱 때문에 번거롭게 수레에서 내릴 수 없을 것입니다. 그러면 자연스럽게 수레를 높게 만들 것입니다."

왕은 손숙오의 청을 허락했다. 반년이 지나자 백성들은 모두 자신이 앉아서 타던 수레의 바퀴와 몸체의 높이를 높이게 되었다.

손숙오의 통치 방법은 대개 이런 식으로, 직접 가르치지 않아도 백성들이 자연스럽게 감화되어 따르도록 하는 것이다. 가까운 데 있는 자들은 직접 보며 본받고, 멀리 사는 자들은 주변에 있는 것의 변화를 관망하며 모방하게 되는 것이다.

손숙오는 세 차례나 재상 직위에 올랐어도 스스로 자랑하지 않았고 세 차례 파면되어도 후회하지 않았다. 항상 겸손한 마음을 갖고 남을 비난하지 않았다. 손숙오가 재상으로 있는 동안 초나라는 크게 발전하였다.

-「순리 열전」

자연스럽게 백성들이 따를 수 있도록 감화하는 손숙오의 통치 방법처럼 학생들이 자연스럽게 학급 규칙을 지킬 수 있도록 다양한 방법을 마련하는 것이 필요합니다. 이런 방법을 활용하면 학생들이 학급 규칙을 지키려는 마음이 자연스럽게 생길 것입니다.

4. 교사가 모범 보이기

교사가 급식을 남기지 말라고 말하면서 급식을 남기고, 복도에서 뛰지 말라고 하면서 정작 교사는 급한 일이 있을 때 뛰어다니는 경우가 있습니다. 이러한 교사의 모순된 행동은 학생들에게 부정적인 영향을 줍니다. 교사의 모순된 행동은 학생들이 규칙에 대한 반발심을 갖게 하고 '선생님은 왜 안 지키지?'라는 생각을 하게 만듭니다. 교사가 이러한 모습을 반복해서 보여 주면 학생들은 학급 규칙을 제대로 지키지 않을 것입니다.

교사라고 완벽할 순 없지만 적어도 학생들 앞에서는 올바른 모습을 보이려고 노력해야 합니다. 왜냐하면 교사는 학생의 거울이기 때문입니다. 교사가 규칙을 지키는 모습을 보인다면 학생들도 규칙을 지키기 위해 노력할 것입니다. 『사기』의 일화를 통해 이와 관련된 이야기를 살펴보겠습니다.

어느 날 황제가 장안성의 북쪽에 있는 중위교로 행차한 적이 있었는데, 어떤 사람이 갑자기 다리 아래에서 튀어나와 황제의 수레를 끄는 말을 깜짝 놀라게 했다. 이에 말 탄 병사들에게 그 사람을 체포하게 하여 장석지에게 그 죄를 묻게 하였다. 장석지가 취조하자 그 사람은 이렇게 대답했다.

"소인은 장안현 사람인데, 여기에 와서 황제께서 행차하여 사람의 통행을 금하고 길을 치운다는 소식을 듣고 곧바로 다리 밑으로 몸을 숨겼습니다. 한참 지나서 황제의 어가가 이미 지나가신 것으로 여기고 바로 다리 밑에서 올라왔는데, 황제의 수레 행렬과 말이 아직 지나가는 것을 보고 즉시 달아났을 따름입니다."

장석지는 그의 고백을 듣고 황제가 행차하는 길을 범한 죄로 벌금형을 받아야 한다고 황제에게 말했다. 이 말을 들은 문제가 크게 노하여 말했다.

"그 사람은 나의 말을 놀라게 했다. 내 말이 성질이 유순하고 온화했기에 다행이지 가령 다른 말 같았다면 나는 다쳤을 것이다. 그런데도 정위[19]는 겨우 벌금형으로 판결하나!"

장석지가 말했다.

"법이란 천자와 천하 사람들이 모두 함께 적용되는 것입니다. 지금 법에는 벌금형으로 나와 있는데, 다시 가중해 처벌하고자 한다면 이와 같은 법은 백성들에게 믿음을 줄 수 없습니다. 또한 그때에 황제께서 그 자리에서 즉각 그를 죽였다면 조금도 미련이

---

19. 형벌과 법률을 담당하는 고대 중국의 관직.

남지 않았을 것입니다. 하지만 현재 이미 그 사람을 저에게 맡겨 처결하게 하셨습니다. 정위는 천하의 공평한 법을 집행하는 사람입니다. 그런데 제가 한쪽으로 치우치게 판결하면 천하에 법을 집행하는 자들이 모두 임의로 그 경중을 따질 터이니, 백성들은 어찌 편안하게 손발을 놓을 곳이 있겠습니까? 이 점을 살펴 주시길 바랍니다."

한참 뒤에 황제가 말했다.

"정위의 판결이 틀리지 않았도다."

그 후에 어떤 사람이 고조의 사당 안의 물건을 도둑질하다가 체포되었다. 문제가 크게 노하여 장석지에게 맡겨 죄를 다스리게 하였다. 장석지는 법률의 규정에 따라 종묘 안의 물건을 도둑질한 자의 죄를 보고하고, 죄인의 목을 베어 죽이고 그 시체를 거리에 내다 버려야 한다고 판결했다. 황제는 크게 노하여 말했다.

"그 사람은 무도하게 선제의 사당 안의 기물을 도둑질했다. 짐이 정위에게 취조하게 한 목적은 그의 일족을 멸하는 처벌을 내리라고 생각했기 때문인데, 당신은 오로지 일상적인 법조문에 따라 징벌할 것을 청하니, 이것은 짐이 종묘를 공경하여 봉양하고자 하는 본의가 아니다."

이에 장석지는 관모를 벗고 머리를 땅에 닿도록 사죄의 절을 하면서 아뢰었다.

"제가 내린 처벌은 법률에 따른 것입니다. 지금 그가 종묘 안의 기물을 훔쳤다고 바로 그의 일족을 멸하라는 죄를 내리신다면, 만일 어리석은 백성이 장릉 위에서 한 움큼의 흙을 파내서 취했다고 한다면 폐하께서는 어떤 형벌로 그 백성을 처결하시겠습니까?"

문제와 박태후는 이 일에 대해 진지하게 담론을 하였고, 마침내 정위의 판결이 타당하다고 결론을 내리고 그대로 집행하라고 윤허했다. 당시 여러 신하들은 장석지가 법을 공정하게 집행하는 것을 보고 바로 그와 친한 벗으로 사귀었다. 이로 말미암아 장석지는 천하 사람들에게 칭송을 받게 되었다.

－「장석지·풍당 열전」

문제文帝는 장석지張釋之의 말을 받아들여 '법이란 천자와 천하 사람들이 함께 적용되어야 한다'는 원칙을 지켰습니다. 그리고 그러한 모습을 통해 백성들도 법을 잘 지킬 수 있도록 하였습니다. 황제가 먼저 솔선수범하니 신하들과 백성들 또한 법을 잘 지키게 되었습니다. 이를 바탕으로 한나라는 크게 발전할 수 있었습니다. 문제의 모습은 윗사람이 지켜야 할 모범이 되며 오늘날까지 칭찬받고 있습니다.『사기』의 비슷한 일화 하나를 더 소개하겠습니다.

조사는 조나라의 밭에 대한 세금을 걷는 관리였다. 한번은 평원군의 집에서 세금을 내지 않자 법에 따라 평원군 집에서 일하는 사람 아홉 명을 죽였다. 평원군이 화가 나서 조사를 죽이려고 하자 조사가 평원군에게 말했다.

"공자께서는 조나라의 귀한 분입니다. 지금 공자의 집에서 국가에 세금을 내는 의무를 다하지 않는다면 국법이 손상될 것입니다. 국법이 손상되면 나라가 쇠약해질 테고 나라가 쇠약해지면 제후들이 병사를 일으켜 쳐들어올 것이며, 제후들이 병사를 일으켜 쳐들어오면 조나라는 멸망할 것입니다. 그렇게 되면 공자께서 어떻게 지금과 같은 부를 누릴 수 있겠습니까? 공자와 같이 귀한 분께서 국법이 정한 대로 나라에 의무를 다하면 위아래가 공평해질 테고 위아래가 공평해지면 나라가 강해질 것이며, 나라가 강해지면 조나라는 튼튼해질 것입니다. 공자께서는 국왕의 친족으로 사람들의 무시를 당하고 싶습니까?"

이 말을 들은 평원군은 조사가 현명하다고 여겨 왕에게 추천했다. 왕이 그를 등용하여 나라 전체의 세금을 관리하게 하자 백성은 부유해졌고 나라도 부강해졌다.

－「염파·인상여 열전」

전국시대 조나라 왕족인 평원군平原君은 3,000명의 식객을 거느려 왕조차 함부로 할 수 없을 정도로 위세가 대단했습니다. 하지만 조나라의 관리인 조사趙奢는 평원군의 집 사람들이 세금을 내지 않자 법을 엄격하게 적용하여 그들을 처벌했습니다. 그러한 조사의 모습에 평원군은 처음에 화를 냈지만 조사의 말을 듣고 이내 수긍했습니다. 그리고 조사를 왕에게 추천하여 나라를 발전하도록 만들었습니다.

모두가 만족하는 학급 규칙을 정하기란 쉽지 않습니다. 하지만 분명한 기준을 정하고 학생들이 규칙을 지켜야 한다는 마음을 키운다면 모두가 불평하지 않는 학급 규칙을 만들 수 있습니다. 그리고 교사가 먼저 모범을 보이고 규칙을 지킨다면 학생들은 자연스럽게 규칙을 지킬 것입니다. '윗물이 맑아야 아랫물이 맑다'는 속담이 있습니다. 학생들과 함께 규칙을 정하고 지키는 모습을 보인다면 학생들은 학급 규칙을 따르려고 노력할 것입니다.

자기 계발 이야기

교사도 리더십이 필요한가요?

좋은 관리자가 되려면 어떻게 해야 하나요?

일중독에서 벗어나는 방법을 알려 주세요

상대방을 설득할 수 있는 방법을 알려 주세요

시골 학교에서 행복한 교직 생활이 가능할까요?

학생들과 즐겁게 수업하고 싶습니다

교사를 그만두고 싶습니다

교사도
리더십이
필요한가요?

지금 이렇게 곤궁한 처지에 몰렸으니
이는 하늘이 나를 망하게 하려는 것이지
내가 부족한 탓이 아니다.
-「항우 본기」

항우(項羽, 기원전 232년~기원전 202년)
초나라 명장 항연項燕의 손자로 숙부 항량項梁과 함께
군사를 일으켜 진나라를 멸망시킨다. 병법에 뛰어나고
힘이 장사였지만 정치적으로 미숙하고 자만심에 빠져
결국 유방劉邦에게 패배하고 만다.

홍 교사의 고민

교장 선생님의 퇴임 인사를 들으면서 리더십에 관심을 갖게 되었습니다. 교장 선생님은 퇴임 인사를 하면서 "현재 사회가 자율화되고 개성을 존중하는 분위기가 강해지기 때문에 선생님은 올바른 리더십을 갖춰야 합니다"라고 말씀해 주셨습니다. 지금까지 리더십은 관리자들만 갖춰야 할 덕목이라고 생각했는데 교사에게도 꼭 필요한 덕목이라고 말하니 궁금증이 커졌습니다.

대학을 다닐 때 리더십을 배우긴 했지만, 리더십을 이론으로만 배우는 것은 한계가 있는 것 같습니다. 교사에게 어떤 리더십이 필요한지 이론으로는 알겠는데 구체적으로 마음에 와닿지 않습니다. 학교에서 함께 근무하고 싶은 선생님 혹은 선생님들이 함께 근무하고 싶은 관리자가 되기 위해 갖춰야 할 리더십을 알려 주세요.

고민 해결

사마천 『사기』는 약 3,000년의 역사를 다루는데 그 안에는 다양한 유형의 지도자가 등장합니다. 그중 가장 강력한 라이벌인 항우項羽와 유방劉邦은 리더십이 가장 극명하게 대립하는 지도자입니다. 물리적인 조건으로만 비교하면 유방은 항우의 적수가 될 수 없습니다. 그래서 유방은 항우에게 여러 차례 패배하며 목숨을 위협받지만, 최후에는 유방이 항우를 이기고 천하를 차지합니다. 유방은 어떻게 절대적인 열세를 극복하고 항우를 이길 수 있었을까요? 지도자로서 갖추고 있는 두 인물의 모습을 비교하면서 관리자와 교사로서 어떤 리더십을 갖춰야 할지 살펴보겠습니다.

첫째, 항우와 유방은 주위 사람들을 포용하는 자세에서 분명한 차이를 보입니다. 먼저 항우의 일화를 통해 그의 성품을 살펴보겠습니다.

항우는 어렸을 때 글을 배웠으나 얼마 후 배우기 싫어하여 그만두었다. 또, 검술을 배웠는데 이 또한 끝까지 마치지 못했다. 숙부인 항량이 항우에게 화를 내자 항우가 대답했다.

"글은 이름만 쓸 줄 알면 되고, 검은 한 사람만 상대하는 것이니 배울 것이 못 됩니다. 저는 만인을 대적할 수 있는 것을 배우고 싶습니다."

이에 항량은 항우에게 병법을 가르쳤더니 항우가 매우 좋아했다. 그러나 항우는 대략 그 뜻만 알고는 역시 끝까지 배우려 하지 않았다. (⋯) 진시황이 회계산을 유람하고 절강을 건널 때 항량과 항우가 진시황의 행차를 구경했다. 진시황의 모습을 본 항우가 말했다.

"저자의 자리를 제가 대신 차지하겠습니다."

항량은 항우의 입을 막으며 말했다.

"말을 함부로 하지 말거라, 삼족이 죽을 것이다."

하지만 항량은 이 일로 항우를 달리 보게 되었다. 항우의 키는

8척이 넘고 힘이 세어 큰 솥을 들어 올릴 정도였다. 그리고 재주
와 기량이 남달라 지방의 자제들이 모두 항우를 두려워했다.

-「항우 본기」

사마천의 기록을 살펴보면 항우는 다른 사람보다 뛰어난 용기와 큰
힘을 지녔습니다. 그래서 주변 사람들에게 '만인지적'[20]이라고 불렸는
데, 이런 훌륭한 능력이 있음에도 불구하고 자만심이 너무 커서 주변
사람들의 말을 귀담아듣지 않았습니다. 심지어 그는 아버지같이 모시
던 책사 범증范增의 말조차 여러 차례 듣지 않았습니다. 그리고 항우
는 끝내 범증을 의심하여 죽게 만들었습니다.

항우에게 크게 패한 유방은 항우에게 강화를 요청했다. 항우가
이를 받아들이려 하자 범증이 말리며 말했다.
"지금 한나라는 상대하기 쉽습니다. 하지만 지금 한나라를 취
하지 않으면 나중에 틀림없이 후회할 것입니다."
항우는 유방의 강화 제안을 거절하고 범증과 함께 서둘러 유
방이 머물고 있는 형양성을 포위했다. 유방은 범증과 항우가 함께
있는 한 항우를 이기기 쉽지 않다고 판단했다. 그래서 유방은 진
평에게 계책을 구해 항우와 범증을 이간질하기로 했다.
어느 날 항우가 유방에게 사신을 보내자 유방은 성대한 만찬을
준비했다. 사신이 도착하여 몇 마디 나눈 후 유방은 놀란 척하며

---

20. 만 명의 사람을 상대할 수 있을 정도로 지략이 뛰어나고 용맹하다는 뜻.

말했다.

"나는 범증의 사신이 올 줄 알았는데 그게 아니라 항우의 사신이었군."

그러고는 준비한 만찬 음식을 치우고 형편없는 음식으로 항우의 사신을 대접했다. 사신은 돌아와서 항우에게 보고했고, 항우는 범증과 유방이 사사로이 내통하고 있는 것으로 의심하여 조금씩 범증의 권력을 빼앗았다. 항우가 자신을 의심하고 있다는 사실을 알게 된 범증은 크게 노하며 말했다.

"천하의 일이 이미 정해졌으니 군왕 스스로 알아서 하십시오. 저는 고향으로 돌아가 늙어 죽고자 합니다"

항우가 이를 허락했다. 범증은 고향에 도착하기 전에 화병으로 등창이 도져 죽었다.

−「항우 본기」

뛰어난 능력을 갖춘 항우는 자만심이 컸기 때문에 주위 사람들을 포용하지 못했습니다. 항우의 부하들은 항우의 힘이 강력하거나 곁에 있을 때는 잠시 항우를 섬기는 척했지만 항우가 불리하거나 항우와 멀리 떨어져 있으면 배신을 하였습니다. 결국 범증뿐만 아니라 항우 곁에 있던 진평陳平, 한신韓信, 경포黥布, 팽월彭越 등 유능한 장군들은 항우를 떠나거나 배신하여 유방에게 투항했습니다. 그렇다면 그들은 왜 유방에게 투항했을까요? 『사기』에 나타난 유방의 모습을 통해 그 이유를 살펴보겠습니다.

유방은 패현 사람으로 콧날이 오뚝하고 이마가 튀어나온 것이 용의 얼굴 같았으며 멋진 수염을 길렀다. 그리고 왼쪽 허벅지에는 검은 점이 72개나 있었다. 유방은 어질고 사람을 좋아했으며 베풀기를 즐겨 하고 마음이 트여 있었다. 늘 넓은 도량을 갖고 큰 뜻을 품었으나 집안의 생계에는 무관심했다. 그는 장년에 시험을 쳐서 지방의 별 볼 일 없는 벼슬을 얻었다.

그는 술과 여자를 좋아하여 늘 왕온과 무부의 술집에서 외상술을 마셨다. 술에 취하면 드러누웠는데 무부와 왕온이 그 위에 늘 용이 서리는 것을 보고는 괴이하게 생각했다. 유방이 술집에 찾아와 술을 마시는 날에는 매번 술이 몇 배나 더 팔렸다. 이런 괴이한 일들을 계속 보자 두 술집은 늘 연말에 유방의 외상 장부를 찢어 버렸다.

유방이 함양에서 노동을 할 때 진시황이 시찰을 나온 적이 있었다. 그 모습을 보면서 그는 크게 탄식하며 말했다.

"아! 대장부란 마땅히 이러해야 하는 것을!"

-「고조 본기」

유방은 건달처럼 술만 마시고 생계에는 무관심했지만, 남에게 베풀기를 좋아하고 쾌활한 성품을 지녔습니다. 또 사람의 마음을 사로잡는 재주가 있었습니다. 그래서 그가 머무는 곳에는 항상 사람들이 몰렸습니다. 기록에 따르면 유방은 술집에서 늘 외상술을 마셨지만 그가 오면 사람들이 넘쳐나기 때문에 술집 주인은 유방을 환영했다고 합니다. 또한 그는 자신의 능력이 부족하다는 것을 알았습니다. 그래서 항상 다른 사람의 말에 귀를 기울이고 주변 사람들의 능력을 적극적으로 활용하였습니다.

유방은 다른 제후들보다 먼저 관중에 도착했다. 진나라 왕 자영은 황제의 옥새를 가지고 유방에게 항복했다. 유방의 여러 부하들이 진나라 왕을 죽이자고 했다. 그러자 유방이 말했다.

"처음 초나라 회왕께서 나에게 진나라를 공격하게 한 것은 내가 관용을 베풀 수 있다고 생각했기 때문이다. 그리고 항복해 온 사람을 죽이는 것은 결코 이롭지 못하다."

유방은 진나라 왕을 살려 주고 궁궐 안으로 들어갔다. 유방은 궁궐 안에 있는 많은 보물과 여인들을 보고 눈이 휘둥그레졌다. 유방은 그곳에 살고 싶어 했다. 번쾌가 유방에게 궁 밖으로 나가도록 말했지만 듣지 않았다. 그러자 옆에 있던 장량이 간곡하게 말렸다. 결국 유방은 신하들의 말을 듣고 진나라 궁궐의 귀중한 보화와 재물 창고를 모두 봉인한 후 물러났다.

−「고조 본기」

태생부터 가난했던 유방은 금은보화와 미녀들을 보고 정신을 차리지 못했습니다. 하지만 유방은 신하들의 충고를 받아들여 금은보화와 미녀들을 절대 건드리지 않았습니다. 이러한 유방의 행동은 진나라 백성들의 민심을 얻는 데 큰 도움이 되었습니다. 주변 사람들의 말에 귀를 기울이는 유방의 또 다른 일화를 살펴보겠습니다.

초나라의 습격으로 유방은 항우에게 포위되어 있었다. 이때 마침 자신을 제나라 임시 왕으로 임명해 달라는 한신의 사자가 찾아왔다. 다급한 상황에 이런 소식을 듣자 매우 화를 내며 꾸짖었다.

"나는 여기서 곤경에 빠져 도와주기를 바라는데 자기는 스스로 왕이 될 생각이나 하고 있다니!"

그때 장량과 진평은 일부러 유방의 발을 밟고는 사과하는 척하며 유방의 귓가에 입을 대고 속삭였다.

"한나라는 지금 불리한 입장에 놓여 있습니다. 지금 한신이 왕노릇 하는 것을 어찌 막을 수 있겠습니까? 차라리 한신을 제나라 왕으로 삼고 잘 대우하여 초나라를 견제하는 편이 낫습니다. 그렇지 않으면 한신은 주군을 배신하게 될 것입니다."

유방도 이를 깨닫고 다시 꾸짖어 말했다.

"대장부가 나라를 빼앗았으면 진짜 왕이 될 일이지! 임시 왕이라니 말이 되는가? 정식으로 제나라 왕이 되도록 하거라!"

그러고는 장량을 보내 한신을 정식으로 제나라 왕에 임명하고 초나라를 공격하도록 했다.

-「회음후 열전」

그 당시 유방은 항우의 공격으로 위기에 처했습니다. 그때 한신이 제나라를 점령하고 왕으로 임명해 달라고 요청했습니다. 그 소식을 들은 유방은 분노했습니다. 위기에 처한 자신을 도와줄 생각은 안 하고 이익만 챙기는 한신의 모습이 괘씸했기 때문입니다. 하지만 부하들의 말을 듣고 금세 태도를 바꿔 한신을 왕으로 임명했습니다. 만약 한신을 왕으로 임명하지 않았다면 유방과 한신의 관계는 어긋났을 것입니다. 또 한신의 도움을 받지 못한 유방은 항우를 이기지 못했을 것입니다.

항우는 다른 사람을 능가하는 힘과 재주를 지녔지만 자신의 능력만 믿고 주변 사람들의 말을 듣지 않았습니다. 반면에 유방은 사람의 마음을 얻는 재주 말고는 다른 능력이 없기 때문에 주변 사람들의 도움이 절실했습니다. 그래서 유방은 항우와 다르게 주변 사람들의 말을 경청하고 그들의 능력을 적극적으로 활용했습니다. 이러한 두 사람의 모습은 훗날 천하를 차지하는 데 결정적인 영향을 끼쳤습니다.

선생님이 만약 이 시대에 태어났다면 누구를 주군으로 모실 건가요? 자신만 잘났다고 생각하며 모든 일을 혼자 결정하는 항우 밑에서 활약하고 싶나요? 아니면 능력은 조금 모자라도 주변 사람의 말을 경청하며 나의 능력을 발휘할 기회를 주는 유방 밑에서 활약하고 싶나요? 아마 대부분의 사람들은 유방을 선택할 것입니다. 자기만 잘났다고 생각하고 주변 사람의 말을 듣지 않는 지도자를 사람들은 따르지 않을 것입니다. 물론 그 지도자의 지위가 높거나 능력이 뛰어나면 잠시 따르겠지만, 그 지도자가 지위를 잃거나 능력이 없어지면 사람들은 결국 그를 외면하게 될 것입니다.

둘째, 상대를 알고 나를 알면 백 번 싸워도 위태롭지 않다는 '지피지기 백전불태'처럼 항우와 유방은 자신의 단점을 인식하는 면에서도 분명한 차이를 보여 줍니다. 항우는 자신의 장점과 단점을 알지 못하고 오만했던 반면에, 유방은 자신의 장점과 단점을 잘 알고 있었습니다. 항우는 최후의 전투에서 유방에게 패배했는데, 최후의 순간에 자신을 끝까지 따르던 부하들에게 이렇게 말했습니다.

"내가 군사를 일으킨 이래 8년 동안 몸소 70여 차례의 전투를 벌였다. 맞서는 자는 격파하고, 나를 공격하면 굴복시켜 패배라는 것을 모른 채 천하의 패권을 차지했다. 그런데 지금 이렇게 곤궁한 처지에 몰렸으니 이는 하늘이 나를 망하게 하려는 것이지 내가 부족한 탓이 아니다. 나는 오늘 유방의 군대와 결사적으로 싸워 포위망을 뚫을 것이다. 이 승리로 인해 그대들에게 하늘이 나를 망하게 하려는 것이지 싸움을 못한 잘못이 아님을 알게 하리라."

-「항우 본기」

이 말을 마친 뒤 항우는 한나라 군대 속으로 뛰어들어 수많은 병사를 죽이고 유방의 포위망을 뚫었습니다. 그는 자신의 용맹함을 드러내면서 부하들에게 자신의 말이 틀리지 않았음을 증명했습니다. 이 장면은 언뜻 항우의 용맹한 모습을 보여 주는 것처럼 보이지만, 자세히 들여다보면 항우가 그동안 얼마나 자만했는지 알 수 있습니다. 최후의 순간까지 자신은 절대로 질 수 없는 사람인데 단지 하늘이 자신을 망하게 했다는 말을 되풀이합니다. 항우처럼 실패의 원인을 자신에게서 찾지 않고 다른 이나 하늘 탓을 하는 사람은 절대로 성공할 수 없습니다. 자신의 부족한 점을 개선할 수 없으니까요.

그렇다면 유방은 자신에 대해 어떻게 생각하고 있을까요? 유방은 천하를 평정한 후 자신과 함께 고생한 부하들에게 연회를 베풀었습니다. 그 자리에서 부하들에게 이런 질문을 던졌습니다.

　"제후들과 장수들은 나에게 숨김없이 속내를 말해 보시오. 내가 천하를 얻을 수 있었던 까닭은 무엇이며, 항우가 천하를 잃은 까닭은 무엇이오?"

　그러자 옆에 있던 신하 고기와 왕릉이 대답하였다.

　"폐하는 부하들이 땅을 점령하면 그 부하에게 그 땅을 주어 이익을 함께하셨습니다. 그러나 항우는 어질고 재능 있는 자를 시기해 공이 있는 자에게 해를 끼쳤습니다. 항우는 부하들이 땅을 점령해도 자신의 배만 채우고 이익을 함께하지 않았습니다. 이것이 항우가 천하를 잃은 까닭입니다."

　그러자 고조 유방이 말했다.

　"그대들은 하나만 알고 둘은 모르는구려. 군막 속에서 계책을 짜내 천 리 밖에서 승리를 결판내는 것은 내가 장량만 못하오. 나라를 어루만지고 백성들을 위로하며 양식을 공급하고 운송 도로를 끊기지 않게 하는 것은 내가 소하만 못하오. 백만 대군을 통솔해 싸우면 어김없이 이기고, 공격하면 어김없이 땅을 빼앗는 것은 내가 한신만 못하오. 이 세 사람은 모두 빼어난 인재이지만 내가 그들을 거느리고 있었으니 이것이 내가 천하를 얻을 수 있었던 까닭이오. 항우는 범증이라는 뛰어난 신하가 있었지만 그 한 사람도 제대로 중용하지 못했으니 이것이 그가 나에게 진 까닭이오."

-「고조 본기」

유방은 자신의 어떤 능력이 부족한지 정확히 알고 있었습니다. 그래서 그는 부족하고 모자란 능력을 보완하기 위해 훌륭한 인재들을 등용했습니다. 그런데 인재를 잘 쓴다는 것은 단지 인재를 곁에 두는 것만을 의미하지 않습니다. 인재를 잘 쓰려면 그 사람이 능력을 제대로 발휘할 수 있도록 적절한 책임과 권한을 줘야 합니다. 처음에는 항우에게 많은 인재가 모였지만 항우의 오만하고 독단적인 성격 때문에 인재들은 차츰 그를 떠났습니다. 결국 항우는 고립되었고 유방에게 패배하게 되었습니다.

아무리 뛰어난 사람도 혼자 힘으로 성공하는 데에는 한계가 있습니다. 자신의 능력을 인식하는 면에서 항우와 유방은 큰 차이를 보였고, 천하를 차지하는 데 결정적인 역할을 했습니다.

선생님도 자신의 장점과 단점을 파악하려고 노력해야 합니다. 자신의 장점과 단점을 스스로 알기 어렵다면 동료 선생님 혹은 친한 지인들에게 자주 물어보세요. 자신의 장점과 단점을 파악했다면 장점은 더욱 키우고 단점은 고치려고 노력해야 합니다.

지금까지 항우와 유방의 모습을 통해 선생님들이 갖춰야 할 리더십에 대해 살펴보았습니다. 다른 사람의 의견을 경청하고 포용하는 모습, 자신의 장점과 단점을 분명히 알고 개선하려는 모습을 보인다면 동료 교사들이 함께 근무하고 싶은 선생님이 될 것입니다.

좋은 관리자가
되려면
어떻게
해야 하나요?

제일 좋은 정치는 백성의 마음에 따라서 다스리는 것이고,

다음으로는 이익으로 백성들을 유도하는 것이고,

세 번째가 도덕으로 백성들을 설교하는 것이고,

아주 안 좋은 것이 형벌로써 백성들을 겁주는 것이고,

최악은 백성과 다투는 것이다.

-「화식 열전」

진시황(秦始皇, 기원전 259년~기원전 210년)
진나라 31대 왕이자 중국을 통일한 최초의 황제이다.
도량형度量衡[21]을 통일하고 만리장성을 만드는 등 많은 업적을 남겼으나
영생을 얻으려는 불로장생不老長生의 욕망 때문에 비참한 최후를 맞이한다.

---

21. 길이·부피·무게 및 이를 측정하는 도구.

황 교사의 고민

교직 생활을 하는 친구들과 만나면 관리자를 험담하는 경우가 많습니다. 그리고 '우리는 나중에 승진하면 좋은 관리자가 되자'는 다짐을 하곤 합니다. 그런데 점점 경력이 쌓이고 나이가 들면서 생각이 바뀌고 있습니다. 내가 싫어했던 선배 교사의 모습을 똑같이 따라 하거나 다른 선생님이 일을 못할 때 짜증 내는 나의 모습을 보면서 '과연 나는 좋은 관리자가 될 수 있을까?'라는 의문이 들었습니다.

최근 사회가 변화하면서 관리자도 선생님들에게 솔직한 평가를 받고 있습니다. 예전에는 평판이 좋지 못한 관리자라도 선생님들이 대부분 좋은 평가만 했지만, 요즘에는 교원평가를 할 때 솔직한 의견을 적는 경우가 많습니다. 심지어 부당한 행위를 하면 교육청이나 교육부에 관리자를 신고하는 횟수도 늘어나고 있습니다.

관리자가 되려면 어떤 노력을 해야 하는지 선배 교사에게 많은 조언을 들었지만 대부분은 승진 점수와 관련된 내용이었습니다. 좋은 관리자가 되기 위해 갖춰야 할 모습에 대해서는 조언을 들을 기회가 없었습니다. 좋은 관리자가 되려면 어떻게 해야 할까요?

고민 해결

중국에서 가장 큰 영향을 끼친 역사인물 1위는 진시황秦始皇이라고 합니다. 그는 춘추전국시대의 분열과 대립을 끝내고 중국을 통일하는 대업을 이뤘습니다. 만약 진시황이 중국을 통일하지 않았다면 중국은 유럽과 마찬가지로 여러 나라로 나뉜 채 발전했을 것이라고 많은 학자들이 말합니다. 하지만 진나라는 천하를 통일한 뒤 15년 만에 멸망했습니다. 그토록 강력했던 진나라는 왜 이렇게 빠르게 멸망했을까요? 통일 이후 진시황의 모습을 살피며 좋은 관리자의 자세는 어떠해야 하는지 알아보겠습니다.

첫째, 좋은 관리자가 되려면 사사로운 욕망을 멀리하고 자기 통제력을 가져야 합니다.

천하 통일의 큰 뜻을 이룬 진시황은 영원히 살고 싶다는 생각에 빠져 불로장생不老長生[22]이라는 욕망에 집착합니다. 이러한 말도 안 되는 욕망은 결국 진시황의 정신과 육체를 쇠약하게 하고 진나라를 멸망시켰습니다.

진시황은 진나라 통일 이후 이전과는 정반대의 모습을 보였습니다. 통일 이전의 진시황은 철저하게 자신을 통제했습니다. 그의 자기 통제력은 강력한 왕권을 확립하고 천하를 통일하는 데 큰 밑바탕이 되었습니다. 하지만 통일 이후에 그는 자기 통제력을 급격히 잃고서 불로장생과 절대 권력에 대해 병적으로 집착했습니다. 만병통치약이라면서 수은을 자주 사용했고, 심지어 자신의 무덤까지 수은으로 장식할 정도였습니다.

---

22. 노화를 더디게 하거나 아예 하지 않음으로써 오래 사는 것 또는 죽지 않는 것을 의미하는 말.

진시황이 즉위하자 바로 여산에 무덤을 축조하는 공사를 시작했다. (…) 수은으로는 수많은 하천과 강 그리고 바다를 만들어 기계장치로 계속 흐르도록 했다.

-「진시황 본기」

진시황의 수은에 대한 집착은 중독으로 이어져 광적인 행동을 낳았습니다. 현대 의학에서 수은 중독은 사람의 육체와 정신을 크게 위협하는 병입니다. 특히 정신적으로 큰 위험을 가져오는데 대표적인 증상으로 지적 능력 저하, 과도한 신경질, 정서 불안 등이 있습니다. 실제로 진시황의 명령으로 불로장생 약을 구하러 간 사람들은 진시황을 다음과 같이 평가했습니다.

"진시황이란 위인은 고집이 세고 자기 제멋대로이며 남의 말을 듣지 않는다. 제후로 일어나 천하를 합병했으니 무엇이든 하고 싶은 대로 하고 고금을 막론하고 자신을 따를 사람이 없다고 여긴다. (…) 주상은 형벌과 살육으로 위엄을 세우길 즐기니 천하에 있는 사람들은 죄를 지을까 겁을 내고 녹봉 지키기에 급급하여 충성을 다하지 않는다.

주상은 자신의 잘못에 대해서는 들으려 하지 않고 날로 교만해지고, 아래는 두려움에 바짝 엎드려 기만하고 비위만 맞추고 있다."

-「진시황 본기」

불로장생이라는 사사로운 욕망은 진시황 개인에게도 큰 불행이었지만 국가 전체적으로도 큰 낭비였습니다. 진시황은 사사로운 욕망으로 인해 자기 통제력을 상실했고, 백성들을 깊은 고통에 빠뜨려 결국 진나라는 멸망했습니다.

직장생활을 하는 많은 사람들에게 가장 필요한 덕목이 자기 통제력입니다. 특히, 학교에 근무하는 관리자나 교사는 학생들을 올바르게 가르치기 위해서 반드시 자기 통제력을 가져야 합니다. 학교의 전반적인 운영을 책임지는 관리자가 사사로운 욕망 때문에 자기 통제력을 잃게 되면 그 영향은 교사에게 미칠 것이고, 교육과정 운영 및 학교 시설 등 많은 부분에서 심각한 문제를 초래할 것입니다. 또 교실 내에서 별다른 간섭을 받지 않는 교사가 자기 통제력을 잃게 된다면 학생들에 대한 체벌, 잦은 수업 결손 등 심각한 문제가 발생할 수 있습니다.

사회심리학자인 바우마이스터 교수에 따르면, 자기 통제력은 근육과 비슷해서 반복적으로 훈련하면 그 능력치를 높일 수 있다고 합니다. 그러므로 절제력과 인내심을 키우는 연습을 계속하면 자기 통제력을 키울 수 있습니다. 물론 학생들의 버릇없는 행동을 보면 소리치거나 체벌하고 싶은 마음이 들 수도 있죠. 그리고 몸이 힘들면 영화 시청이나 자율 학습으로 수업을 때우고 싶은 마음이 들 수 있습니다. 하지만 그럴 때마다 자기 통제력을 발휘하여 평소처럼 성실하게 교직 생활을 해 나가야 합니다. 그런 훈련을 계속한다면 자기 통제력이 더욱 높아질 것입니다.

둘째, 좋은 관리자가 되려면 올바른 조언을 하는 주변 사람들을 가까이하고, 듣고 싶은 소리만 하며 아첨하는 사람들을 멀리해야 합니다.

진시황은 불로장생의 묘약을 구하기 위해서라면 어떤 일도 마다하지 않았습니다. 이를 눈치챈 간신들은 진시황에게 아부하며 비위를 맞추려고 노력했습니다. 시간이 흘러도 불로장생의 묘약과 비법을 찾지 못하자 간신들은 이렇게 말했습니다.

"신 등이 영지, 선약, 신선을 구하러 다녔으나 늘 만나지 못했습니다. 방해물 같은 것이 있는 것 같습니다. 주상께서는 종종 미행을 나가시어 악귀를 물리치는 것이 좋다고 봅니다. 악귀를 물리치면 불로장생의 비법을 알려 줄 신선이 찾아올 것입니다. 주상께서 머무르시는 곳을 신하들이 알게 하면 신선의 강림이 방해를 받을 것입니다. 신선은 물에 들어가도 젖지 않으며, 불에 들어가도 타지 않습니다. 구름을 타고 다니며 천지와 더불어 영원히 존재합니다. 지금 주상께서 천하를 다스리시지만 욕심 없는 경지에는 이르지 못하셨습니다. 바라옵건대 주상께서 머무시는 궁을 다른 사람이 알지 못하게 하십시오. 그러면 묘약을 구할 수 있을 것이옵니다."

－「진시황 본기」

이 말을 들은 진시황은 자신이 행차하며 머무는 곳을 말하는 자는 사형에 처하도록 했습니다. 실제로 궁궐에서 일하는 관리가 진시황이 머무는 곳을 말하자 그 관리뿐만 아니라 주변에 있는 사람을 모조리 잡아 죽였습니다. 이후 진시황이 행차하여 머무는 곳에 대해서는 아무도 말하지 않았습니다. 그리고 진시황은 천하를 통일한 후 더욱 엄격히 법을 적용하여 많은 사람을 죽였습니다. 그러자 신하들은 진시황을 두려워해 바른말을 못 했습니다. 참다못한 맏아들 부소扶蘇가 다음과 같이 말했습니다.

> "천하가 비로소 평정되었으나 먼 지방의 백성들은 아직 다 모이지 않았으며, 유생들은 모두 공자를 칭송하며 본받고 있습니다. 지금 주상께서 엄한 법으로 그들을 묶으니 신은 천하가 불안해질까 두렵습니다. 주상께서 부디 잘 헤아려 주십시오."
>
> –「진시황 본기」

그러자 진시황은 맏아들의 말에 분노하여 그를 먼 지방으로 쫓아냈습니다. 이후에는 어느 누구도 바른말을 하지 않았고, 진시황은 점점 더 폐쇄적으로 변했습니다. 그는 자신이 총애하는 신하와 환관 몇 명을 제외하고는 누구와도 접촉하지 않은 채 나라를 다스렸습니다. 결국 진시황이 죽었을 때 그의 죽음을 알고 있는 극소수의 신하들은 유서를 위조해 맏아들 부소를 자결하게 만들었습니다. 그들은 자신들이 다루기 쉬운 진시황의 막내아들 호해胡亥를 황제 자리에 앉혔습니다. 진시황이 죽은 뒤 4년 후 마침내 진나라는 멸망하고 말았습니다.

현명한 신하에게 조언을 구하지 않고 스스로를 고립시키는 것은 실패로 가는 가장 빠른 지름길입니다. 실제로 중국 역사상 가장 성공한 지도자로 평가받는 당 태종太宗에게는 위징魏徵이라는 신하가 있었습니다. 그는 태종에게 직언을 서슴지 않았습니다. 당 태종은 위징의 직언 때문에 화가 머리끝까지 치솟고 그를 죽이고 싶다고 말할 정도였지만, 훗날 위징이 죽자 자신의 그릇된 사심을 바로잡는 신하가 없어졌다고 애통해 했습니다. 이렇듯 당 태종이 성공할 수 있었던 가장 큰 이유는 직언하는 신하들을 가까이한 그의 열린 마음 덕분이었습니다.

우리 주변에는 다른 사람의 조언을 잘 듣지 않는 사람들이 있습니다. 특히, 경험이 많거나 능력이 뛰어난 사람들은 자신의 틀에 사로잡혀 주변의 조언을 무시하곤 합니다. 그러한 사람은 누군가 자신의 잘못된 점을 이야기하면 기분 나빠하고, 자신의 잘못으로 문제가 발생해도 변명하기 바쁩니다.

실패하는 지도자가 되지 않으려면 상대방의 조언을 무시하지 말고 경청해야 합니다. 누군가 진지하게 선생님의 잘못에 대해 조언해 준다면 그에게 진심 어린 감사를 표현해야 합니다. 『군주론』의 저자 마키아벨리는 지도자가 갖춰야 할 덕목으로 쓴소리를 즐기라고 말합니다, 쓴소리는 지도자를 바로잡고 성공으로 이끌기 때문입니다.

셋째, 좋은 관리자가 되려면 공포 분위기를 조장하면 안 됩니다.

불로장생을 꿈꾼 진시황이 가장 두려워하는 것은 암살이었습니다. 실제로 진시황은 많은 사람들을 죽여 그에게 원한을 품은 사람이 많았고, 그들은 매번 암살을 시도해 그를 두려움에 떨게 했습니다. 진시황은 암살 시도가 있을 때마다 천하를 공포로 몰아넣었습니다. 『사기』에는 진시황의 만행이 여러 차례 기록되어 있습니다.

통일 후 3년 뒤 진시황은 동쪽에 행차했다. 양무현의 박랑사 지역에 이르렀을 때 강도를 만나 놀랐다. 강도를 잡으려 했으나 잡지 못하자 열흘 동안 대대적인 수색령을 전국에 내렸다.

-「진시황 본기」

통일 후 5년 뒤 진시황이 함양을 미행하려고 무사 넷과 밤중에 나왔다가 난지에서 도적을 만나서 위험에 처했으나 무사들이 도적을 죽였다. 이 일로 20일 넘게 관중을 대대적으로 수색했다.

-「진시황 본기」

유성이 동군에 떨어졌는데 땅에 닿자 돌이 되었다. 백성들 중 누군가가 그 돌에 "시황제가 죽고 땅이 나뉜다"라고 새겼다. 진시황이 이를 듣고 어사를 보내 심문하게 했으나 자백하는 자가 없자 돌을 주운 주변 사람들을 모두 죽이고 돌은 불태웠다.

-「진시황 본기」

자신을 암살하려는 사건이 발생할 때마다 진시황은 암살범은 물론 인근 지역의 백성들까지 잔혹하게 처벌했습니다. 그의 잔인한 처벌로 백성들의 마음은 멀어져 갔습니다. 사실 춘추전국시대 500여 년 동안의 수많은 전쟁으로 백성들은 너무나 힘이 들었습니다. 그러다 진나라가 천하를 통일하자 백성들은 평화로운 시대를 기대했지만, 상황은 통일 이전보다 더 심각했습니다. 만리장성, 진시황의 궁과 무덤 등 다양한 공사로 인해 많은 백성들은 통일 이전보다 큰 고통을 겪었고, 진시황의 공포 정치로 더 힘든 삶을 살아야 했습니다.

공포정치에 의존하던 진시황은 본인과 나라를 더욱 위태롭게 만들었습니다. 천하를 얻고 창업의 뜻을 이루려는 자는 공포와 무력에 의존할 수 있지만, 천하를 지키는 자는 인의와 민심에 의존해야 합니다. 진시황은 이를 모르고 공포와 무력만을 내세웠습니다.

지도자가 된 후 첫해에는 목표를 빠르게 달성하는 일이 중요하기 때문에 구성원들을 압박하고 다그칠 수도 있습니다. 하지만 시간이 지나 목표를 달성하고 안정된 뒤에는 달라져야 합니다. 만약 구성원들을 계속 압박한다면 구성원들은 이탈하고 말 것입니다. 요즘에는 사회 분위기가 많이 바뀌어서 단순한 이탈뿐만 아니라 청원, 소송 등의 다양한 방법을 활용해 지도자에게 불이익을 줄 수 있습니다.

마키아벨리는 지도자가 하지 말아야 할 행동 중 하나로 '화내지 말라'는 것을 강조했습니다. 그는 지도자가 화를 내는 순간 구성원들은 아첨 모드로 들어가거나 조직을 이탈한다고 말했습니다. 『손자병법孫子兵法』에서는 "화를 잘 내는 장수 밑에 있는 병사들은 게으르다"라고 했습니다. 장수가 화를 내는 순간 병사들은 수동적으로 변하고, 장수의 눈치를 보면서 행동하기 때문입니다. 사마천은 『사기』에 이런 말을 남겼습니다.

제일 좋은 정치는 국민의 마음에 따라서 다스리는 것이고, 다음으로는 이익으로 국민들을 유도하는 것이고, 세 번째가 도덕으로 국민들을 설교하는 것이고, 아주 안 좋은 것이 형벌로써 국민들을 겁주는 것이고, 최악은 국민과 다투는 것이다.

−「화식 열전」

사마천의 말을 인용하면 학생들을 겁주고 학생들과 다투면서 학급을 운영하는 교사의 학급 운영은 최악입니다. 그리고 교사를 겁주고 교사와 다투면서 학교를 운영하는 교장의 학교 경영 또한 최악입니다. 적어도 최악의 모습은 피하도록 노력해야 합니다.

　　지금까지 진시황의 이야기를 통해 좋은 관리자의 모습을 살펴보았습니다. 진시황은 불로장생이라는 현실성 없는 욕망으로 인해 자기 통제력을 잃고, 주변을 멀리하고 스스로를 고립시켰으며, 공포정치로 사람을 다스렸습니다. '공자孔子'는 올바르게 사는 방법으로 "현명한 사람을 보고 따라 하려 하지 말고 현명하지 못한 사람을 보고 자신을 돌아보라"라고 말했습니다. 진시황의 이야기를 교훈 삼아 좋은 관리자가 되기 위해 갖춰야 될 모습을 지금부터 실천하길 바랍니다.

일중독에서
벗어나는 방법을
알려 주세요

욕심이 그칠 줄 모르면 하고자 하는 바를 잃고,

가지고 있으면서 만족할 줄 모르면 가지고 있던 것마저 잃는다.

-「범저·채택 열전」

범저(范雎, ?~기원전 255년)
전국시대 말기 위나라 출신의 유세가로
진나라 소양왕昭襄王에게 발탁되어 재상의 자리에 오른다.
원교근공遠交近攻[23] 외교 정책을 제안하여 진나라를 발전시키고,
훗날 진나라가 통일을 이루는 데 기반을 마련한다.

---

23. 먼 나라와 화친하고 가까운 나라를 공격하는 외교정책.

이 교사의 고민

안녕하세요. 신규 교사 시절부터 주변 선생님들 덕분에 많은 일을 배울 수 있었습니다. 능력 있는 선생님들과 함께 일하다 보니 교육청 일이나 각종 연구대회에 참여하게 되었습니다. 시간이 지나면서 어느 덧 저도 선배들처럼 일 잘하는 교사로 인정받고 있습니다.

요즘 하루가 어떻게 지나가는지 모르겠습니다. 밀려오는 학교 업무 뿐만 아니라 자료 개발과 외부 강의 그리고 수업과 학생 관리 등 많은 일들을 해내고 있습니다. 그러다 보니 몸과 마음이 점점 지쳐 갑니다. 새 학기가 시작되면 '일을 좀 줄여야겠다'고 마음속으로 다짐하지만 해야 할 일들은 매년 늘어납니다.

최근에는 건강도 악화되고 아내와의 다툼도 늘었습니다. 처음에는 저를 응원해 주던 아내가 시간이 지날수록 달라졌습니다. 심지어 '일 중독'이라는 표현까지 사용하며 저를 비난하곤 합니다. 솔직히 저도 지금 하고 있는 일들을 내려놓고 쉬고 싶습니다. 하지만 일을 내려놓는 순간 다른 사람에게 뒤처질 것 같아 불안합니다. 그러니 지금까지 해 온 일을 내려놓기 어렵습니다. 아내 말처럼 제가 일중독자인가요?

고민 해결

학교에는 학급 관리를 잘하는 선생님, 수업을 잘하는 선생님 등 다양한 유형의 선생님이 있습니다. 그중 남들보다 일을 잘하는 선생님도 있습니다. 학교 행사뿐만 아니라 교육청 단위의 큰 행사도 척척 해내고 각종 대회에서도 우수한 성적을 거둡니다. 그리고 여러 학교들을 돌아다니며 강의를 합니다. 과연 그 많은 일을 해낼 수 있을지 의문이 들지만 보란 듯이 그 일을 해냅니다. 하지만 끊임없이 밀려오는 일로 인해 그 선생님의 얼굴은 늘 지쳐 보입니다. 그리고 자신의 삶을 이해해 주지 못하는 아내 때문에 힘들다는 소리를 자주 합니다. 가끔 휴일에 자녀와 함께 시간을 보내는 중에도 일과 관련된 전화나 문자가 끊이지 않습니다. 몸은 가족들과 있으나 머릿속은 항상 일로 가득 차 있습니다. 과연 일에 몰두하는 선생님의 삶은 행복할까요? 그 선생님의 가정은 화목할까요? 바쁜 선생님 밑에서 배우는 학생들은 즐거울까요?

영국 작가 앤서니 브라운의 동화 『한나와 고릴라』에는 일중독 아버지 이야기가 나옵니다.

어린 딸 한나와 함께 사는 아빠는 무척 바쁜 직장인이다. 아빠와 함께 동물원에 놀러 가 고릴라를 실컷 보고 싶은 한나가 아빠에게 조른다.

"아빠, 동물원에 가고 싶어."

"동물원? 아빠 지금 바쁘니까 내일 이야기하자."

다음 날 아침, 한나가 일어나니 아빠는 이미 출근하고 없었다.

아빠가 퇴근한 저녁, 아빠에게 말을 걸려고 하니 아빠는 집에서도 계속 일만 했다.

그다음 날에도 아빠는 정신없이 바빴다.

"아빠, 동물원….."

"지금은 안 돼. 하지만 이번 주말은 어때?"

한나는 주말만 기다렸다. 드디어 주말이 왔으나 아빠는 너무 지쳐서 푹 쉬고 싶었다. 한나는 또다시 우울한 주말을 보내야만 했다.

-『한나와 고릴라』

동화 속 이야기지만 현실에서도 충분히 일어날 수 있습니다. 우리 주변에는 일 때문에 가족과 충분한 시간을 보내지 못하는 선생님이 많습니다. '체육대회가 끝나면' 혹은 '공개수업 끝나면'이라는 말로 가족과 보내야 할 시간을 하루 이틀 미룹니다. 그렇게 지내면 언젠가 선생님도 동화 속 아버지와 같은 모습으로 변하게 될지 모릅니다.

우리는 직장에서 "열심히 일하자"라는 말을 주고받곤 합니다. 그런데 '무엇을', '왜'라는 질문을 생략한 채 그저 열심히 일하는 것은 선로 위를 탈선한 채 달리는 열차와도 같습니다. 일중독에 빠진 사람들은 '얼마나 많이 이루는지', '얼마나 빨리 이루는지'에만 몰두하는 경향이 있는데, 내가 '무엇을', '왜' 하는지에 대한 고민이 없다면 삶은 결국 황폐해지고 파괴될 것입니다.

선생님의 고민을 해결하기 위해 일중독의 뜻과 거기서 벗어나는 방법을 알아보겠습니다.

일중독이란 "자신의 사생활을 희생하면서 일에만 몰두하는 상태"를 가리키는 말입니다. 조금 더 자세히 설명하면 "일이 삶에서 지배적 비중을 차지하면서 자기 일은 물론 다른 사람들과도 부정적인 관계를 형성하게 되고, 또 갈수록 더 많은 일이나 더 높은 성과를 내야 만족할 수 있으며, 나아가 그 일을 중단하는 경우엔 견디기 어려운 불안감과 상실감을 느끼게 되는 병적 상황"으로 정의할 수 있습니다. 그래서 일중독자는 자신의 가치를 일이나 성과를 통해 찾으려 하고 삶의 다른 측면에 대해서는 관심이 부족합니다. 게다가 일중독자는 '마스킹 효과'[24]처럼 일에 대한 욕구로 인해 건강을 잃게 되거나 주변 사람들의 외면을 잘 느끼지 못합니다. 심지어 일중독자는 일하는 것 자체가 나를 치료해 주는 보약과 같은 효과를 가져온다고 생각합니다.

독일의 신경정신과 의사인 페터 베르거에 따르면 일중독자와 열심히 일하는 건강한 사람을 구분하는 기준은 '하던 일을 중단하거나 미룰 수 있는가의 여부'라고 합니다. 그는 일중독자를 3단계로 나눕니다. 1기는 집에 와서도 괜히 불안해서 계속 일하는 사람, 2기는 일중독이라고 자각하지만 일은 멈추지 않고 잠을 자거나 쉬어야 할 때 보상심리로 취미활동 등에 매달리며 자신의 건강을 외면하는 사람, 3기는 어떤 일이든 환영하며 주말과 밤에도 일하고 건강이 무너질 때까지 일에 매달리는 사람입니다.

일중독에 걸린 사람은 사회적으로 비난을 받지 않고 오히려 '일 잘하는 사람', '성실한 사람', '능력이 뛰어난 사람', '모범적인 사람'으로 칭찬받고 포장되기 때문에 더욱 조장되고 은폐되는 특수성이 있습니다. 그래서 일중독은 근본적으로 치유하기가 너무 어렵습니다. 혹시 선생님은 어떤 모습인가요? 아내가 말하는 것처럼 일중독자 아닌가

---

24. 현대 직장인들이 직장 일을 최우선으로 두어 건강이 나빠져도 느끼지 못하는 현상.

요? 아직도 모르겠다면 일중독자가 보이는 다섯 가지 특성을 살펴보겠습니다.

첫째, 일중독자는 일중독이라는 자체를 인정하지 않습니다.

다른 사람뿐만 아니라 자기에게도 일중독을 숨깁니다. 왜냐하면 일중독을 인정하는 순간 겪게 될 체면 상실과 치욕스러움이 두렵기 때문입니다.

둘째, 일중독자는 통제에 대한 환상을 갖습니다.

자기 통제, 자기 절제가 성공을 가능하게 했다고 보고, 타인이나 사회적·자연적 환경에 대한 통제를 정당화합니다. 사실 이것은 진정한 자아정체성을 억압하거나 축출하는 과정입니다. 자신은 뭐든지 할 수 있다는 믿음을 갖게 되고 강제성을 띤 행위 방식이 일관되게 나타납니다. 그리고 자신이 하는 일 자체에 대해서는 분별력 있게 자기 통제를 하지 못합니다.

셋째, 일중독자는 피해의식이나 피해망상증을 갖고 다른 사람에게 책임을 전가합니다.

어떤 사람이 누구를 비판하거나 욕을 할 때 그 비판이 자신을 가리켜 하는 말이라고 느끼며 자신은 피해자라고 생각합니다. 그리고 모든 책임을 외부로 돌립니다. 그래서 피해에 대한 보상과 공정성을 찾기 위해 다른 사람에게 공격적 행위를 하기 쉽습니다.

넷째, 일중독자는 자기중심주의와 독선주의를 강하게 드러냅니다.

자신의 태도나 행위가 항상 정당하며 모범이라고 생각하고 타인은 자기를 따라오기만 하면 된다고 믿습니다. 혼자서 모든 일을 다 하려고 하고 자기 없이는 아무 일도 안 된다는 강박관념에 빠집니다. 때로는 자신처럼 하지 못하는 동료들을 적대시하기도 합니다. 모든 사물을 흑백논리로 파악하려는 이러한 모습은 사고의 유연성을 떨어뜨리고 다양성을 부정하여 자기 고립을 초래합니다.

다섯째, 일중독자는 완벽주의적 사고와 행동을 보입니다.
자신의 솔직한 모습을 인정하지 못하고 은폐하거나 회피하려 합니다. 또 스스로 완벽함을 과시하고자 많은 에너지를 사용합니다. 사소한 실수를 인정하지 못하고 실수에서 교훈을 얻으려는 태도를 갖기 어렵습니다. 자신에게 너무 철저하므로 타인이 접근하기 어렵고, 그 철저함을 타인에게도 적용하기 때문에 타인은 괴롭습니다.

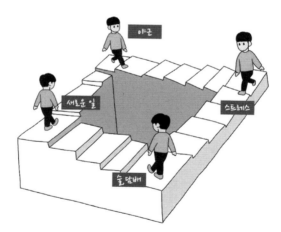

일중독에 걸리면 부정적인 사이클에서 빠져나오기 힘듭니다.

일중독의 큰 부작용은 자신뿐만 아니라 다른 사람에게도 심각한 피해를 줄 수 있다는 점입니다. 일로 인한 스트레스를 술로 풀려 하는 사람도 많습니다. 결국 야근, 스트레스, 술, 수면 부족과 건강 악화, 그리고 새로운 일이 시작되어 다시 야근을 하는 부정적인 사이클이 반복됩니다. 결국 나와 가족, 주변 사람과의 관계를 파괴하는 데까지 이르기도 합니다. 그렇다면 일중독을 극복할 수 있는 방법은 무엇이 있을까요?

첫째, 자신의 상태를 분명히 파악해야 합니다.

인간의 신체는 일중독에 빠지기 전에 몇 가지 신호를 보내는데, 그중에 피로와 스트레스가 대표적입니다. 또 체중이 정상 상태보다 30% 이상 늘거나 당뇨, 고혈압 증상이 오면 적신호라고 봐야 합니다. 이때 술이나 담배, 커피 등을 통해 그 느낌을 회피하려 하지 말고 자신의 몸 상태를 솔직하게 느껴야 합니다.

신경정신과 전문의들은 일중독에서 벗어나려면 자신이 일중독이라고 인정하는 솔직한 인식, 자신의 취미에 맞는 규칙적인 운동, 매일 5분 이상의 명상, 6시간 이상의 충분한 수면 등이 필요하다고 이야기합니다. 그리고 '해야 할 일'이 아니라 '할 수 있는 일' 위주로 스케줄을 재조정하며, 자신의 문제를 심각하게 받아들이는 태도와 규칙적인 생활 태도를 갖는 것이 일중독을 벗어날 수 있는 방법이라고 합니다.

둘째, 선생님 주변에서 일중독에 걸린 선생님들을 살펴보시기 바랍니다.

열심히 일을 해서 승진 혹은 자신이 원하는 것을 얻었지만 이후에도 바쁜 삶은 반복됩니다. '승진하면 가정에 충실하고 아내와 자녀들과 즐거운 시간을 보내겠다'고 다짐하지만 이미 아내와 자녀들과 관계가 멀어져 있어 승진한 이후에는 가족들과 즐거운 시간을 보내기가 쉽지 않습니다. 그로 인한 소외감과 스트레스로 일에 더 몰두하며 자신의 존재 이유를 찾으려 하고, 결국 바쁜 삶은 계속 반복됩니다. 과연 이러한 선생님의 삶이 행복하다고 말할 수 있나요? 과유불급이라는 말처럼 지나치게 일하는 것은 결코 좋지 않습니다.

자신의 건강을 돌보지 않고 일에만 매달린다면 분명 후회할 일들이 생길 것입니다. 일중독을 벗어나지 못하는 선생님을 위해 사마천 『사기』의 「범저·채택 열전」에 나오는 이야기를 소개하겠습니다.

범저范且는 원교근공遠交近攻 외교 정책으로 진나라를 강대국으로 만들었습니다. 그 공으로 범저는 진나라 재상 자리에 오르지만, 얼마 후 자신이 추천한 사람이 진나라를 배신하면서 큰 위기에 빠집니다. 그 당시 진나라 법에 따르면 어떤 사람이 범죄를 저지르면 그를 추천한 사람도 함께 벌을 받아야 했습니다. 하지만 왕의 신임을 받고 있는 범저는 처벌이 아니라 오히려 왕의 위로를 받았습니다. 그러나 그러한 일이 반복되자 범저는 불안함을 느꼈습니다. 범저는 위나라 출신이었고, 갑작스러운 그의 출세를 시기하는 관리들이 많았기 때문입니다. 관리들은 그를 쫓아내기 위해 호시탐탐 기회만 노리고 있었습니다. 그때 채택蔡澤이라는 사람이 범저에게 찾아와 그의 태도를 비판하며 재상의 자리에서 물어날 것을 권합니다.

"지금 당신은 이전에 받았던 원한과 은혜를 이미 갚았습니다. 그리고 마음속으로 하고 싶었던 것을 다 이뤘습니다. 그런데 당신은 세상의 변화에 대응할 수 있는 대책을 세우고 있지 않습니다.

제가 지난날 당신과 비슷한 처지에 있던 사람들의 이야기를 들려 주겠습니다.

상앙은 진나라 효공을 위하여 법령을 정비해 관리들의 부정부패를 없애고 상과 벌을 확실하게 했습니다. 그리고 농경지를 넓힘으로써 백성의 생활을 안정시키고 풍속을 통일했습니다. 또한 백성에게 농사일을 권장하여 토지의 생산력을 높이고 농업에 힘써서 식량을 비축하도록 하고 군사 훈련을 실시했습니다. 그래서 군대가 출동하면 토지는 넓어지고 군대가 쉬면 나라가 부유해졌습니다. 그러므로 진나라는 천하에 대적할 나라가 없으며, 제후들에게 위엄을 과시하여 공적을 이루었습니다. 하지만 훗날 상앙은 거열형[25]을 받았습니다.

오기는 초나라 도왕을 위하여 법률을 세우고 대신들의 권위를 낮추며, 능력 없는 관리를 파면하고, 쓸모없는 직위를 없애고, 개인의 청탁을 막았습니다. 또 군사 훈련을 철저히 하여 월나라 양주 지역을 손에 넣고, 여러 유세하는 선비들이 나라를 어지럽히는 것을 금하여 초나라의 정치를 안정시켰습니다. 그러나 공적이 이루어진 뒤에는 결국 사지를 찢어 죽이는 형벌을 받았습니다.

문종은 월나라 왕 구천을 위하여 깊고 원대한 계책을 만들어 왕이 처한 위급한 상황을 벗어나게 하고, 망해 가는 나라를 존속시켰습니다. 그리고 토지를 개간하고 사방의 선비들을 모아 오나라 왕에게 받았던 원수를 갚고 천하의 우두머리가 될 수 있도록

---

25. 팔과 다리를 각각 다른 수레에 매고 수레를 끌어서 죄인을 찢어서 죽이는 형벌.

하였습니다. 하지만 월나라 왕 구천은 끝내 그를 저버리고 죽였습니다.

이 세 사람은 공을 이루고 물러나지 않았기 때문에 이와 같은 재앙을 입었습니다. 이른바 '펼 줄만 알고 굽힐 줄 모르며, 앞으로 갈 줄만 알고 돌아올 줄 모르는 사람'이었습니다.

재상께서는 도박하는 사람들을 보지 못하셨습니까? 크게 승부를 단번에 내려는 사람이 있는가 하면, 끈기 있게 조금씩 승부를 내려는 사람도 있습니다. 이는 재상께서도 잘 알고 계실 것입니다. 지금 당신은 진나라의 재상을 맡아 앉은 자리에서 계획을 꾸미되 조정을 떠날 필요도 없이 앉은 그곳에서 계책으로 각국을 장악할 수 있습니다.

진나라가 바라던 일은 이루어졌고, 당신의 공은 이미 극에 이르렀습니다. 이제 진나라는 도박할 때처럼 돈을 나누어 걸어서 이익을 조금씩 취하듯이 해야 합니다. 이런 상황에서 물러나지 못하면 바로 상군, 백기, 오기, 대부 종과 같은 처지가 될 것입니다."

−「범저·채택 열전」

채택은 범저에게 상앙商鞅, 백기白起 등 범저와 처지가 비슷한 인물들의 이야기를 들려주었습니다. 그들은 국가를 위해 많은 공을 세우고 출세했지만 자신의 욕심을 억제하지 못했고, 자신의 일에만 매달려 자기가 처한 상황과 주변 사람들을 돌보지 못했습니다. 그래서 결국 불행한 결말을 맞이했습니다. 범저가 채택의 말에 관심을 보이자 그는 이야기를 이어 갔습니다.

"제가 듣건대 '물을 거울로 삼는 자는 얼굴을 볼 수 있고, 사람을 거울로 삼는 자는 길흉을 알 수 있다'고 합니다. 또 옛글에 '성공했으면 그 자리에 오래 있지 말라'고 했습니다.

왜 당신은 아직까지 그 자리에 머물고 있습니까? 당신은 이 기회에 재상의 인수를 어진 사람에게 물려주고 벼슬에서 물러나 세상의 경치를 구경하며 살게 되면 더 훌륭한 삶을 살 수 있을 것입니다. 차마 떠나지 못하고 의심하면서 스스로 결단을 내리지 못한다면 반드시 저 세 사람과 같은 화를 입을 것입니다.

역에 '높이 올라간 용에게는 뉘우칠 날이 없다'는 말이 있습니다. 이것은 오르기만 하고 내려갈 줄 모르며, 펴기만 하고 굽힐 줄 모르고, 가기만 하고 돌아올 줄 모르는 자를 가리키는 말입니다. 당신은 이 점을 잘 생각하시기 바랍니다."

범저가 채택의 말을 듣고 답했다.

"좋은 말씀이오. 내가 듣건대 '욕심이 그칠 줄 모르면 하고자 하는 바를 잃고, 가지고 있으면서 만족할 줄 모르면 가지고 있던 것마저 잃는다'고 하였소. 선생께서 다행히 나에게 가르쳐 주셨으니 나는 삼가 명을 따르겠소."

범저는 채택을 맞아들여 빈객으로 모셨다. 그리고 며칠 뒤 대궐에 들어가 진나라 소왕에게 말했다.

"산동에서 채택이라는 빈객이 저를 찾아왔습니다. 그는 변론에 뛰어나며 옛 왕들의 공적을 잘 알고 세속의 변화에 밝아 진나라의 정치를 맡기기에 충분합니다. 신은 지금까지 많은 사람을 만나 봤지만 채택같이 뛰어난 사람은 없었습니다. 신의 능력도 그에

미치지 못하여 전하께 말씀드립니다."

진나라 소왕은 채택을 불러서 이야기를 주고받은 다음 매우 기뻐하였다. 그 뒤 범저는 병을 핑계로 재상의 인수를 내놓고 싶다는 뜻을 밝혔다. 소왕은 억지로라도 범저를 그 자리에 머물게 하려 하였으나 범저는 병이 깊다고 하면서 끝내 재상 자리에서 물러났다. 소왕은 채택을 진나라 재상으로 삼고 그의 계획에 따라 진나라의 영토를 넓혔다.

－「범저·채택 열전」

"욕심이 그칠 줄 모르면 하는 바를 잃고, 가지고 있으면서 만족할 줄 모르면 가지고 있던 것마저 잃는다." 일중독에 걸린 선생님이 명심해야 할 말입니다. 만약 지금 하는 일을 멈추지 않고 무리하게 계속 일에만 매진한다면 건강도 잃고 사람도 잃게 될 것입니다. 그리고 "물을 거울로 삼는 자는 얼굴을 볼 수 있고, 사람을 거울로 삼는 자는 길흉을 알 수 있다"라고 했습니다. 주변에서 일과 여가를 균형 있게 보내는 선생님과 일에만 몰두하며 일중독에 걸린 선생님 중 어떤 분이 행복한 삶을 살고 있는지 꼭 거울로 삼길 바랍니다. 동료 선생님에게 "선생님은 너무 바쁘게 사는 것 같아요"라는 말보다 "선생님은 참 행복하게 사는 것 같아요"라는 말을 더 많이 들을 수 있기를 바랍니다.

하루하루가 바쁜 선생님들은 막연하게나마 '열심히 살다 보면 언젠가는 행복해지겠지'라는 생각으로 정신없이 하루를 보냅니다. 내 삶의 방향이 어딘지도 모르고 달려갑니다. 주변에서는 "내일 행복해지려면 오늘 고생을 달갑게 받아들여라"라는 말로 끊임없이 일을 강요합니다.

하지만 앞서 살펴본 『한나와 고릴라』 이야기에서는 이런 문제에 명쾌한 해답을 던집니다. "오늘의 행복은 오늘 찾으면서 살아야 합니다." 일중독에 걸린 선생님에게 이 말을 꼭 전해 주고 싶습니다.

상대방을
설득할 수 있는
방법을
알려 주세요

상대방의 마음을 아는 것이 어려운 것이 아니라

아는 것을 어떻게 활용하느냐가 어려운 것이다.

–「노자·한비 열전」

한비(韓非, 기원전 280년~기원전 233년)
전국시대 말기 한나라 출신으로 통치술統治術과 제왕학帝王學[26]을
만든 정치가이다. 법가 사상을 집대성하였으며 인간의 이기심을 섬세하고
날카롭게 간파하였으나 정작 자신은 음모에 휘말려 생을 마감한다.

---

26. 한 나라의 군주가 갖추어야 할 학문이라는 뜻으로, 한 조직의 책임자나 리더 등이 지녀
야 할 철학·기술 따위를 비유적으로 이르는 말.

박 교사의 고민

교직 4년 차 초등학교 교사입니다. 학교에서 선생님들과 업무적으로 이해관계가 충돌하거나 학부모와 갈등이 생길 때마다 어려움을 겪고 있습니다. 상대방을 설득해서 문제를 해결해야 하는데, 제가 말주변이 없어서 그런지 다른 사람을 설득하기 어렵습니다. 업무나 학생 관리 등으로 학교 구성원들과 이해관계가 충돌하거나 갈등이 생겼을 때 상대방을 설득할 수 있는 방법을 알려 주세요.

고민 해결

학교에는 관리자와 교사, 교사와 학부모 등 다양한 관계 속에서 많은 갈등 상황이 나타납니다. 지위나 나이를 이용해 갈등을 조정하거나 억누를 수 있지만, 이는 수평적인 문화를 지향하는 최근 사회 현상에 비추어 볼 때 올바른 방법이 아닙니다. 게다가 그러한 해결 방법은 나중에 더 큰 문제로 나타날 수 있습니다. 실제로 ○○초등학교에서는 교무부장이 학교 내 문제를 강압적으로 해결하려다 선생님들의 민원으로 징계를 받았습니다. 그래서 최근 학교현장에서는 갈등을 해결하기 위한 설득의 중요성이 강조되고 있습니다.

상대방을 설득하려면 어떻게 해야 할까요? 서양의 아리스토텔레스와 동양의 한비자韓非子에게서 그 답을 찾아보도록 하겠습니다.

사람들은 이성적인 판단으로만 행동하지 않고, 때로는 감정에 휘둘리기도 합니다. 특히, '좋다', '나쁘다' 등 가치판단의 문제가 발생하면 더욱 감정에 휘둘립니다. 가치판단의 문제는 주관적인 영역이라 사람마다 생각이 다르기 때문입니다. 학교에서 발생하는 갈등 상황도 가치판단의 문제에서 비롯되는 경우가 많습니다. 그래서 나와 다른 의견을 갖고 있는 선생님의 주장이 옳다고 생각할지라도 마음속에 있는 반발심을 말끔하게 지워 내기는 쉽지 않습니다.

아리스토텔레스는 상대방을 설득할 때 마음속의 반발심을 말끔히 없애는 것은 한계가 있다는 사실을 알고 있었습니다. 그는 진정한 의미에서 타인을 설득하기 위한 수단으로 『수사학』을 집대성하여 발전시켰습니다.

아리스토텔레스는 지도자가 가져야 할 최고의 덕목을 설득이라고 여겼고, 설득은 타인의 믿음, 태도, 행동 등에 영향을 미쳐 상대방을 움직일 수 있다고 했습니다. 상대방을 설득하려면 어떤 방법이 필요할까요? 아리스토텔레스는 설득의 3요소로 '로고스', '파토스', '에토스'가 필요하다고 주장했습니다.

로고스는 상대방에게 명확한 증거를 제공하기 위한 논리를 말합니다. 누군가를 설득하려면 어떤 사실이나 증거를 사용해서 논리적으로 말해야 합니다. 그래야 상대방이 그 말을 이해하고 납득할 수 있습니다.

감정을 뜻하는 파토스는 설득당하는 청자의 심리 상태입니다. 설득을 하려면 듣는 사람이 처한 상황을 이해하고 공감하는 자세가 필요합니다. 아무리 뛰어난 말솜씨와 논리를 갖고 상대방을 설득하려 해도 설득당하는 사람의 마음 상태나 처지를 고려하지 않는다면 그 사람의 마음은 움직이지 않을 것입니다.

　에토스는 설득하는 화자가 가진 진실성, 카리스마, 도덕성, 매력 등을 말합니다. 논리에 맞고 상대방의 입장을 고려해서 말을 해도 그 사람의 자질을 의심받는다면 상대방을 설득하기는 어려울 것입니다.

　아리스토텔레스는 상대방을 설득할 때 로고스, 파토스, 에토스가 균형 있게 작용해야 타인의 마음을 움직일 수 있다고 했습니다. 그리고 성공적인 설득을 이뤄 내기 위해서는 에토스, 파토스, 로고스 순으로 접근해야 한다고 주장했습니다.

　상대방을 설득하기 위해서는 논리적인 말솜씨와 상대방을 이해하는 공감 능력이 매우 중요하지만, 그보다 더 중요한 것은 나에 대한 상대방의 신뢰입니다. 만약 내가 누군가에게 신뢰받는다면 나의 주장에 대한 논리가 부족하고 상대방이 처한 상황을 예민하게 파악하지 못해도 그 사람을 설득할 수 있습니다. 아리스토텔레스는『수사학』에서 에

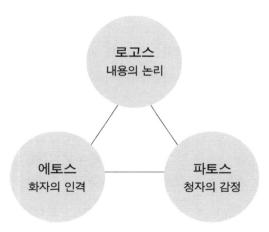

아리스토텔레스가 주장한 설득의 3요소

토스의 중요성을 다음과 같이 말합니다.

> 화자의 인품은 그를 신뢰할 만한 가치가 있는 인물로 만들 수 있게끔 이야기될 때 설득의 원인이 된다. 대체로 우리는 거의 모든 것에 대해서 믿을 만한 사람을 더욱 쉽게 신뢰하기 때문이다. 정확한 지식의 범주를 벗어난 문제점에 대해서 의견이 분분할 때 우리는 믿을 만한 사람을 절대적으로 신뢰한다. (…) 우리는 역시 화자의 인품이 모든 설득의 수단 중에서 가장 막강한 것이라고 주장하는 바이다.
>
> —아리스토텔레스, 『수사학』

실제로 동일한 사안으로 교장 선생님께 결재를 받을 때 A선생님은 쉽게 결재를 받는데 B선생님은 결재를 어렵게 받는 모습을 볼 수 있습니다. 그리고 학부모와 비슷한 갈등이 생겼을 때 A선생님은 학부모와 원만하게 해결하는데 B선생님은 진땀을 빼는 경우도 있죠. 같은 상황인데 결과는 왜 다를까요? 그건 B선생님이 교장 선생님이나 학부모의 신뢰를 받고 있지 않기 때문입니다. 이를 통해 상대방에게 신뢰받는 일이 얼마나 중요한지 알 수 있습니다. 이 밖에도 에토스의 중요성을 느낄 수 있는 상황이 주변에서 종종 보입니다.

상대방을 설득하려면 학교에서 신뢰받는 교사가 되도록 노력해야 합니다. 신뢰관계가 구축되지 않으면 상대방의 상황을 공감하고 논리적으로 말을 해도 설득에 실패할 수 있습니다. 하지만 신뢰를 쌓는 것은 하루아침에 될 수 없습니다. 적금을 넣듯 꾸준히 노력해야 합니다.

그럼 『사기』에는 어떤 설득의 방법을 제시하고 있을까요?

춘추전국시대에는 많은 유세가들이 군주를 설득하기 위해 노력했습니다. 자신의 주장을 내세워 군주를 설득하고, 그것이 받아들여지면 출세했습니다. 출세를 위해 세 치 혀를 무기로 적국에 뛰어드는 일도 빈번했습니다. 그 당시는 상대방을 설득하는 데 목숨까지 걸어야 하는 세상이었습니다.

춘추전국시대의 많은 유세가 중 「노자·한비 열전」에 등장하는 한비자의 이야기를 통해 설득의 방법을 알아보겠습니다. 한비자는 설득에 대해 다음과 같이 말합니다.

무릇 설득의 어려움이란 내가 많은 지식을 갖고 있는지, 내 말재주가 뛰어난지에 있는 것이 아니다. 또 내가 자유자재로 그 이치를 다 풀어낼 수 있느냐 하는 어려움도 아니다. 무릇 설득의 어려움은 상대방의 마음을 잘 파악하여 내 주장을 그 사람의 마음에 들어맞게 하는 데 있다.

상대방이 높은 명예를 얻고자 하는데 금전적인 이익을 앞세워 설득한다면 속물이라고 여겨 천시하고 멀리 버림을 받을 것이 틀림없다. 상대방이 금전적인 이익을 바라는데 높은 명예를 앞세워 설득한다면 상식이 없고 세상 물정과는 동떨어져 있다고 여겨 받아들이지 않을 것이 뻔하다. 만약 상대방이 금전적인 이익을 바라면서도 높은 명예를 내세우는데 높은 명예만 앞세워 설득한다면 겉으로는 받아들이는 척하며 실제로는 멀리할 것이다. 또 금전적인 이익으로 유세한다면 속으로는 그 말을 받아들이지만 겉으로는 내칠 것이다. 자신이 애써 숨긴 속마음을 들키고 싶지 않기 때문이다. 이런 점을 몰라서는 안 된다.

－「노자·한비 열전」

상대방을 설득하려면 어떻게 해야 할까요? 한비자는 상대방을 설득하려면 상대방의 겉모양과 속마음을 모두 파악해서 마음에 들어맞아야 한다고 주장합니다. 상대방이 자랑스러워하는 것은 은근히 칭찬하고, 부끄러워하는 것은 덮어 주어야 한다고 말합니다. 상대방이 비밀로 감추고 싶은 일을 알아차리고 말한다면 설득이 어려울 뿐만 아니라 설득하는 자신도 의심받거나 위태로울 수 있다고 경고합니다. 그러면서 한비자는 두 가지 이야기를 들려줍니다.

송나라에 부자가 있었는데 비가 와서 담장이 무너졌다. 그 아들이 "당장 담장을 다시 쌓지 않으면 도둑이 듭니다"라고 말했다. 이웃집 사람도 같은 말을 했다. 날이 저물었고, 아니나 다를까 재물을 많이 잃었다. 그 집에서는 아들은 똑똑하다고 하면서도 이웃집 사람은 도둑으로 의심했다.

예전에 정나라 무공이 호나라를 정벌하려고 자기 딸을 호나라 군주에게 시집보냈다. 그러고는 신하들에게 "내가 군대를 동원하려는데 어느 나라를 정벌할 수 있겠는가"라고 물었다. 관기사가 "호나라라면 충분히 토벌할 수 있습니다"라고 하자 바로 관기사를 죽이면서 "호나라는 형제의 나라다. 네가 어찌 형제를 토벌하자고 할 수 있단 말인가"라고 했다. 호나라의 군주가 이를 듣고는 정나라가 자신과 친하다고 생각하여 정나라의 공격에 아무런 방비를 하지 않았다. 이때 정나라가 호나라를 습격하여 점령했다.

-「노자·한비 열전」

이야기 속에 등장하는 관기사는 왜 죽었을까요? 그 이유는 그가 무공의 감추고 싶은 속마음을 만천하에 드러냈기 때문입니다. 한비자는 상대방을 설득할 때 상대방의 속마음을 아는 것도 어려운 일이지만, 더 중요한 것은 상대방의 속마음을 알아차리더라도 이를 매우 신중하게 활용하는 것이라고 말합니다. 한비자는 이야기를 마치고 나서 이렇게 덧붙입니다.

이웃집 사람과 관기사가 한 말은 모두 옳은 말이었다. 그러나 심하게는 목숨을 잃고 가볍게는 의심을 받았다. 상대방의 마음을 아는 것이 어려운 것이 아니라 아는 것을 어떻게 활용하느냐가 어려운 것이다.

-「노자·한비 열전」

한비자의 이야기를 통해 알 수 있는 설득의 방법은 무엇일까요? 우선, 설득을 하려면 상대방의 속마음을 파악해야 합니다. 상대방의 속마음을 파악했으면 겉으로 드러나는 모습과 속마음이 일치하는지 생각해야 합니다. 일치한다면 쉽게 설득할 수 있겠지만 일치하지 않는다면 노련하게 이야기해야 합니다. 감추고 싶은 일은 덮어 주고 자랑스러워하는 것은 은근하게 칭찬해야 합니다.

상대방의 겉모양과 속마음을 정확하게 알 수 있는 방법은 없지만, 어느 정도 추측할 수 있는 방법이 있습니다. 그건 바로 상대방이 처한 상황을 이해하는 것입니다. 사람은 자신의 말과 행동은 숨길 수 있지만, 자신이 처한 상황은 완벽하게 감추기 어렵습니다. 만약 업무나 학교 행사를 진행하는데 학교 구성원의 이해관계가 충돌한다면 우선 상대방이 처한 상황을 면밀하게 살펴보세요.

상대방이 처한 상황을 살펴본 후 겉모습과 속마음을 알았다면 상대방을 감정적으로 강요하지 않으면서 쉽게 거절하지 못하도록 대화를 이끌어야 합니다. 여러 대화 기법 중 '더블바인드Double Bind 설득 기법'을 소개하겠습니다. 이 기법은 YES or NO가 아닌 양자택일로 대화의 초점을 몰아가 상대방이 거절할 수 없게 만드는 방법입니다. 예를 들어 자녀에 대한 상담을 피하는 학부모에게는 "어머니! 자녀 상담이 필요한데 괜찮은가요?"라고 하는 것보다 "어머니! 자녀 상담이 필요한데 전화 상담, 대면 상담 중 어느 것이 더 괜찮은가요?"라고 말하는 것입니다. 더블바인드 설득 기법을 활용하면 상대방을 설득하기 더

일반적인 설득 장면(왼쪽)과 더블바인드 스킬을 활용한 설득 장면(오른쪽)

유리할 것입니다. 왜냐하면 대화의 초점을 양자택일로 몰아가기 때문에 거절하기 어려울 뿐만 아니라, 상대가 스스로 선택할 수 있는 주도권을 갖는다는 느낌을 가져 감정적인 불편함이 줄어들기 때문입니다.

설득은 거절하는 상대방의 마음을 움직이는 일입니다. 상대방에게 설득당하는 것을 사람들은 불편해합니다. 그래서 설득은 쉽지 않은 일입니다. 그러므로 상대방을 설득하려면 자신의 주장을 강요하지 말고 상대방의 좋은 감정을 이끌어 내려고 노력해야 합니다.

상대방을 설득하는 능력은 선천적으로 타고나는 것이 아니라 후천적인 노력으로 만들어집니다. 지금까지 살펴본 설득의 방법을 활용한다면 상대방을 설득하는 데 어려움을 겪는 선생님의 고충을 해결할 수 있을 것입니다. 이 글을 통해 선생님의 어려움이 조금이나마 해결되길 바랍니다.

시골 학교에서
행복한
교직 생활이
가능할까요?

나라의 보물은 임금의 덕행에 있지
지형의 험준함에 있지 않습니다.

-「오기 열전」

오기(吳起, ?~기원전 381년)
전국시대 위나라 출신의 정치가이자 장군이다.
그는 『오자병법吳子兵法』이라는 유명한 병법서를 남겼으며
노나라, 위나라 등 여러 나라에서 벼슬을 하며 큰 명성을 떨친다.
그러나 최후에는 초나라에서 무리한 개혁을 주도하다
귀족들에게 미움을 받고 살해당한다.

윤 교사의 고민

올해 임용시험에 합격한 신규 교사입니다. 저의 첫 발령지는 시골 학교입니다. 그 학교는 주변에 편의 시설이 없고 버스 노선도 하나입니다. 근처에 살 만한 집도 없어 관사에서 생활하거나 차로 20분 이상 걸리는 시내 원룸에서 생활해야 합니다. 그런데 그보다 더 큰 문제는 따로 있습니다. 개학하기 전 학교에 찾아갔는데 학교와 학교 주변에 있는 시설이 좋아 보이지 않았습니다. 이런 환경에서 학생들을 제대로 가르칠 수 있을지 걱정입니다.

주변에서 시골 학교는 근무 환경이 열악하고 업무량도 많다고 합니다. 관리자도 권위적이고 학생 관리 또한 쉽지 않다고 합니다. 근무하기 전부터 부정적인 소리만 듣게 되니 처음 합격했을 때 가졌던 열정이 사라지고 있습니다. 그리고 교직 생활을 잘할 수 있을지 걱정부터 앞섭니다. 시골 학교에서 행복한 교직 생활이 가능할까요?

고민 해결

직장생활에서 근무 환경은 매우 중요합니다. 최근 일과 삶의 균형을 뜻하는 '워라밸'이라는 단어가 등장했을 정도로 직장 내·외적인 근무 환경을 중요하게 생각하는 사람들이 많습니다. 직장에서의 좋은 근무 환경은 직장인들의 삶의 질이 높이는 데 매우 중요합니다. 교직 생활에서도 마찬가지입니다. 아무리 아이들이 소중해도 주변 환경으로 인해 선생님의 삶의 질이 낮아진다면 매우 불행할 것입니다. '교사가 행복해야 아이들이 행복하다'라는 말이 있듯이 교사의 행복을 위해 좋은 근무 환경은 반드시 필요합니다.

하지만 선생님은 아직 시골 학교에 근무하지 않았는데 학교의 근무 환경을 섣부르게 판단하고 걱정하는 것 같습니다. 시골 학교라도 긍정적인 면이 많으니 너무 걱정하실 필요 없습니다. 대한민국에는 수많은 시골 학교가 있지만 그곳에서도 즐겁게 교직 생활을 하는 선생님들이 많습니다.

선생님은 "시골 학교는 근무 환경이 열악하고 업무량도 많으며 관리자들 또한 권위적이다"라고 하셨지만 선생님이 직접 경험한 사실이 아니기 때문에 시골 학교에 근무하다 보면 생각이 달라질 수 있습니다. 실제로 제 주변에는 도심에 있는 큰 학교에 근무하는 선생님들이 많은데 그분들 중 열악한 근무 환경으로 인해 힘들다고 고통을 호소하는 선생님들도 많습니다. 반대로 시골 학교에 근무하는 선생님 중 좋은 근무 환경으로 행복하게 지내는 선생님도 많습니다.

그렇다면 행복한 교직 생활을 위한 좋은 근무 환경에는 무엇이 필요할까요? 행복한 교직 생활을 위한 좋은 근무 환경은 학교의 시설뿐만 아니라 교직원 분위기, 학생들의 태도, 학부모와 교사의 관계, 민주적인 학교 교육과정 운영 등 대단히 많습니다. 이런 다양한 조건들 중에 학교 시설이라는 조건만 생각하고 아직 출근하지도 않은 학교의 근무 환경을 미리 판단하지 않았으면 좋겠습니다.

사마천 『사기』 「오기 열전」에도 이와 비슷한 이야기가 등장합니다. 위나라 왕 무후武侯는 나라가 강대해질 수 있는 조건으로 자연환경의 험준함만 믿고 있었습니다. 그래서 무후는 그 험준함만 믿고 적의 침입에 대한 방비를 소홀히 했습니다. 그러자 오기吳起는 왕의 생각이 잘못되었음을 분명하게 알려 주었습니다. 과연 오기는 어떤 이야기를 했을까요?

위나라 장군 오기는 군사적인 재능이 뛰어나며 청렴하고 공평하여 병사들에게 깊은 신뢰를 받고 있었다. 이를 눈여겨본 위나라 문후는 위나라의 가장 요충지인 서하 지역을 맡겨 진나라와 한나라의 침입을 막도록 했다. 위나라 문후의 어진 정치와 명장 오기 덕분에 위나라는 강대국으로 성장할 수 있었고 주변 국가들이 함부로 침입하지 못하였다.

얼마 후 위나라 문후가 죽고, 그 아들 무후가 왕위에 올랐다. 무후는 서하 지역의 영토를 살피기 위해 오기를 만났다. 오기와 함께 배를 타며 서하 지역을 살펴보다가 자랑하며 말했다.

"아름답구나! 이 견고한 자연 요새야말로 위나라의 보물이로다. 이 자연 요새가 적들의 침입을 막아 줄 것이다."

그 말을 들은 오기가 왕에게 말했다.

"나라의 보물은 임금의 덕행에 있지 지형의 험준함에 있지 않습니다. 옛날 삼묘씨가 세운 나라는 주변에 깊은 호수가 있어 안전하다고 생각했지만 덕과 신의를 닦지 않아 우임금에게 멸망당했습니다.

하나라는 서쪽으로는 큰 강, 동쪽과 남쪽으로는 높은 산, 북쪽으로는 험한 길을 가졌지만 하나라의 걸왕이 어진 정치를 하지 않았기 때문에 탕왕에게 추방당했습니다.

은나라는 서쪽과 동쪽 그리고 북쪽으로 높은 산이 있고 남쪽으로는 큰 강이 흘렀지만 은나라 주왕이 부덕한 정치를 하다가 무왕에게 죽었습니다. 이렇게 보면 나라의 보물은 임금의 덕에 달렸지 험준함에 달린 것이 아닙니다. 왕께서 덕을 닦지 않으시면 지금이라도 당장 이 배 안의 사람조차 모두 적이 될 것입니다!"

이 말을 들은 무후는 고개를 끄덕이며 오기를 칭찬했다.

-「오기 열전」

위나라는 주변의 여러 나라와 국경을 마주 보고 있어 강대국으로 성장하기에 어려움이 많았습니다. 특히, 서쪽의 강대국인 진나라와 국경을 맞대고 있어 여러 차례 진나라의 침입을 받았습니다. 하지만 문후文侯가 왕위에 즉위하면서 위나라는 전국시대에 가장 강한 나라로 성장했습니다. 문후는 유능한 인재를 우대하고 능력 있는 신하를 적절하게 활용하여 올바른 정치를 펼쳤기 때문입니다. 이때 문후는 오기의 군사적인 재능을 높이 평가하여 그를 장수로 임명했습니다. 그리고 오기는 문후의 믿음에 부응하여 많은 활약을 펼쳤습니다.

문후가 죽고 그의 아들 무후가 왕위에 오르자 위나라는 점점 힘이 쇠약해졌습니다. 무후는 위나라가 강대할 수 있는 이유를 서하 지역의 자연환경 덕분이라고 말했습니다. 그러자 오기는 "나라의 보배는 임금의 덕행에 있지 지형의 험준함에 있지 않습니다"라고 강력하게 주장하면서 그 예로 과거에 좋은 지형적인 조건을 가졌지만 군주의 폭정으로 멸망했던 나라들을 소개했습니다. 이 말을 들은 무후는 고개를 끄덕이며 오기의 말을 듣는 척했지만 진심으로 받아들이지는 않았습니다. 결국 위나라는 무후 이후부터 많은 인재들을 잃게 되었고 나라의 힘이 약해졌습니다.

학교 위치나 시설이 좋으면 행복한 교직 생활이 가능할까요? 저는 그렇지 않다고 생각합니다. 학교 시설은 행복한 교사 생활을 위한 조건 중 하나일 뿐입니다. 만약 학생들이 선생님을 처음 만났을 때 외모나 옷차림으로 좋은 선생님과 나쁜 선생님을 판단한다면 선생님은 동의할 수 있나요? 동의하기 어려울 것입니다.

많은 신규 선생님들이 시골 학교를 기피한다는 뉴스 기사를 봤습니다. 대부분의 예비 선생님들이 선생님과 비슷한 생각으로 시골 학교를 선호하지 않는다고 합니다. 저는 그 뉴스 기사를 보며 안타까웠습니다. 실제로 근무해 보지 않고 이런 생각을 갖는 이유가 무엇일까 생각해 봤습니다. 제 생각에는 대학 시절에 시골 학교에 대한 안내가 부족한 점이 큰 이유인 것 같습니다. 그래서 저는 대학교에서 시골 학교로 실습할 수 있는 프로그램이 필요하다고 생각합니다. 몇 개의 시·도에서 일시적으로 실시하고 있지만 전면적으로 확대될 필요가 있습니다.

물론 저도 시골 학교에 근무하기 전까지 선생님과 비슷한 걱정을 했지만, 실제로 근무해 보니 좋은 점이 많았습니다. 제 경험을 일반화할 수는 없지만 시골 학교에서 5년 동안 근무한 경험을 이야기하겠습니다.

시골 학교는 학생 수가 많지 않아 학생들에게 좀 더 집중할 수 있었습니다. 또 동학년이 없어 눈치 보지 않고 자유롭게 학년 교육과정을 운영할 수 있었습니다. 업무와 관련해서도 시골 학교는 선택과 집중을 하면서 처리하기 때문에 적응하다 보니 나름 일 처리하는 데 많은 어려움은 없었습니다. 물론 시골 학교가 도시의 큰 학교에 비해 업무가 많은 것이 사실이지만, 제가 지금까지 근무한 경험으로 비춰 볼 때 업무의 어려움은 업무의 양보다는 관리자의 성향이 가장 큰 영향을 주었습니다.

선생님의 고민을 듣고 주변 선생님들과 많은 이야기를 나눠 보았습니다. 그리고 선생님처럼 시골 학교의 근무 환경 때문에 고민하는 사연들을 '인디스쿨'이나 '에듀콜라', '샘스토리' 등 교사 커뮤니티에서 살펴봤습니다. 그 결과 교사를 힘들게 하는 근무 환경은 선생님마다 천차만별이었습니다. 하지만 선생님이 이야기하는 학교 시설 때문에 힘들다는 의견은 많지 않았습니다. 그것보다 학교 구성원과의 갈등, 관리자의 성향, 학생과의 관계 등에서 어려움을 토로하는 사연이 많았습니다. 그런데 이런 문제들은 시골 학교뿐만 아니라 도시의 큰 학교에서도 나타나는 현상입니다.

물론 차량이 없는 선생님에게 시골 학교에서 근무하는 일은 어려울 수 있습니다. 특히, 선생님이 근무하게 될 학교처럼 버스 노선이 하나밖에 없다면 어려움은 더 클 것입니다. 이 문제는 반드시 개선되어야 합니다. 시골 학교에 있는 통학차량을 이용하여 차량이 없는 선생님이 학생들과 함께 출근하는 방법, 카풀을 하는 선생님에게는 주유비를 지원해 주는 방법 등 다양한 방법이 마련되어야 할 것입니다. 특히, 제가 근무하는 충남 지역은 시골 학교가 많은데 이런 현실적인 어려움 때문에 시골 학교에 근무하기 힘들어하는 선생님이 많습니다. 교육부나 시·도교육청에서는 이와 관련된 교육 정책을 마련해 선생님들의 기본적인 어려움을 덜어 주면 좋겠습니다.

학교에 근무하다 보면 학교의 시설보다 학교 구성원, 학생 등 다른 요인들이 교직 생활의 만족도에 더 큰 영향을 주게 됩니다. 근무 환경의 일부분만 바라보고 시골 학교에 근무하는 일을 너무 걱정하지 않으셔도 됩니다. 시골 학교에서도 충분히 교사의 역량을 발휘할 수 있고 학생들과 행복한 학교생활을 보낼 수 있습니다.

선생님의 첫 발령지인 시골 학교에 좋은 관리자와 좋은 동료 교사, 사랑스러운 학생들이 가득하길 바랍니다. 그리고 '시골 학교에서 행복한 교직 생활이 가능할까요?'라는 선생님의 고민이 '시골 학교에서도 행복한 교직 생활이 가능하네요!'라는 감탄사로 바뀌길 기대하겠습니다.

학생들과 즐거운 시간을 보낸 기억은 시골 학교와 도시 학교 모두 똑같았습니다.

학생들과
즐겁게
수업하고
싶습니다

지상담병 紙上談兵 - 종이 위에서 병법을 말한다.

이론에만 밝을 뿐 실천적인 능력이 부족함을 이르는 말.

-「염파·인상여 열전」

조괄(趙括, ?~기원전 260년)
전국시대 조나라 출신의 장군으로 조나라 명장 조사趙奢의 아들이다.
장평대전에서 진나라 백기白起 장군에게 패배하여
40만 명의 조나라 군사를 죽음으로 몰아넣는다.

전 교사의 고민

올해 처음 교사가 되었습니다. 학교에 근무하다 보니 대학교에서 배웠던 여러 수업들을 실제로 적용하는 일은 꿈같은 이야기인 것 같습니다. 실습할 때는 실습 학교 선생님들에게 수업 잘하는 교생이라고 칭찬도 많이 들었는데, 실제 학교현장에서 학생들을 가르쳐 보니 쉽지 않습니다.

처음 학생들을 가르칠 때는 교재를 연구하며 수업 자료도 만들고 수업 준비를 했었는데 요즘에는 너무 귀찮습니다. 최근에는 수업을 도와주는 사이트를 활용하여 매번 강의식으로 수업하고 있지만, 마음 한구석에는 불편함과 불만이 가득 차 있습니다. 매일 바쁜 업무, 무기력한 아이들 핑계를 대면서 스스로에게 면죄부를 주고 있지만 계속 이렇게 학생들을 가르치면 안 될 것 같습니다. 그래서 수업과 관련된 책도 읽어 보고 원격 연수도 듣고 있는데 실제로 적용하려니 너무 귀찮습니다. 그냥 이렇게 지내도 괜찮을까요? 학생들과 즐겁게 수업하고 싶은 마음은 굴뚝같은데 실천이 어렵습니다.

고민 해결

임용시험에 합격하고 교직에 들어선 신규 교사들은 이론적으로 배운 내용과 직접 현장에서 가르치는 일에 많은 차이가 있다는 것을 알게 됩니다. 학교현장에는 과도한 행정업무, 입시 중심의 교육제도, 배움에 대한 교사의 게으름, 학생과 학부모의 비협조 등 수업 전문성을 저해하는 많은 요인들이 존재합니다. 교사에게 수업이 가장 중요하다는 것은 모두가 공감하는 사실이지만, 현실적인 장벽으로 인해 수업에 대한 배움을 포기하는 선생님들이 많습니다. 그리고 수업과 관련된 연수는 꾸준히 듣고 있으나 막상 실천하지 않는 선생님들도 있습니다. 그렇다면 수업에 대한 배움을 실천하려면 어떻게 해야 할까요?

종이 위에서 병법을 말한다는 뜻으로 '지상담병紙上談兵'이라는 고사성어가 있습니다. 이는 이론에만 밝을 뿐 실천적인 능력이 부족함을 일컫는 말로, 춘추전국시대의 판도를 결정하는 가장 중요한 전투인 '장평대전長平大戰'에서 유래한 말입니다. 지금 선생님에게는 학생들 앞에서 좋은 수업을 직접 실천하는 노력이 필요한 것 같습니다. 사마천 『사기』에 등장하는 이야기를 통해 이론뿐만 아니라 실천적인 능력의 필요성에 대해 알아보겠습니다.

진나라와 조나라는 장평 지역에서 전쟁을 벌였다. 이때 조사는 이미 죽었고 인상여는 병이 위독했다. 그래서 조나라는 염파에게 군대를 맡겨 진나라와 전쟁을 벌였다. 진나라 군대는 작은 전투에서 계속 승리했지만 염파는 계속 수비만 하면서 성을 지켰다. 마음이 급해진 진나라는 조나라에 첩자를 보내 헛소문을 퍼트렸다.

'진나라는 염파에 대해 신경 쓰지 않는다. 진나라가 두려워하는 것은 오직 조사의 아들 조괄뿐이다.'

이 소문을 들은 조나라 왕은 염파 대신 조괄에게 군대를 맡기려 했다. 그러자 인상여가 말렸다.

"왕께서는 이름만 듣고 조괄을 쓰려 하는데 이는 거문고 줄을 풀로 붙여 거문고를 연주하는 것과 같습니다. 조괄은 그저 자기 아버지가 남긴 병법 책을 읽었을 뿐 사태 변화에 대처할 줄 모릅니다."

그러나 조나라 왕은 듣지 않고 마침내 조괄에게 군대를 맡겼다.

조괄은 어릴 적부터 병법을 배워 스스로 자신이 가장 뛰어나다고 자랑했다. 일찍이 그는 아버지 조사와 군사적인 일을 토론한 적이 있는데, 조사는 아들을 당해 낼 수 없었다. 그러나 조사는 아들이 뛰어나다고 말하지 않았다. 부인이 그 까닭을 묻자 조사는 이렇게 대답했다.

"전쟁이란 목숨을 거는 것이오. 그런데 조괄은 전쟁을 너무 쉽게 말하오. 조나라가 내 아들에게 장군으로 삼아 군대를 맡기지 않으면 다행이지만, 만일 내 아들을 장군으로 삼는다면 틀림없이 조나라 군대는 파멸할 것이오."

조괄이 군대를 이끌고 떠나려 할 때 그 어머니는 왕에게 글을 올려 말했다.

"제 아들을 장군으로 삼으면 안 됩니다."

왕이 그 이유를 묻자 조괄의 어머니가 대답했다.

"예전에 소첩이 남편 조사와 함께할 때 그는 많은 사람들과 음식을 나눠 먹고, 많은 친구들을 사귀었습니다. 왕이나 종실에서 상으로 내려 준 물품은 모두 병사들에게 나눠 주고 전쟁을 나갈 때면 집안일을 묻지 않았습니다. 그런데 지금 제 아들은 하루

아침에 장군이 되어 부하들의 인사를 받게 되었지만 병사들 가운데 누구 하나 제 아들을 존경하여 우러러보는 이가 없습니다. 왕께서 내려 주신 돈과 비단을 가지고 돌아와 자기 집에 감추어 두고 날마다 이익이 될 만한 땅이나 집을 둘러보았다가 그것들을 사들이는 데 시간을 보냅니다. 왕께서는 어찌 아버지와 아들이 같을 것이라 생각하십니까? 그 둘은 병사들을 생각하는 마음부터 다릅니다. 부디 왕께서는 제 아들에게 병사를 맡기지 마십시오."

그러나 왕은 그 말을 무시했다. 그러자 다시 조괄의 어머니가 말했다.

"왕께서 굳이 그 아이를 보내시려거든 그 아이가 책임을 다하지 못하더라도 소첩을 그 아이의 죄에 연루시켜 벌을 받지 않게 해 주십시오."

왕은 그렇게 하기로 약속했다. 조괄은 이전에 염파가 정했던 군령을 모두 바꾸고 그 수하들도 모두 교체시켰다. 그리고 염파의 수비 전략을 무시하고 진나라 군대를 공격했다. 그러나 진나라 장군 백기의 전략에 말려들어 포위당하고 결국 조괄은 진나라 군사의 활에 맞고 숨을 거두었다. 그 후 조나라의 40만 군대는 진나라에 항복을 하였고, 진나라는 조나라 군대를 모두 땅에 묻어 죽였다.

-「염파 · 인상여 열전」

이 이야기는 책에서 배운 지식과 현실은 큰 차이가 있다는 것을 알려 줍니다. 또한 어설픈 지식은 한 번의 경험보다 못할 수도 있음을 깨닫게 합니다. 대학교에서 배운 이론, 실습 때 학생들을 가르친 경험만으로는 만족스러운 수업을 할 수 없습니다. 선생님이 수업에 대한 배움과 변화 없이 지금처럼 수업을 진행한다면 학원 강사와 별다른 차이가 없을 것입니다.

수업에 대한 지식은 풍부하나 막상 수업은 제대로 하지 못하는 선생님이 더러 계십니다. 병법에는 능통하나 실제 전투에는 아무런 능력을 발휘하지 못하는 조괄과 비슷한 모습입니다. 과연 올바른 모습일까요? 교사라면 수업을 연구하고 실천해서 수업에 대한 전문성을 갖춰야 합니다. 시간이 지나면 수업에 대한 이론적인 지식은 누구나 쌓이지만, 그러한 이론적인 지식을 직접 실천하지 않으면 한 걸음도 발전할 수 없습니다.

주입식 교육을 탈피하려면 실천적인 노력이 필요합니다. 협동 학습, 하브루타, 거꾸로 수업, 독서 토론 수업 등 학습자 중심의 수업 방식으

전문적 학습 공동체를 통해 배움을 실천할 수 있는 힘을 얻고 있습니다.

'질문 있는 수업'을 배우고 적용하면서 학생들을 가르치는 일이 즐거워졌습니다.

로 변화하려는 노력을 꾸준히 해야 합니다. 이러한 노력은 책을 읽고 원격 연수를 듣는 선생님 개인적인 노력에만 머무르면 소용없습니다. 수업을 실천하려면 다른 선생님들과 함께 모여 공동의 변화를 추구해야 합니다. 우선 학교 내에서 수업에 대한 고민을 함께할 수 있는 선생님들을 찾아보는 것이 좋습니다. 만약 어렵다면 각종 연구회와 전문적 학습공동체를 통해 다양한 선생님들과 교류하는 것을 추천합니다.

현재 교사들은 자율적인 공부 모임인 전문적 학습공동체를 통해 학생들의 배움이 넘치는 수업 방법에 대한 연구뿐만 아니라 현행 학교의 부정적인 조직 문화 및 교육철학에 이르기까지 조금씩 변화를 이끌어 내고 있습니다. 물론 전문적 학습공동체가 선생님의 수업을 변화시키는 만능열쇠가 될 수는 없습니다. 하지만 선생님의 수업에 마중물 역할을 할 수 있습니다. 의지가 약해지거나 길이 안 보일 때 전문적 학습공동체를 통해 도움을 얻을 수 있습니다.

저는 '평소에 진행하는 수업도 공개수업처럼 할 수 없을까?'라는 고민을 하고 있었습니다. 실습 때 현직 선생님들로부터 수업 잘한다는 칭찬도 받았고 임용면접을 준비하면서 수업에는 자신감이 있었습니다. 하지만 교사가 된 후 밀려드는 많은 업무와 학생 지도를 핑계로 강의식 수업으로 아이들을 가르치게 되었습니다. 수업 진도라도 밀리지 않는 게 다행이라고 스스로에게 면죄부를 주었지만 마음속에는 항상 수업에 대한 불만이 있었습니다. 특히, 공개수업을 위해 준비된 수업을 하면 "매일 이런 수업을 해 주세요"라는 학생들의 반응이 제 마음을 더욱 무겁게 했습니다.

그러던 중 우연히 '질문 있는 수업'을 참관하게 되었습니다. 학생들의 질문을 통해 수업을 이끌어 가는 모습에 깊은 감명을 받았습니다. '질문 있는 수업'이라면 학생들과 함께 즐겁게 수업할 수 있겠다는 확신을 가졌습니다. 처음에는 원격 연수와 수업 관련 영상을 통해 공부했으나 점점 의지가 약해지는 것을 느꼈습니다. 이런 마음을 다잡아 준 것이 바로 '교사학습공동체'였습니다. '교사학습공동체' 활동을 하면서 '질문 있는 수업'을 실천하려는 마음을 끝까지 유지할 수 있었습니다.

수업을 연구하는 노력과 배움에 대한 실천이 없으면 수업은 절대 발전할 수 없습니다. 수업에 대한 배움과 실천을 원하는 선생님들과 만나면서 즐거운 수업을 실천하기 바랍니다.

교사를
그만두고
싶습니다

무릇 도를 닦지 않은 것은 나의 부끄러움이지만,

도를 크게 닦아 놓았는데도 쓰이지 못하는 것은

나라의 부끄러움입니다.

받아들여지지 못하는 것이 무슨 걱정입니까?

받아들여지지 못한 다음에야 비로소 군자임이 드러나는 것입니다.

-「공자 세가」

공자(孔子, 기원전 551년~기원전 479년)
춘추시대 노나라 출신의 정치가이자 사상가·교육자로서
유가 사상儒家思想의 선조이다. 여러 나라에서 벼슬을 하며
자신의 도덕정치가 실현되길 원했으나 혼란한 시대에
그의 사상은 받아들여지지 않았다. 그의 사상은 맹자孟子와
순자荀子로 이어지며 오늘날에도 영향을 끼치고 있다.

박 교사의 고민

2년 차 중학교 교사입니다. 고등학교를 다닐 때만 해도 제가 교사가 될 것이라고 생각하지 못했습니다. 하지만 수능이 끝난 후 원하는 대학에 들어가기 어려웠고, 넉넉하지 못한 가정 형편으로 재수나 사립대는 생각할 수 없었습니다. 결국 부모님의 권유로 등록금 걱정 없는 교원대에 입학했습니다. 그리고 삼수 끝에 임용시험에 합격하여 중학교 교사로 근무하고 있습니다. 생각보다 월급도 적지 않고 학생들을 가르치는 일이 어렵지 않아서 교사가 되길 잘했다고 생각했습니다.

하지만 최근 들어 '교사를 그만두고 싶다'는 생각을 끊임없이 하고 있습니다. 업무나 학생 관리에서 받는 스트레스를 견디기가 너무 힘듭니다. 매일 일어나는 학생들의 다툼과 학부모 민원, 그리고 끊임없이 밀려오는 업무 때문에 하루하루 정신이 없습니다. 특히 올해 학교폭력 업무를 맡고 있는데 학생과 학부모의 폭언과 다툼, 교사를 무시하는 언행 등으로 인해 교직에 대한 회의감이 점점 밀려오고 있습니다. 하지만 임용시험에 어렵게 합격하여 교사가 되었기 때문에 그만두고 싶지는 않습니다. 어떻게 하면 제 마음을 다스릴 수 있을까요?

고민 해결

대학 생활을 마치고 교실에 처음 들어서는 순간 불안하고 답답한 기분을 느끼게 될 것입니다. 교실에서 아이들을 가르치는 것이 두렵고 수업 시간에 나 혼자 떠드는 것처럼 느껴지는 순간도 있을 것입니다. 간신히 아이들과 적응했지만 수업 이외에 끊임없이 밀려오는 행정 업무와 학부모들에게 받는 부당한 대우 때문에 교직에 대한 좌절을 느낄 수도 있습니다. 하루를 버티기도 이렇게 힘든데 과연 교사를 계속해도 괜찮을까요?

우선 잠시 병가를 내서 지친 마음을 다스리고 체력을 충전하는 방법이 있습니다. 짧은 병가로 인해 다른 선생님들이 보강을 들어가거나 시간 강사를 구해야 하는 어려움이 있지만 가장 중요한 것은 선생님의 건강입니다. 병가나 조퇴 등 교사가 쓸 수 있는 시간은 충분히 활용하시기 바랍니다. 누군가 눈치를 준다고 신경 쓸 필요 없습니다. 선생님이 건강해진 후 학교생활을 즐겁게 보내는 것이 가장 중요합니다.

하지만 선생님의 고민이 교직 자체에 회의를 느끼는 거라면 병가나 질병휴직으로는 근본적인 해결이 어렵습니다. 그렇다고 힘들고 가혹한 시간을 무조건 버티는 것도 정답이 아닙니다. 더 높은 차원에서 해결책을 찾을 필요가 있습니다.

저는 사마천 『사기』에서 그 해답을 드리고 싶습니다. 『사기』에는 억울하고 부당한 대우를 받아 고통받는 인물이 많이 등장합니다. 사마천도 어려움에 빠진 이릉李陵 장군을 변호하다 생식기가 절단되는 형벌을 받았습니다. 그래서 『사기』를 집필하면서 자신의 억울한 심정을 여러 인물을 통해 간접적으로 드러냈습니다. 그중 『사기』 열전의 첫 번째 편인 「백이 열전」을 통해 자신의 억울한 심정과 힘든 마음을 가장 많이 드러냈습니다. 선생님의 힘든 마음을 조금이나마 공감하고 해결하기 위해 「백이 열전」의 이야기를 살펴보도록 하겠습니다.

「백이 열전」의 주인공인 백이伯夷와 숙제叔齊는 고죽국의 왕자였는데, 백이는 동생 숙제에게 왕위를 물려주라는 아버지와의 약속을 지키려고 멀리 도망갔습니다. 그러자 숙제는 형의 자리를 빼앗아 왕위를 차지하기 싫어 백이를 좇아 함께 도망갔습니다. 권력에 대한 두 왕자의 욕심 없는 모습은 많은 이들에게 존경을 받았습니다. 그런데 도망가는 도중 주나라 무왕武王이 아버지 문왕文王의 신주를 받들고 상나라를 정벌하는 모습을 발견했습니다. 그때 백이와 숙제는 무왕에게 전쟁의 부당함을 알리며 다음과 같이 말했습니다.

"아버지가 죽어 장례도 치르지 않았는데 창칼을 들다니 어찌 효라 할 수 있겠소? 그리고 상나라의 신하로서 군주를 죽이는 것을 어질다고 할 수 있겠소?"

이 말을 들은 주위의 장군들과 군사들이 이들을 죽이려 하자 강태공이 말리며 말했다.

"이분들은 의로운 분들이다. 절대 죽이지 말고 정성껏 모셔라."

무왕이 은나라의 난리를 평정하고 천하의 주인이 주나라가 되었다. 그 소식을 들은 백이와 숙제는 이를 부끄럽게 여겨 주나라의 곡식을 먹지 않고, 수양산에 숨어 고비를 따서 먹었다. 그리고 얼마 후 굶어 죽었다.

－「백이 열전」

백이와 숙제는 정의를 실천하려 했지만 불운하게 죽었습니다. 우리는 흔히 이런 삶을 사는 인물들을 보면서 삶이 공평하지 않다는 것을 느낍니다. 이런 일은 과거에만 있었던 현상이 아닙니다. 지금 우리들도 마찬가지입니다. 남에게 피해 주지 않고 올바르게 살아가는 사람에게 힘든 고난이 계속해서 밀려오는 모습을 볼 수 있습니다. 그때 그 사람은 하늘을 원망하거나 인생이 불공평하다고 한탄합니다. 사마천 역시 「백이 열전」을 통해 자신의 처지를 한탄하며 말했습니다.

노자는 말했다.

"하늘의 도는 치우침이 없어, 늘 좋은 사람을 돕는다."

하지만 백이나 숙제를 좋은 사람이라 할 수 있나? 인덕을 쌓고 그렇게 착하게 행동했는데도 굶어 죽다니! 그리고 70명 제자들 중에 공자는 유독 안연 혼자만 배움을 좋아한다고 했다. 그러나 안연도 평생 곤궁 속에서 살았고 찌꺼기 같은 음식도 마다하지 않고 먹다가 끝내 요절했다. 하늘이 착한 사람을 돕는다면서 어찌 이럴 수가 있는가?

반면에 도척이라는 나쁜 사람은 날마다 무고한 사람을 죽이고 사람 고기를 회를 쳐서 먹으며, 포악한 짓을 멋대로 저지르고 수천 명의 패거리를 모아 천하를 마구 휘젓고 다녔다. 하지만 그는 천수를 누리고 죽었다. 이게 과연 올바른 것인가?

요즘 세상에도 품행이 바르지 않고 오로지 금기시하는 일만 저지르고도 평생토록 즐겁게 살고 부귀가 대대로 끊이질 않는 자들이 있다. 반면에 땅을 골라서 밟고 때를 봐 가며 말을 하고 지름길로 가지 않고 공정하지 않으면 분을 터뜨리지 않았는데도 재앙을 만난 사람의 수를 헤아릴 수 없다. 나는 몹시 곤혹스럽다. 이른바 하늘의 도란 것이 정말 존재하는가?

-「백이 열전」

정의를 실천하려 했지만 끝내 굶어 죽은 백이와 숙제, 배움을 좋아해서 공자孔子마저 칭찬을 아끼지 않았지만 끝내 굶어 죽은 안연顔淵 등 『사기』에는 억울한 인생을 살다 죽어 간 많은 인물들이 등장합니다. 이러한 인물들의 공통적인 특징은 불공평한 세상의 희생자라는 점입니다.

제 주변에도 학생들을 열심히 지도했는데 불운한 사고로 인해 징계를 받은 교사, 학부모에게 입에 담기 힘든 폭언을 들은 교사 등 『사기』에 등장한 인물들과 비슷하게 억울한 상황에 처한 선생님이 많습니다. 이런 억울한 상황이 반복되면 교직 생활 자체에 회의를 느낄 수 있습니다. 과연 이러한 상황에 부딪혔을 때 해결 방법은 없을까요?

자신의 마음을 술로 위로하거나 취미 생활과 종교 생활에서 대처 방법을 찾을 수 있습니다. 아니면 가족이나 친구들을 통해 내 마음의 배출구를 만드는 방법도 있습니다. 그러나 『사기』에서는 훨씬 적극적이고 명확한 방법을 안내합니다.

사마천은 역사를 집필하겠다는 '인생 기준'을 세워 억울하고 부조리한 현실을 극복하겠다고 다짐했습니다. 그리고 자신과 같은 처지에 있었던 여러 인물들을 역사라는 수단을 통해 이름을 드러내겠다고 결심했습니다. 그러한 원동력으로 사마천은 『사기』를 집필했고 지금까지 존경받는 역사가로 이름을 떨치고 있습니다.

주변 상황이 선생님을 힘들게 하고 교직에 대한 회의감이 밀려올

때 이를 극복하는 방법이 있습니다. 그것은 선생님의 '인생 기준'을 세우는 일입니다. 분명한 '인생 기준' 없이 교직 생활을 보낸다면 주변 상황에 따라 선생님은 계속 흔들리게 될 것입니다. 하지만 분명한 '인생 기준'을 세운다면 주변 상황이 선생님을 어렵게 해도 극복할 수 있는 힘이 생길 수 있습니다. 그리고 '인생 기준'을 세웠다면 그 기준을 달성하기 위해 노력하며 살아가는 삶이 필요합니다.

일단 선생님만의 교직관과 교육철학을 정립하여 '어떤 교사가 될 것인지' 생각해 보는 시간이 필요하다고 봅니다. 만약 그러한 고민을 해도 교사를 계속할 자신이 없다면 선생님이 살아가는 데 보람을 느낄 만한 다른 것을 찾아 그것을 기준으로 삼고 노력하면서 살아가면 됩니다.

선생님과 마찬가지로 저 또한 처음부터 교사가 되려고 생각하지 않았습니다. 그러나 수능시험이 끝난 후 아버지의 사업 실패, 원하는 대학의 불합격 등 좋지 않은 일이 계속 일어났습니다. 안정적인 직장을 갖길 원하는 아버지의 뜻에 따라 저는 교육대학교에 들어갔습니다. 그러나 학교를 다니면서 점점 회의감에 빠졌습니다. 특히 장구, 단소, 무용 등의 수업은 정말 견디기 어려웠습니다. 결국 저는 3학년 1학기 과정을 마치고 군대를 갔습니다. 일단 군대로 도망쳐 시간을 벌면서 다양한 자격증을 획득하고 공부를 해서 다른 대학에 진학하려 했습니다.

군대 제대 후 1년간 다양한 활동을 하며 돈을 벌었는데, 대학은 졸업하라는 부모님의 권유로 결국 교육대학교에 다시 복학했습니다. 집안 형편도 다시 회복되었기 때문에 남은 3학기를 마친 후 다른 진로를 찾으려고 생각했습니다. 그런데 실습 기간에 학생들을 가르치면서 생각이 바뀌었습니다. 실습 기간 동안 학교에서 아이들과 함께하는 시간이 행복하고 즐거웠습니다. 제가 아이들을 좋아한다는 사실을 그때 처음 깨달았습니다. 그 후 아이들을 행복하게 해 주는 선생님이 되겠다는 다짐을 했습니다. 임용시험에 합격한 후 제가 생각했던 학교의 모습과 현실은 많이 달랐습니다. 많은 업무와 학부모 민원 등 매일 다양한 일들이 저를 힘들게 했습니다. 하지만 학생을 행복하게 해 주는 교사가 되겠다는 마음가짐은 변치 않았고, 그 힘으로 지금까지 교직 생활을 이어 가고 있습니다.

『사기』에 등장하는 인물들은 대부분 불운한 인생을 살았지만 그들은 좌절하지 않고 인생의 기준을 만들어 목표를 향해 한 걸음씩 나아가는 모습을 보여 줬습니다. 「공자 세가」에서 한평생 쓰임을 받지 못해 고생만 하며 여러 나라를 유랑하고 있는 공자에게 제자 자로子路가

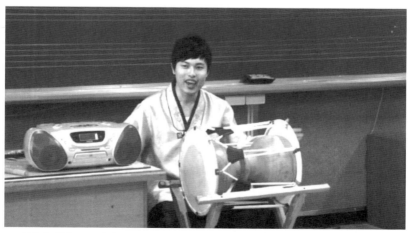

실습은 처음으로 아이들을 사랑한다는 마음을 깨닫게 해 준 소중한 시간이었습니다.

묻습니다. "군자도 곤궁할 때가 있습니까?" 그러자 공자는 자로에게 다시 묻습니다.

"우리는 지금 풀이 죽은 짐승들처럼 이리저리 헤매고 있다. 이렇게까지 된 것은 우리의 신념이 잘못됐기 때문이냐?"

그러자 제자 자공이 답했다.

"선생님의 주장하는 바가 너무 크기 때문에 천하가 선생님을 받아들이지 못하는 것입니다. 선생님께서는 어째서 현실과 타협하지 않는 것입니까?"

공자가 답했다.

"좋은, 농부가 농사를 잘 짓는다고 해서 좋은 수확을 거두는 것은 아니고, 솜씨 좋은 장인이 뛰어난 솜씨를 가졌다 하더라도 다른 사람의 마음에 꼭 들게 만드는 것은 아니다. 군자가 자신의 도를 잘 닦아서 일목요연하고 조리 있게 잘 갖추어 놓았다고 해서 반드시 받아들여지는 것은 아니다. 지금 너는 너의 도를 닦지 않고 받아들여지기만을 원하는구나. 좀 더 큰 뜻을 갖도록 하거라."

공자는 같은 질문을 안연에게 했다. 그러자 안연이 대답했다.

"선생님의 도가 지극히 크기 때문에 천하가 선생님을 받아들이지 못하는 것입니다. 그렇지만 선생님께서 그것을 계속 밀고 나가 실행하신다면 받아들여지지 못하는 것이 무슨 걱정입니까? 받아들여지지 못한 다음에야 비로소 군자임이 드러나는 것입니다.

무릇 도를 닦지 않은 것은 나의 부끄러움이지만, 도를 크게 닦아 놓았는데도 쓰이지 못하는 것은 나라의 부끄러움입니다. 받아들여지지 못하는 것이 무슨 걱정입니까? 받아들여지지 못한 다음에야 비로소 군자임이 드러나는 것입니다."

공자는 안연의 말을 마음으로 받아들이며 웃었다.

-「공자 세가」

승진하기 위해, 돈을 벌기 위해 학교에서 겪는 어려움을 견디며 교직 생활을 지내는 현실적인 인생 기준도 나쁘지 않습니다. 이보다 한층 더 뜻을 높이 가지고 교직 생활을 지내는 것도 좋습니다. 교직 생활을 지탱하는 기준을 여러 가지 마련하여 지내는 것도 좋은 방법일 수 있습니다. 선생님에게 가장 필요한 일은 교직 생활 혹은 선생님의 삶에 대한 선생님만의 '인생 기준'을 세우는 것입니다. 주변 환경에 휘둘리지 않도록 선생님의 분명한 기준과 목표를 찾길 기대하겠습니다.

사마천 『사기』를 소개합니다

사마천은 궁형이라는 치욕을 감내하고
『사기』를 완성한다.

동양 역사서 중 최고로 손꼽히는 『사기』는 사마천司馬遷이 B.C. 91년에 완성한 역사서입니다

『사기』는 중국의 오제 시대부터 한 무제 시대까지 약 이천 년간의 역사를 기전체紀傳體[27] 형식으로 기록했습니다, 기전체라는 역사 서술 방식은 『사기』에서 처음 시도되었으며, 후세 역사 서술의 기본이 되고 있습니다. 중국 역사는 각 왕조마다 공식적으로 인정하는 역사서가 있습니다. 청나라에 이르러 24개의 역사서를 지정했는데 매 왕조마다 정사의 으뜸은 『사기』였습니다.

『사기』는 황제의 역사를 다룬 「본기本紀」 12편, 주요 사건의 연대를 기록한 「표表」 10편, 당대의 풍속과 제도를 다룬 「서書」 8편, 제후들의 일대기를 다룬 「세가世家」 30편, 그리고 세상에 이름을 떨친 인물들과

---

27. 인물 중심으로 서술하는 전통적 역사 서술법.

이민족의 역사까지 다룬 「열전列傳」 70편 총 130편으로 구성되어 있고, 52만 6,500자로 이루어져 있습니다. 사마천은 글자 수까지 밝히면서 자신의 저술에 어떠한 수정도 원하지 않았지만 후세 역사가들은 그 말을 따르지 않고 조금씩 내용을 추가했습니다.

사마천이 관직에 있던 당시에 한나라는 흉노와 지속적으로 전쟁을 벌이고 있었습니다. 그런데 전쟁에 패배한 한나라 이릉李陵 장군이 흉노에게 투항하는 사건이 발생했습니다. 분노한 무제武帝는 이릉의 가족을 몰살하려 했습니다. 그때 사마천은 이릉의 죄를 용서하고 나중에 나라를 위해 보답할 수 있도록 기회를 줘야 한다고 변호했습니다. 평소 사마천은 이릉 장군과는 아무런 친분이 없지만 평소 그의 성품을 잘 알고 있었기 때문에 적극적으로 그를 변호했습니다.

그러나 그 말을 들은 무제는 크게 분노했고, 사마천을 극형으로 다스렸습니다. 극형에 처해진 사마천은 사형, 50만 전의 막대한 벌금, 성기를 제거하는 궁형 이렇게 세 가지 중 하나를 선택해야 했습니다. 그 당시 극형에 처해진 사람들 중 부유한 사람들은 벌금을 선택하지만 그렇지 않은 사람들은 사형을 선택했습니다. 왜냐하면 궁형을 받으면 회복해서 살 수 있는 가능성이 희박했고, 살아 있어도 너무 치욕스럽고 고통스럽기 때문입니다. 하지만 사마천은 아버지 사마담司馬談의 '역사서를 완성해 달라'라는 유언을 지키기 위해 치욕을 감내하고 궁형을 받았습니다. 사마천은 궁형을 받은 후 "이것이 내 죄인가? 이것이 내 죄인가? 몸이 망가져 쓸모없게 되었구나"라며 한탄을 합니다. 그리고 열전 첫 편인 「백이 열전」에서 다음과 같이 자신의 속마음을 드러냅니다.

노자는 다음과 같이 말했다.

"하늘의 도는 치우침이 없어, 늘 좋은 사람을 돕는다."
하지만 백이나 숙제는 인덕을 쌓고 착하게 행동했으니 좋은 사람이라고 할 수 있는데 굶어 죽었다. 그리고 공자는 70명 제자들 중 안연이 배움을 좋아한다고 칭찬했다. 그러나 안연은 평생 빈곤하게 살았고, 술지게미 같은 음식도 마다 않다가 끝내 요절했다. 하늘이 착한 사람을 도와준다면 어찌 이럴 수가 있는가?

하지만 도척이라는 사람은 날마다 무고한 사람을 죽이고 사람 고기를 회를 쳐서 먹으며, 포악한 짓을 멋대로 저지르고 수천 명의 패거리를 모아 천하를 마구 휘젓고 다녔지만 결과는 천수를 누리고 죽었다. 이것은 무슨 덕을 따르는 것인가? 이런 사례들은 매우 많다.

요즘에도 행동이 도를 벗어나고 오로지 금기시하는 일만 저지르고도 평생토록 즐겁게 살고 부귀가 대대로 끊이지 않는 사람들이 있다. 반면에 땅을 골라서 밟고, 때를 봐 가며 말을 하고, 지름길로 가지 않고, 공정하지 않아도 참고 분을 터뜨리지 않았는데도 재앙을 만난 사람의 수는 헤아릴 수 없을 만큼 많다. 나는 몹시 곤혹스럽다. 이른바 하늘의 도가 정말 존재하는 것인가?

─「백이 열전」

착한 사람은 상을 받고, 악한 사람은 벌을 받는 것이 당연한 이치라고 생각할 수 있지만 세상을 살다 보면 그렇지 않은 경우가 매우 많습니다. 사마천 본인도 억울하게 궁형을 받았기 때문에 자신이 받은 벌이 과연 올바른 것인지 원망하는 마음을 털어놓습니다. 하지만 그는 세상을 원망하는 마음에서 벗어나 자신의 사명을 깨닫고 역사가의 길을 걷겠다고 아래와 같이 밝힙니다.

백이와 숙제가 비록 어진 사람들이긴 했지만 공자가 그들을 언급해서 그 이름이 더욱 드러났다. 안연이 공부에 독실하긴 했지만 공자를 통해 그 행동이 더욱 뚜렷해졌다. 동굴이나 바위에서 숨어 사는 선비들은 때를 보아 나아가고 물러나지만 그 훌륭한 명성은 연기처럼 사라져 입에 오르지 않았으니 서글프구나! 시골에 묻혀 사는 사람 중에 덕행을 갈고닦아 명성을 세우고자 하는 사람이라도 지고한 선비를 만나지 못한다면 어찌 후세에 명성을 남길 수 있겠는가?

−「백이 열전」

사마천은 자신의 붓으로 세상에서 억압받고 잊힌 인물들을 발굴하여 역사라는 이름으로 그들을 후세에 전하려 했던 것입니다. 그래서 사마천은 『사기』에서 황제와 신하, 영웅과 권세가와 같이 기존에 다뤘던 역사 인물뿐만 아니라 상인과 농사꾼, 심지어 자객과 도굴꾼까지 모든 종류의 인간을 기록했습니다. 『사기』를 통해 인간 본연의 모습과 사회 현상 등 모든 것을 담아내려 했습니다.

『사기』는 완성된 이후 이천 년간 제대로 된 평가를 받지 못했습니다. 심지어 세상을 어지럽히는 책이라는 난서亂嶼로 불렸습니다. 「본기』의 전반부는 역사적인 근거가 없는 신화나 설화로 평가되었고, 『사기』의 다른 이야기는 군주를 비판한 내용이 많았기 때문입니다.

　사마천 본인도 『사기』가 훼손될까 두려워 "정본正本은 명산名山에 깊이 간직하고 부본副本은 수도에 두어 후세 성인군자들의 열람을 기다린다"라고 언급했습니다. 실제로 한 무제는 사마천이 『사기』에서 자신의 아버지인 경제와 자신의 치부를 신랄하게 비판한 것을 보고 매우 노여워하며 「효경 본기」와 「효무 본기」를 폐기하도록 지시했습니다. 그리하여 『사기』는 그것이 완성된 전한 시대 때부터 오랫동안 왕실과 역사가들에게 소외된 채 몇 세기를 보내야 했습니다.

　시간이 지나면서 『사기』에 대한 평가는 높아지기 시작했습니다. 심지어 당나라 때에는 관리 임용 시험 과목에 들어갈 정도였습니다. 그리고 19세기 상(은)나라 유적과 진시황릉이 발굴되면서 『사기』의 신뢰성이 입증되기 시작했습니다. 세상을 어지럽히는 책이 아닌 세상을 밝히는 책으로 『사기』에 대한 사람들의 생각은 조금씩 변하기 시작했습니다. 현재 『사기』에 대한 부정적인 평가는 점점 사라지고 이천 년이 지난 오늘날까지 위대한 역사 고전으로 칭송받고 있습니다.

『사기』에 등장하는 역사 배경지식

『사기』는 신화로 여겨지는 오제 시대와 하나라부터 시작하여 상(은)나라, 주나라 그리고 춘추전국시대와 진나라, 한나라(7대 무제)까지의 역사를 기록했습니다. 본 책의 내용 이해를 돕기 위해 사마천 『사기』에 나오는 역사를 간략하게 소개하겠습니다.

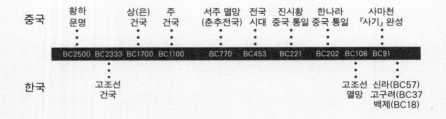

오제五帝 시대

오제五帝는 전설 속의 인물로 황제헌원黃帝軒轅, 전욱顓頊, 제곡帝嚳, 요堯, 순舜 다섯 명의 왕을 일컫는 말입니다. 황제헌원은 중국인에게 한국의 단군과 같은 존재입니다. 그는 우물과 수레, 신발, 달력 등 여러 가지 물건을 발명하여 백성들을 이롭게 했다고 합니다.

전한의 학자 유향이 쓴 역사책 『전국』에는 "황제헌원이 탁록涿鹿을 정벌하여 치우蚩尤를 잡았다"라는 내용이 등장합니다. 황제헌원은 탁록 전투에서 승리하여 중원이라는 영토를 지켰고, 중원에서 중국인들이 번영할 수 있는 기틀을 닦았습니다. 황제헌원뿐만 아니라 나머지 왕들도 각자 뛰어난 업적을 남겼고, 중국을 평화롭게 다스렸습니다. 특히 요 임금, 순 임금 시대에 나라를 잘 다스려 가장 평화로웠다고 합니다. 그래서 중국인들은 태평성대를 일컫는 말로 요순시대堯舜時代라는 말을 사용합니다.

요 임금은 칠십 년 동안 왕위에 올라 나라를 잘 다스렸으며 중화사상의 기틀을 마련했습니다. 이후 요 임금은 여러 사람의 추천을 받아들여 순에게 왕위를 물려줍니다.

순 임금은 어릴 적 자신을 죽이려고 한 부모를 정성껏 모셔 부모를 감화시킬 정도로 인품이 뛰어났다고 알려졌습니다. 순 임금은 즉위한 후 여러 제도를 정비하고 예절문화의 기틀을 다졌습니다. 이후 순 임금은 우 임금에게 왕위를 물려줍니다.

요 임금과 순 임금은 왕위를 선양하는 형식으로 물려줍니다. 선양은 임금의 자리를 핏줄이 아닌 훌륭한 사람에게 물려준다는 뜻입니다. 그러나 선양의 전통은 순 임금에서 끝이 나고 우 임금부터 중국 최초의 세습왕조가 시작되어 하나라 시대가 열립니다.

요 임금(왼쪽)과 순 임금(오른쪽). 두 임금의 이름인 요순을 붙여 만든 요순시대는 동양에서 태평성대를 만든 성군의 대명사로 불린다.

하夏·상商·주周나라 시대

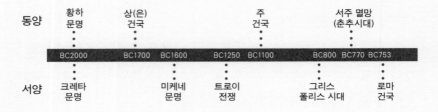

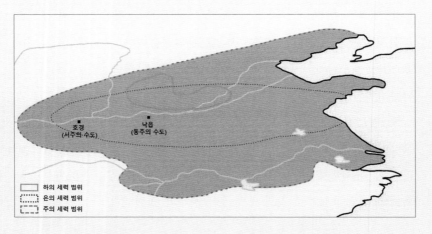

하나라는 아직 확실한 유적이 발견되지 못했기 때문에 역사적으로 인정받지 못하고 있습니다. 그런데 『사기』의 기록에 따르면 하나라 우禹 임금은 황하의 치수사업에 성공한 업적을 바탕으로 순 임금의 뒤를 이어 왕위에 올랐다고 합니다.

하나라는 B.C. 21세기부터 B.C. 17세기까지 이어집니다. 하나라의 마지막 왕인 걸왕桀王은 중국 역사상 가장 유명한 폭군 중 한 명입니다. 그는 말희妹喜라는 미녀와 함께 주지육림酒池肉林이라는 향락에 빠지고 백성들을 억압했습니다. 주지육림은 술로 연못을 만들고 고기로 숲을 만든다는 뜻으로 현재까지 사치스러움의 대명사로 일컫고 있습니다. 결국, 하 왕조는 걸왕을 끝으로 멸망하고 탕湯 임금이 새로운 나라를 세웁니다. 이를 상나라라고 부르며, 은허 지역에서 상나라의 유적이 발견되어 은나라라고도 불립니다.

상나라도 유적이 발견되기 전까지 그저 『사기』에 기록된 전설 속의 나라로 알려졌는데, 19세기 은허 지역에서 상나라의 유적이 발견되면서 『사기』의 신뢰성이 입증되었습니다. 상나라의 대표적인 유적으로는 갑골문자가 있습니다.

갑골문자는 거북의 등 껍데기에 기록된 문자로 고대의 한자 형태와 상나라의 많은 역사적 사건을 알려주고 있습니다. 상나라는 청동기 시대의 국가로 B.C. 1600년~B.C. 1046년까지 이어집니다.

갑골문자. 한자의 가장 오래된 형태인 갑골문자의 발견으로 전설로만 여겨지던 은나라가 역사적으로 실증되었다.

상나라는 탕 임금부터 시작하여 마지막 임금인 주紂왕까지 다스립니다. 하나라의 걸왕처럼 주왕에게도 달기妲己라는 여인이 있었습니다. 주왕과 달기는 주지육림의 향락과 포락지형炮烙之形이라는 잔인한 형벌을 통해 나라를 멸망하게 만듭니다. 포락지형은 구리 기둥을 불로 달군 후 맨발로 그 위를 걷게 하는 형벌로 많은 신하들과 백성들을 죽

강태공과 문왕. 때를 기다리며 세월을 낚고 있던 강태공은 문왕에게 등용되어 주 왕조를 여는 데 큰 역할을 한다.

였습니다. 하나라의 걸왕, 상나라의 주왕의 이름을 합쳐 걸주桀紂라고 부르는데 이 말은 폭군과 학정의 대명사입니다. 태평성대의 뜻으로 사용한 요순과는 반대말이라고 보면 됩니다.

상나라 주왕이 폭정을 일삼는 동안 상나라의 신하 서백(훗날 문왕)은 자신의 지역을 훌륭하게 다스리고 있었습니다. 서백西伯은 주왕의 폭정을 멈추기 위해 자신의 땅에서 힘을 키웁니다. 덕이 있는 통치를 통해 주변 사람들의 신임을 얻고 강태공姜太公과 같은 유능한 인재를 등용합니다. 서백은 병을 얻어 뜻을 이루지 못하고 죽지만 그의 아들 무왕武王이 목야 전투에서 상나라 주왕의 군대를 물리치고 상나라를 멸망시킵니다. 이때 무왕의 동생 주공 단周公 旦과 소공 석召公 奭 그리고 재상 강태공은 무왕을 도와 상나라를 멸망시키고 주 왕조(B.C. 1046년 ~B.C. 770년)를 여는 데 큰 역할을 합니다.

주나라의 지배력이 안정되지 않은 상태에서 무왕은 은나라를 멸망시킨 후 6년 만에 죽게 됩니다. 그리고 무왕의 어린 아들 성왕成王이 왕위에 오르는데, 무왕의 동생이자 성왕의 숙부인 주공 단은 성왕이 장성할 때까지 섭정을 하여 주나라를 안정시킵니다. 당시 어린 성왕에게는 친삼촌이 8명이나 있어 왕권이 불안정한 상태였습니다. 실제로 그들 중 몇 명은 반란까지 일으킵니다. 하지만 주공은 반란을 신속하게 진압하고 섭정 기간 동안 봉건제 등을 실시하여 주나라의 정치·사회·행정 제도의 기틀을 마련합니다.

주나라는 하나라, 상나라에 비해 영토가 크게 넓어집니다. 영토가 넓어지자 주나라는 중앙의 권력으로 전체 지역을 통제하기 어려워집니다. 그래서 왕실 사람들과 공신들에게 땅을 나눠 주고 그 지역을 다스릴 수 있는 지배권을 주었는데 이를 봉건제라고 부릅니다. 영토를 받은 제후들은 주나라 왕실을 보호하고 군대와 세금을 내는 의무를 갖습니다.

주나라는 서주 시대와 동주 시대로 구분할 수 있습니다. 주 왕조를 건국한 1대 무왕에서 시작하여 견융족의 침입으로 살해당한 12대 유왕幽王까지를 서주 시대라고 하며, 이후 13대 평왕平王에서 시작하여 37대 난왕赧王까지를 동주 시대라고 부릅니다. 서주 시대의 주나라 수도는 호경이었으나 견융족의 침입으로 수도가 함락되고, 동주 시대에는 수도를 동쪽의 낙읍으로 옮깁니다. 그리고 서주 시대는 주나라의 힘이 강력해서 각 지역의 제후들에게 큰 영향력을 행사할 수 있었으나, 동주 시대에는 주나라의 권위가 극도로 미약해져 제후들에게 영향력을 행사할 수 없었습니다. 동주 시대는 우리가 흔히 알고 있는 춘추전국 시대라고 불립니다.

주나라는 초대 무왕부터 6대 공왕共王까지 계속 발전했습니다. 이들은 주나라의 통치 질서를 만들고 어진 정치를 펼쳤으며 영토를 확장했지만, 10대 여왕厲王에 이르러 주나라는 크게 쇠퇴합니다. 여왕은 간신들과 함께 세금을 올리고 폭압적인 정치로 백성들을 힘들게 했습니다. 결국 중국 최초의 민중 폭동인 국인 폭동이 발생하고 여왕은 수도 호경을 탈출해 멀리 피신하게 됩니다. 이후 주나라는 신하들이 대신 국정을 운영하는 공화제가 시행됩니다. 왕 없이 신하들이 국정을 운영하는 공화제는 B.C. 841년에 시작하여 여왕의 아들인 선왕宣王이 즉위하는 B.C. 828년까지 14년간 지속됩니다.

국인 폭동 이후 주나라 왕실의 권위는 크게 약해지며 국력도 쇠퇴하게 됩니다. 그리고 서주 시대의 마지막 왕인 12대 유왕은 애첩 포사褒姒에게 미혹되어 국정을 소홀히 하고 제후들의 신뢰를 잃게 됩니다. 유왕의 애첩인 포사는 웃음이 없는 여자였습니다. 그래서 유왕은 포사를 웃게 하려고 많은 노력을 기울였는데 매번 실패했습니다. 그러던 어느 날 나라의 위급을 알리는 봉수가 실수로 울린 적이 있었습니다. 그때 각 지역의 제후들이 허겁지겁 군사를 모아 달려왔는데 그 모습을 본 포사는 웃음을 보였다고 합니다.

이후 유왕은 포사를 웃게 하려고 같은 행동을 반복했습니다. 그러자 제후들은 더 이상 유왕을 믿지 않았습니다. 결국 서쪽 지역의 견융족이 침입했을 때 제후들은 주나라를 돕기 위해 나타나지 않았습니다. 견융족의 침입으로 수도 호경은 함락되고 유왕이 살해되면서 주나라의 서주 시대는 역사의 뒤안길로 사라지게 됩니다. 겨우 살아남은 주 왕실의 사람들은 동쪽 낙읍으로 피신하면서 동주 시대(B.C. 770년 ~B.C. 256년), 즉 춘추전국시대가 시작됩니다.

동주 시대에 이르러 주 왕실은 제후국들에 대한 실질적인 통제력을 상실하게 됩니다. 그리고 수많은 국가들이 등장했다 사라지는 것을 반복하게 되는데 이를 춘추전국시대라고 부릅니다.

춘추春秋는 공자가 쓴 역사책인 『춘추』에서 나온 말이며 전국戰國은 전한의 학자 유향이 쓴 역사책인 『전국』에서 따온 말입니다. 춘추전국시대는 다시 춘추시대와 전국시대로 나눌 수 있습니다. 춘추전국시대를 나누는 기준은 춘추시대의 강력한 제후국인 진晉나라가 한韓, 위魏, 조趙 세 나라로 분열되는 B.C. 453년을 기준으로 합니다.

춘추시대에는 명목상으로 주 왕실의 권위를 인정하지만 전국시대에 들어서면 주 왕실의 권위를 인정하지 않습니다. 그래서 춘추시대의 많은 제후국들은 왕이라는 호칭 대신 공公, 후候 등을 사용했는데 전국시대에는 대부분 왕이라는 호칭을 사용합니다.

주나라는 전국시대에 명맥만 유지하다 B.C. 250년 진秦나라의 진시황에 의해 멸망합니다.

춘추春秋시대

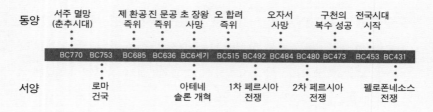

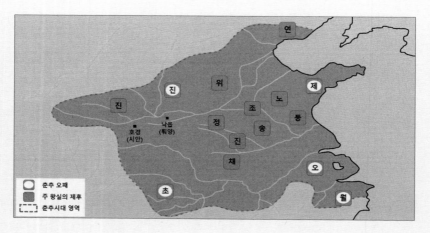

춘추시대에는 수많은 나라들이 등장과 멸망을 반복합니다. 이 시대에는 각 나라들이 생존을 위해 치열하게 각자의 역량을 키웠습니다. 그리고 제자백가諸子百家라고 표현되는 많은 학자들이 등장하여 다양한 학파를 이루고 중국의 학문과 사상을 발전시켰습니다. 공자孔子, 맹자孟子, 노자老子 등 춘추시대부터 전국시대까지 이어진 제자백가의 사상은 동양철학의 근본을 이루며 현대에도 큰 영향을 주고 있습니다.

춘추시대는 가장 강력한 제후국이 주나라를 대신해 제후국들을 다스립니다. 그 당시 가장 대표적인 다섯 제후국을 춘추오패春秋五霸라고 하고, 춘추오패의 지도자를 패자覇者라고 부릅니다. 패자는 제후국들의 모임인 회맹을 통해 주나라를 대신하여 천하를 대표하는 지도자로 뽑힙니다. 그리고 명목상으로 주 왕실에서 권위를 인정받아 패자의 지위를 얻게 됩니다. 춘추오패가 누구인지는 기록에 따라 다릅니다.

『사기史記』: 제 환공, 진 목공, 진 문공, 송 양공, 초 장왕
『백호통白虎通』: 제 환공, 진 목공, 진 문공, 초 장왕, 오 합려
『한서주漢書注』: 제 환공, 진 목공, 진 문공, 송 양공, 오 부차
『순자荀子』: 제 환공, 진 문공, 초 장왕, 오 합려, 월 구천
『사통辭通』: 정 장공, 제 환공, 진 목공, 진 문공, 초 장왕

이렇게 학자마다 의견이 엇갈리지만 여기서는 시대 흐름에 따라 제 환공桓公, 진 문공文公, 초 장왕莊王, 오 합려闔閭, 월 구천句踐 이렇게 다섯 명을 살펴보면서 춘추시대의 흐름을 이야기해 보겠습니다.

제齊나라 환공은 관포지교管鮑之交[28]로 유명한 관중管仲과 포숙鮑叔의 도움으로 춘추시대 첫 번째 패자의 지위에 오른 인물입니다.

환공이 즉위하기 전 관중은 환공의 반대편에 있는 주군을 섬겼습니다. 관중은 자신이 섬기는 왕자 규糾를 왕으로 앉히기 위해 환공을 죽이려 했습니다. 관중은 환공에게 활을 쏘았고 환공은 화살에 맞고 쓰러졌습니다. 이를 본 관중과 왕자 규는 방심하였습니다. 하지만 관

---

28. 서로 이해하고 믿으며 정답게 지내는 깊은 우정.

환공(왼쪽)과 관중(오른쪽). 제나라 환공은 관중을 재상으로 임명하여 춘추시대의 첫 번째 패자 자리를 차지한다.

중이 쏜 화살이 맞힌 곳은 환공의 청동 버클이었고, 환공은 목숨을 건지게 되었습니다. 환공은 재빠르게 궁궐로 가서 왕위에 올랐습니다. 왕위에 오른 환공은 자신을 죽이려 한 관중을 처형하려 했습니다. 그러자 환공의 즉위에 큰 도움을 준 포숙은 관중을 살리기 위해 환공을 설득하였습니다. 천하를 지배하는 패자가 되려면 관중을 등용하라는 포숙의 말을 받아들여 환공은 관중을 재상의 자리에 앉혔습니다. 그 후 관중의 뛰어난 정치력으로 환공은 40여 년을 천하의 패자로 군림하게 됩니다.

환공에 이어 두 번째 패자가 된 인물은 진晉나라 문공[29]입니다. 진나라의 왕자인 문공은 진나라의 권력 다툼을 피해 19년 동안 망명생활을 하며 갖은 고생을 했습니다. 그리고 그는 진秦나라 목공穆公의 도움으로 62세의 나이에 왕위에 올랐습니다. 훌륭한 인품을 지닌 문공은 19년이라는 긴 세월 동안 다른 나라에서 망명생활을 했지만 그를 따

---

29. 춘추시대에는 진(晉)나라, 진(秦)나라, 진(陳)나라 등 진나라로 불리는 여러 나라가 있었다.

르는 많은 신하들은 끝까지 그를 배신하지 않습니다. 세월이 지난 후 자신과 함께 고생한 신하들의 도움으로 왕위를 차지했고 9년이라는 짧은 재위 기간에 진나라를 강국으로 만들었습니다. 그리고 B.C. 632년 초나라와의 성복 전투에서 승리하여 패자의 지위를 얻습니다.

다음으로 세 번째 패자는 초楚나라 장왕입니다. 초나라는 주나라의 제후국이지만 황하 문명 중심의 중원으로 보면 남쪽 지역의 외딴곳에 있는 국가였습니다. 땅은 제후국 중 가장 컸지만 남방 이민족들과의 다툼이 많았으며 인구도 많지 않았습니다. 그런 초나라가 성왕의 등장으로 크게 발전했는데, 성왕成王과 목왕穆王에 이어 왕위에 오른 장왕은 즉위한 후 3년 동안 아무것도 하지 않은 채 향락에 빠집니다. 그러자 부정부패를 일삼는 간신들이 넘쳐나고 나라는 엉망인 상태에 이르렀습니다. 그런데 3년이 지난 후 장왕은 놀기를 멈추고 간신들을 모두 숙청합니다. 사실 장왕은 3년이라는 기간 동안 향락에 빠진 척하면서 신하들의 모습을 보며 충신과 간신을 가려냈던 것입니다. 초나라 장왕은 현명한 인재 등용과 왕권 강화로 초나라를 강국으로 발전시켰고, 강력한 군사력을 통해 중원의 패권을 장악하였습니다.

다음은 오월동주로 유명한 오吳나라와 월越나라입니다. 네 번째 패자인 오나라 합려는 천재 전략가 오자서伍子胥, 손자병법을 만든 손무孫武의 도움으로 나라의 힘을 키웠고, 초나라의 수도를 함락시켜 오나라 세력을 중원까지 넓힙니다. 합려가 패자가 되는 데 큰 공을 세운 오자서는 원래 초나라 사람입니다. 아버지와 형이 초나라 평왕平王에 의해 살해당하자 복수를 기약하며 오나라에 갔습니다. 그는 합려를 도와 초나라의 수도를 함락하고 자신의 원수인 평왕의 묘를 찾아 그의 시체에 300번 채찍질을 하며 복수를 끝냈습니다. 이후 합려는 월나라를 공격하다 패배하고, 이때 상처를 입어 죽고 맙니다.

합려의 아들 부차夫差는 아버지의 복수를 위해 땔나무 위에서 잠을 자며 와신臥薪의 생활을 합니다. 그러다 부차는 군대를 이끌고 월나라와의 전투에서 대승을 거둡니다. 패배한 월나라 왕 구천은 부차에게 납작 엎드리며 충성을 맹세합니다. 오자서는 구천을 죽이라고 간언하지만 자만심에 빠진 부차는 구천을 살려 줍니다. 그리고 충신 오자서를 멀리하고 간신 백비伯嚭와 가까이 지냅니다. 결국 오자서는 백비의 모함으로 죽임을 당합니다.

한편, 오나라와의 전쟁에서 패배한 구천은 복수를 다짐합니다. 구천은 매일 앉거나 누워 있거나 쓸개를 바라보고 맛보는 상담嘗膽의 생활을 합니다. 와신상담臥薪嘗膽은 복수를 위해 온갖 괴로움을 참은 오나라 왕 부차와 월나라 왕 구천의 행동을 함께 일컫는 고사성어입니다. 월나라 왕 구천은 범려范蠡와 문종文種과 같은 유능한 신하들과 함께 나라의 힘을 키웁니다. 한편 월나라를 물리치고 복수를 끝낸 부차는 자만에 빠지고, 부차는 패자의 지위를 얻기 위한 회맹에 참가하기 위해 나라를 비우게 됩니다. 그때 구천은 군대를 이끌고 오나라를 공격하여 큰 승리를 거둡니다. 그리고 4년 후 다시 오나라를 공격하여 부차를 죽이고 오나라를 멸망시킵니다.

전국戰國시대

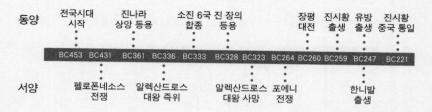

동양	전국시대 시작		진나라 상앙 등용			소진 6국 합종	진 장의 등용			장평 대전	진시황 출생	유방 출생	진시황 중국 통일
	BC453	BC431	BC361	BC336	BC333	BC328	BC323	BC264	BC260	BC259	BC247	BC221
서양		펠로폰네소스 전쟁		알렉산드로스 대왕 즉위		알렉산드로스 대왕 사망	포에니 전쟁			한니발 출생			

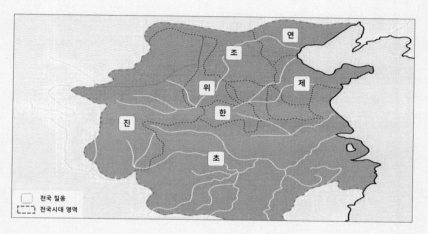

□ 전국 칠웅
┌┄┐ 전국시대 영역

　진 문공文公 이후 중원의 강대국으로 성장한 진晉나라는 춘추시대 말기 B.C. 453년 한韓, 위魏, 조趙 세 가문에 의해 나라가 분열됩니다. 50년 뒤 주나라는 이들을 정식 제후국으로 승인하고 진晉나라는 멸망하게 됩니다.

　전국시대에는 서쪽의 진秦, 중원의 한韓, 위魏, 조趙 동쪽의 제齊, 북쪽의 연燕, 남쪽의 초楚 이렇게 일곱 나라가 전국칠웅이라 불리며 활약합니다. 그리고 전국시대에는 일곱 개의 나라가 천하 통일을 위해 치열하게 다툽니다.

전국시대에는 철제 무기와 기병의 등장으로 전투력이 급격하게 향상되고 인구 증가로 인해 동원할 수 있는 병력도 크게 증가합니다. 전국시대 초기에는 위나라와 제나라가 강국으로 등장했지만, 그 뒤 상앙商鞅의 개혁으로 진나라의 힘이 비약적으로 발전합니다.

이후 가장 강력한 진나라와 나머지 여섯 나라가 대결하는 양상이 벌어집니다. 진나라를 제외한 여섯 나라는 소진蘇秦이라는 뛰어난 유세가에 의해 합종合縱[30]이라는 동맹을 맺어 진나라에 대항합니다. 하지만 진나라의 재상 장의張儀의 연횡連衡[31]이라는 작전으로 여섯 나라의 동맹은 오랫동안 지속하지 못하고 분열합니다.

시간이 흘러 진나라가 천하 통일의 기회를 잡은 결정적인 사건이 발생합니다. 이전까지 진나라는 동쪽의 조나라에 가로막혀 군대를 동쪽으로 진출시키지 못했습니다.

조나라는 염파廉頗와 인상여藺相如, 조사趙奢 같은 뛰어난 장군들이 진나라의 동쪽 진출을 가로막고 있었지만, 장평 전투에서 진나라는 조나라를 물리치고 조나라 병사 40만 명을 생매장합니다. 장평 전투 이후 조나라의 힘은 크게 약해지고 진나라는 여섯 나라를 차례대로 정복합니다. 마침내 B.C. 221년, 진나라는 진시황에 의해 천하를 통일하게 됩니다.

춘추전국시대 이전에 진나라는 오랑캐나 다름없는 변방국가 취급을 받았습니다. 진나라는 국력을 키운 뒤 서주를 멸망시킨 견융犬戎족

---

30. 진나라의 동쪽에 있는 6개의 국가가 남북 방향인 종(縱)으로 연합해 진나라에 대항하는 외교정책.
31. 6개 국가 중 하나가 서쪽의 진나라와 동서 방향인 횡(橫)으로 연합하여 다른 나라를 공격하자는 외교정책.

을 물리쳐 주나라의 중원 질서에 편입되었고, 전국시대에 이르러 크게 발전했습니다. 그 당시 진나라는 출신 국가와 상관없이 유능한 인재를 등용했습니다.

법가 사상에 기초한 개혁으로 진나라의 기틀을 마련한 상앙, 연횡책으로 여섯 나라의 동맹을 무너뜨린 장의, 가까운 곳을 공격하고 먼 국가와 동맹을 맺는 원교근공 정책으로 진나라의 영토를 넓힌 범저范且, 진시황의 천하 통일을 도운 여불

상앙. 법가 사상을 바탕으로 하는 개혁을 통해 진나라를 전국시대 강국으로 성장시킨다.

위呂不韋와 이사李斯 등은 모두 진나라 출신이 아니었습니다.

이렇듯 진나라는 출신 배경과 상관없이 능력 있는 인재를 적극적으로 등용하여 천하 통일을 이뤘습니다.

진秦나라 시대

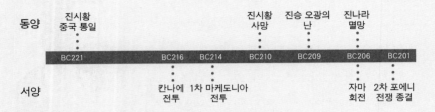

동양				진시황 중국 통일					진시황 사망	진승 오광의 난	진나라 멸망	
	BC221			BC216	BC214		BC210	BC209		BC206	BC201	
서양				칸나에 전투	1차 마케도니아 전투				자마 회전	2차 포에니 전쟁 종결	

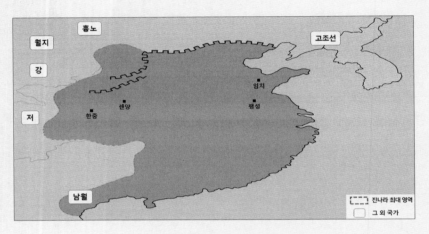

최초로 중국을 통일한 진시황秦始皇은 출신이 불분명합니다. 『사기』의 「진시황 본기」에는 장양왕莊襄王의 후손이라고 언급하지만 『사기』의 「여불위 열전」에서는 여불위의 아들이라고 적혀 있습니다. 진시황의 출생에 대해 이야기하면서 통일 이후 진나라의 역사를 소개하겠습니다.

춘추전국시대의 모든 나라는 상호 신뢰를 담보하기 위해 인질을 서로 주고받았습니다. 그리고 인질은 중요도에 따라 차별적인 대우를 받았습니다. 진시황의 아버지인 자초子楚(훗날 장양왕)는 어린 시절 조나라에 인질로 갔습니다. 진나라 왕자 안국군(훗날 효문왕)의 서자庶子인 자초는 중요도가 낮았기 때문에 가난과 고통 속에서 인질 생활을 했습니다. 그러던 어느 날 조나라의 부자 상인이었던 여불위呂不韋가 자초에게 접근했습니다. 여불위는 자초에게 막대한 돈을 지원하여 그를 왕위에 앉히려 했습니다.

이전에 설명했듯이 자초는 정실부인의 아들이 아니어서 안국군은 자초를 거들떠보지도 않았습니다. 그런데 안국군의 정실인 화양부인華陽夫人은 안국군의 사랑을 독차지했으나 아들이 없었던 화양부인은 항상 근심이 많았습니다. 안국군이 죽고 나면 자신의 처지가 불안정해지기 때문이었죠. 여불위는 이 틈을 노려 막대한 자금으로 화양부인에게 접근했고, 안국군이 죽은 이후에도 지위를 보장받으려면 자초를 양자로 삼아야 한다고 설득했습니다. 결국 화양부인은 자초를 양자로 삼고 자초는 안국군의 후계자가 됩니다.

「여불위 열전」에 따르면 자초는 여불위의 아이를 잉태하고 있는 애첩을 좋아하게 됩니다. 그래서 자초는 여불위에게 그녀를 달라고 요청하고 결국 그녀와 결혼합니다. 이후 안국군이 왕위에 오르자 자초는 자연스럽게 태자가 됩니다. 그런데 안국군이 재위에 오른 뒤 몇 년 후 죽자 자초가 왕위에 오릅니다. 자초도 즉위 3년 후 세상을 떠나고 그의 아들 영정(훗날 진시황)이 어린 나이에 왕위에 오릅니다. 그리하여 여불위는 왕을 대신해 섭정을 하는데, 작은아버지를 뜻하는 중부仲父로 불리며 막강한 권세를 누리게 됩니다.

하지만 장양왕의 아내이자 진시황의 어머니인 태후의 욕정으로 인해 여불위의 비극이 시작됩니다. 장양왕이 죽은 뒤 태후와 부적절한

진시황. 중국을 최초로 통일한 진시황은 불로장생의 욕망
에 사로잡혀 비참한 최후를 맞이한다.

관계를 맺고 있던 여불위는 진시황이 성장하면서 불안에 휩싸입니다.
진시황이 자신과 태후의 관계를 알아차리면 큰일이 나기 때문입니다.
그래서 거대한 남근으로 저잣거리에서 유명한 노애嫪毐라는 남자를 내
시로 변장시켜 태후에게 소개합니다. 태후는 노애와 부적절한 관계를
맺게 되고, 결국 아이를 잉태합니다. 그리고 진시황에 의해 태후와 노
애의 행각이 발각되자 노애는 반란을 일으킵니다. 반란은 결국 진시
황에 의해 진압되고 노애는 죽임을 당합니다. 그때 진시황은 여불위에
게도 책임을 물어 자결을 명합니다. 이 사건 이후 진시황은 진나라의
모든 권력을 장악합니다.

진시황은 분열된 중국을 통일한 최초의 황제입니다. 그는 중국의 문자와 화폐, 도량형을 통일했고 각종 제도 및 도로를 정비했으며 군현제[32]를 실시하여 진나라를 강력한 중앙집권 국가로 만들었습니다. 주나라가 실시한 봉건 제도와 달리 군현제는 군주가 직접 관리를 파견하여 다스리는 제도인데, 왕권이 약한 이전에는 상상할 수 없던 제도였습니다. 그만큼 진시황의 힘이 강했다는 것을 나타냅니다.

천하를 통일해 강력한 제국을 다스린 진나라는 진시황 사후 4년 만에 멸망합니다. 춘추시대와 전국시대에 계속된 끊임없는 전쟁에 지친 백성들은 진나라의 통일 이후에는 안정된 삶을 살 수 있으리라 기대했습니다.

하지만 만리장성과 아방궁 건설 등 힘든 노역은 끊이지 않았고, 통일 이전보다 더 엄격하게 법을 집행하여 백성들의 삶을 더 힘들게 했습니다.

두 번째 황제 호혜胡亥는 환관 조고趙高와 함께 폭정과 만행을 멈추지 않았습니다. 결국 전국에서 반란이 일어나고, 항우項羽가 진나라의 세 번째 군주 자영子嬰을 죽이면서 진나라는 멸망하게 됩니다.

---

32. 황제가 임명한 관리를 통해 나라를 다스리는 제도.

초한楚漢시대

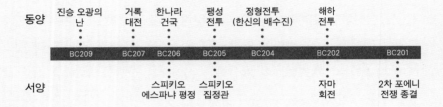

진나라는 춘추전국시대의 분열을 끝내고 중국을 통일합니다. 그러나 무리한 토목 공사와 강압적인 정책으로 진나라의 천하 통일은 곧 멸망으로 이어집니다.

진시황이 죽고 그의 아들인 자영이 즉위했으나 백성들에 대한 탄압은 더욱 심해집니다. 이를 견디지 못한 진승陳勝과 오광吳廣은 진나라에 대항하여 반란을 일으킵니다. "왕후장상王侯將相의 씨가 어찌 따로 있단 말인가?"라는 말로 유명한 진승과 오광의 반란은 순식간에 전국적으로 퍼지게 됩니다. 진나라는 진승과 오광의 반란을 진압했지만, 이미 반란이 전국적으로 퍼져 있었기에 군사적으로 통제할 수 없는 상황에 이릅니다. 그리고 항우項羽가 이끄는 초나라의 군대가 진나라 장한章邯의 군대를 거록 지역에서 격파하면서 진나라는 힘을 잃게 됩니다.

초한시대의 대표적인 인물은 항우와 유방劉邦입니다.

항우는 초나라 장군 항연項燕의 손자로 삼촌 항량項梁과 함께 진나라에 대항하여 반란을 일으킵니다. 그리고 나서 초나라 왕족 웅심熊心을 초나라 왕인 회왕懷王으로 추대하여 백성들의 민심을 얻게 됩니다.

항우(왼쪽)와 유방(오른쪽). 유방은 항우와의 전투에서 항상 패배했으나 부하들을 잘 활용하여 천하를 제패한다

　초나라 패현 출신인 유방도 항우와 비슷한 시기에 반란을 일으킵니다. 엄청난 용맹과 무예를 자랑하는 항우와 다르게 유방은 출신 배경도 미천하고 능력은 형편없었지만 사람을 모으는 매력이 있어 많은 인재들이 유방에게 모입니다.

　진나라 반란의 우두머리 역할을 한 항량이 죽자 초나라 회왕은 항우와 유방을 진나라 반란의 선봉에 서게 합니다. 또 진나라를 먼저 멸망시킨 사람을 왕으로 임명하겠다고 약속합니다.

　항우는 거록대전巨鹿大戰 등 수많은 전투에서 승리를 거두어 진나라 수도를 점령하고 왕의 자리에 오릅니다. 사실, 유방이 먼저 진나라 수도를 점령했으나 항우의 세력에 겁을 먹은 유방은 항우에게 왕의 자리를 양보합니다.

　왕위에 오른 항우는 봉건제를 부활시켜 자신을 도와준 여러 장수들을 제후로 임명했지만, 항우의 논공행상에 불만을 품은 여러 장수들이 반란을 일으킵니다. 이때 유방도 항우에 대항하여 천하를 두고 경쟁합니다.

항우는 유방과의 전투에서 항상 승리를 거두었지만 자신의 능력을 과신하는 자만심과 불공정한 인사, 잔혹한 처벌 등 여러 가지 실책으로 많은 부하들이 배신하게 됩니다.

결국 항우에게서 도망친 대부분의 인재들이 유방에게 모입니다. 힘을 얻은 유방은 주변 세력을 연합하는 전략으로 항우를 포위하고 고립시킵니다.

그동안 항우는 유방에게 단 한 번도 패하지 않았지만 마지막 전투인 해하垓下 전투에서 패배하자 자살을 합니다. 항우를 이긴 유방은 천하를 통일하여 한나라를 건국합니다.

한漢나라 시대(1대 고조~7대 무제)

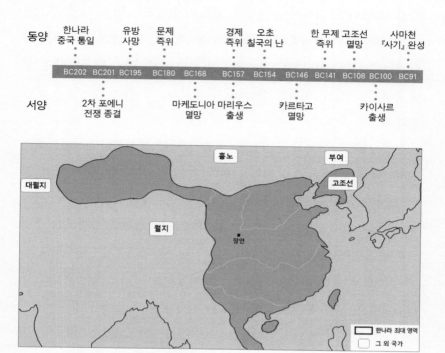

초한대전이 끝나고 한나라는 진나라의 뒤를 이어 통일 중국의 기반을 마련합니다. 한나라는 약 400년 동안 통치하면서 중국 문화의 기초를 닦아 놓습니다. 우리가 현재 잘 알고 있는 한족, 한자, 한문, 한방 등은 모두 한나라에서 나온 말입니다.

중국을 통일한 유방劉邦은 주나라의 봉건제와 진나라의 군현제를 결합한 군국제를 실시합니다. 중앙 지역은 관리를 파견하는 군현제를 실시하고, 지방은 봉건제를 실시하여 제후들이 다스리도록 합니다. 사실 유방도 진나라처럼 군현제를 실시하고 싶었습니다. 하지만 자신을 도와 항우와 싸운 개국공신들을 외면하면 그들이 반란을 일으킬까 걱정되었습니다. 그래서 공신들을 제후로 임명하고 땅을 나눠 주었지만, 이들은 훗날 한나라의 큰 문제가 될 가능성이 있었습니다. 제후들의 힘이 커지면 한나라도 주나라처럼 분열될 수 있기 때문입니다. 결국 유방은 제후로 임명한 한신韓信과 팽월彭越 등 여러 공신들을 제거합니다.

공신 세력이 약화되자 새로운 위협 세력이 등장합니다. 바로 외척 세력입니다. 유방이 죽자 그의 아내 여후呂后와 여씨 집안이 정권을 잡게 됩니다. 유씨를 대신해 여씨의 세상을 만들고자 했던 여후는 유방의 애첩과 왕자들을 제거하고 여씨 일족들을 제후로 임명하여 중앙 권력의 요직에 앉힙니다. 중국의 3대 악녀 중 하나로 불릴 정도로 여후의 권력에 대한 집착은 엄청났지만 예상외로 나라는 안정적으로 운영됩니다. 여후가 통치할 당시 황실의 권력 다툼은 심했지만 흉노와의 불필요한 전쟁을 벌이지 않아 백성들의 삶은 안정되었습니다. 사마천 『사기』는 여후 통치 시기를 "형벌이 드물게 사용되어 죄인이 드물었다. 백성들이 농사에 힘쓰니 옷과 음식이 더더욱 풍족해졌다"라고 기록하고 있습니다.

여후가 죽자 여씨 세력은 몰락하고, 주발周勃과 진평陳平 등 많은 개국공신들에 의해 유방의 넷째 아들 문제文帝가 황제 자리에 오르게 됩니다. 중국 역사에는 요순시대 이후 가장 평화로운 시기가 세 번 등장합니다. 첫 번째가 바로 문제와 그의 아들 경제景帝가 다스리던 시기로 중국인들은 이 시기를 문경지치文景之治라고 부릅니다. 문제와 경제는 우수한 신하들과 함께 나라의 힘을 키우고 제국의 기틀을 다집니다.

　경제가 죽은 뒤 그의 아들 무제武帝가 황제 자리에 오릅니다. 진시황 이후 가장 강력한 권력을 휘두른 무제는 흉노를 제압하여 영토를 크게 넓히고 비단길(실크로드)을 열어 동서양 교역의 길을 개척합니다. 고조선이 멸망한 시기와 사마천이 『사기』를 집필한 시기는 바로 한나라 무제가 통치하던 시기와 일치합니다. 무제는 통치이념으로 유교를 채택하여

한나라 무제. 무제는 유학을 국가 이념으로 삼고 실크로드를 개척했으나 무리한 정복 전쟁으로 백성들의 삶은 어려워진다.

군신 간의 상하관계를 확립합니다. 한나라는 원래 황로(황제+노자) 사상이라는 도가적 이념으로 출발한 왕조입니다. 진나라의 엄격한 법가 사상이 백성들의 삶을 지치게 하고 억압했기 때문에 한나라 초기에는 도가 사상을 도입해 백성들의 삶을 지나치게 간섭하지 않는 통치를 실시했습니다. 하지만 황로 사상은 제국으로 성장하기에는 부족한 점이 많았습니다. 그래서 무제는 구체적인 통치체계인 유교 사상을 채택하여 나라를 다스리게 됩니다.

　한나라 무제는 많은 업적을 남긴 동시에 많은 전쟁과 무리한 토목 공사로 나라의 재정을 파탄에 이르게 합니다. 결국 무제 말년에는 많은 반란과 폭동이 일어나고, 무제가 죽은 이후 한나라는 어려움에 빠지게 됩니다.

참고 문헌

- 바바라 베르크한(2001). 화나면 흥분하는 사람 화날수록 침착한 사람. 청림출판.
- 토머스 고든(2003). 교사 역할 훈련. 김홍옥 옮김. 양철북.
- 안길환 편역(2007). 사기의 인간관계론. 책만드는집.
- 강수돌(2007). 일중독 벗어나기. 메이데이.
- 김영수(2009). 사기의 경영학. 원앤원북스.
- 한자오치(2009). 사기 교양 강의. 이인호 옮김. 돌베개.
- 에릭 번(2009). 심리 게임(교류 분석으로 읽는 인간관계의 뒷면). 조혜정 옮김. 교양인.
- 리처드 탈러·캐스 선스타인(2009). 넛지. 안진환 옮김. 리더스북.
- 하세가와 에이스케(2011). 최재천 감수. 일하지 않는 개미. 서울문화사.
- 손우정(2012). 배움의 공동체. 해냄.
- 김현수(2013). 교사 상처. 에듀니티.
- 김성효(2013). 학급경영 멘토링. 행복한미래.
- 사마천 지음. 소준섭 엮어옮김(2014). 청소년을 위한 사기. 서해문집.

- 김창오·배미애·정현주·김경희 지음(2014). 교사의 마음 리더십. 에듀니티.
- 사마천 사기(본기, 표, 서, 세가, 열전)(2015). 김원중 옮김. 민음사.
- 아리스토텔레스의 수사학(2015). 이종오 편역. HUEBOOKs.
- 유발 하라리(2015). 사피엔스. 조현욱 옮김. 김영사.
- 서울초등상담연구회(2016). 초등상담백과. 지식프레임.
- 한비자(제왕학과 법치의 고전)(2016). 김원중 옮김. 휴머니스트.
- 김현수(2016). 교실심리. 에듀니티.
- 토머스 W. 펠런·세라 제인 쇼너(2016). 행복한 교실을 위한 1-2-3 매직. 박종근·정유진 옮김. 에듀니티.
- 허진모(2017). 전쟁사 문명사 세계사. 미래문화사.
- 경기교육연구소(2017). 교사생활 월령기. 에듀니티.
- 한정주(2018). 사기 인문학. 다산초당.
- 이하늘(2018). 거절 잘하는 법. 카시오페아.
- 유시민(2018). 역사의 역사. 돌베개.
- 송형호·왕건환 외(2019). 교사 119 이럴 땐 이렇게. 에듀니티.

삶의 행복을 꿈꾸는 교육은 어디에서 오는가?

● **교육혁명을 앞당기는 배움책 이야기** 혁신교육의 철학과 잉걸진 미래를 만나다!

미래 100년을 향한 새로운 교육 　혁신교육을 실천하는 교사들의 **필독서**

● **비고츠키 선집 시리즈** 발달과 협력의 교육학 어떻게 읽을 것인가?

생각과 말
레프 세묘노비치 비고츠키 지음
배희철·김용호·D. 켈로그 옮김 | 690쪽 | 값 33,000원

도구와 기호
비고츠키·루리야 지음 | 비고츠키 연구회 옮김
336쪽 | 값 16,000원

어린이 자기행동숙달의 역사와 발달 Ⅰ
L.S. 비고츠키 지음 | 비고츠키 연구회 옮김
564쪽 | 값 28,000원

어린이 자기행동숙달의 역사와 발달 Ⅱ
L.S. 비고츠키 지음 | 비고츠키 연구회 옮김
552쪽 | 값 28,000원

어린이의 상상과 창조
L.S. 비고츠키 지음 | 비고츠키 연구회 옮김
280쪽 | 값 15,000원

비고츠키와 인지 발달의 비밀
A.R. 루리야 지음 | 배희철 옮김 | 280쪽 | 값 15,000원

수업과 수업 사이
비고츠키 연구회 지음 | 196쪽 | 값 12,000원

비고츠키의 발달교육이란 무엇인가?
비고츠키교육학실천연구모임 지음 | 412쪽 | 값 21,000원

비고츠키 철학으로 본 핀란드 교육과정
배희철 지음 | 456쪽 | 값 23,000원

성장과 분화
L.S. 비고츠키 지음 | 비고츠키 연구회 옮김
308쪽 | 값 15,000원

연령과 위기
L.S. 비고츠키 지음 | 비고츠키 연구회 옮김
336쪽 | 값 17,000원

의식과 숙달
L.S 비고츠키 | 비고츠키 연구회 옮김
348쪽 | 값 17,000원

분열과 사랑
L.S. 비고츠키 지음 | 비고츠키 연구회 옮김
260쪽 | 값 16,000원

성애와 갈등
L.S. 비고츠키 지음 | 비고츠키 연구회 옮김
268쪽 | 값 17,000원

흥미와 개념
L.S. 비고츠키 지음 | 비고츠키 연구회 옮김
408쪽 | 값 21,000원

관계의 교육학, 비고츠키
진보교육연구소 비고츠키교육학실천연구모임 지음
300쪽 | 값 15,000원

비고츠키 생각과 말 쉽게 읽기
진보교육연구소 비고츠키교육학실천연구모임 지음
316쪽 | 값 15,000원

교사와 부모를 위한 비고츠키 교육학
카르포프 지음 | 실천교사번역팀 옮김
308쪽 | 값 15,000원

혁신교육, 철학을 만나다
브렌트 데이비스·데니스 수마라 지음
현인철·서용선 옮김 | 304쪽 | 값 15,000원

혁신교육 존 듀이에게 묻다
서용선 지음 | 292쪽 | 값 14,000원

다시 읽는 조선 교육사
이만규 지음 | 750쪽 | 값 33,000원

대한민국 교육혁명
교육혁명공동행동 연구위원회 지음
224쪽 | 값 12,000원

경쟁을 넘어 발달 교육으로
현광일 지음 | 288쪽 | 값 14,000원

독일 교육, 왜 강한가?
박성희 지음 | 324쪽 | 값 15,000원

핀란드 교육의 기적
한넬레 니에미 외 엮음 | 장수명 외 옮김
456쪽 | 값 23,000원

한국 교육의 현실과 전망
심성보 지음 | 724쪽 | 값 35,000원

프레이리의 사상과 실천
사람대사람 지음 | 352쪽 | 값 18,000원
2018 세종도서 학술부문

혁신학교, 한국 교육의 미래를 열다
송순재 외 지음 | 608쪽 | 값 30,000원

페다고지를 위하여
프레네의 『페다고지 불변요소』 읽기
박찬영 지음 | 296쪽 | 값 15,000원

노자와 탈현대 문명
홍승표 지음 | 284쪽 | 값 15,000원

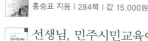
선생님, 민주시민교육이 뭐예요?
염경미 지음 | 244쪽 | 값 15,000원

어쩌다 혁신학교
유우석 외 지음 | 380쪽 | 값 17,000원

미래, 교육을 묻다
정광필 지음 | 232쪽 | 값 15,000원

대학, 협동조합으로 교육하라
박주희 외 지음 | 252쪽 | 값 15,000원

입시, 어떻게 바꿀 것인가?
노기원 지음 | 306쪽 | 값 15,000원

촛불시대, 혁신교육을 말하다
이용관 지음 | 240쪽 | 값 15,000원

라운드 스터디
이시이 데루마사 외 엮음 | 224쪽 | 값 15,000원

미래교육을 디자인하는 학교교육과정
박승열 외 지음 | 348쪽 | 값 18,000원

흥미진진한 아일랜드 전환학년 이야기
제리 제퍼스 지음 | 최상덕·김호원 옮김 | 508쪽 | 값 27,000원
2019 대한민국학술원우수학술도서

폭력 교실에 맞서는 용기
따돌림사회연구모임 학급운영팀 지음
272쪽 | 값 15,000원

그래도 혁신학교
박은혜 외 지음 | 248쪽 | 값 15,000원

학교는 어떤 공동체인가?
성열관 외 지음 | 228쪽 | 값 15,000원

교사 전쟁
다나 골드스타인 지음 | 유성상 외 옮김
468쪽 | 값 23,000원

시민, 학교에 가다
최형규 지음 | 260쪽 | 값 15,000원

교육과정, 수업, 평가의 일체화
리사 카터 지음 | 박승열 외 옮김 | 196쪽 | 값 13,000원

학교를 개선하는 교장
지속가능한 학교 혁신을 위한 실천 전략
마이클 풀란 지음 | 서동연·정효준 옮김 | 216쪽 | 값 13,000원

공자뎐, 논어는 이것이다
유문상 지음 | 392쪽 | 값 18,000원

교사와 부모를 위한
발달교육이란 무엇인가?
현광일 지음 | 380쪽 | 값 18,000원

교사, 이오덕에게 길을 묻다
이무완 지음 | 328쪽 | 값 15,000원

낙오자 없는 스웨덴 교육
레이프 스트란드베리 지음 | 변광수 옮김
208쪽 | 값 13,000원

끝나지 않은 마지막 수업
장석웅 지음 | 328쪽 | 값 20,000원

경기꿈의학교
진흥섭 외 지음 | 360쪽 | 값 17,000원

학교를 말한다
이성우 지음 | 292쪽 | 값 15,000원

행복도시 세종,
혁신교육으로 디자인하다
곽순일 외 지음 | 392쪽 | 값 18,000원

나는 거꾸로 교실 거꾸로 교사
류광모·임정훈 지음 | 212쪽 | 값 13,000원

교실 속으로 간 이해중심 교육과정
온정덕 외 지음 | 224쪽 | 값 13,000원

교실, 평화를 말하다
따돌림사회연구모임 초등우정팀 지음
268쪽 | 값 15,000원

학교자율운영 2.0
김용 지음 | 240쪽 | 값 15,000원

학교자치를 부탁해
유우석 외 지음 | 252쪽 | 값 15,000원

국제이해교육 페다고지
강순원 외 지음 | 256쪽 | 값 15,000원

선생님, 페미니즘이 뭐예요?
염경미 지음 | 280쪽 | 값 15,000원

평화의 교육과정 섬김의 리더십
이준원·이형빈 지음 | 292쪽 | 값 16,000원

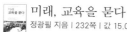

학교를 살리는 회복적 생활교육
김민자·이순영·정선영 지음 | 256쪽 | 값 15,000원

교사를 위한 교육학 강의
이형빈 지음 | 336쪽 | 값 17,000원

새로운학교 학생을 날게 하다
새로운학교네트워크 총서 02 | 408쪽 | 값 20,000원

세월호가 묻고 교육이 답하다
경기도교육연구원 지음 | 214쪽 | 값 13,000원

미래교육, 어떻게 만들어갈 것인가?
송기상·김성천 지음 | 300쪽 | 값 16,000원
2019 세종도서 교양부문

교육에 대한 오해
우문영 지음 | 224쪽 | 값 15,000원

혁신교육지구 현장을 가다
이용운 외 4인 지음 | 344쪽 | 값 18,000원

배움의 독립선언, 평생학습
정민승 지음 | 240쪽 | 값 15,000원

**교육혁신의 시대
배움의 공간을 상상하다**
함영기 외 지음 | 264쪽 | 값 17,000원

서울의 마을교육
이용윤 외 지음 | 352쪽 | 값 18,000원

평화와 인성을 키우는 자기우정
따돌림사회연구모임 우정팀 지음 | 240쪽 | 값 15,000원

수포자의 시대
김성수·이형빈 지음 | 252쪽 | 값 15,000원

혁신학교와 실천적 교육과정
신은희 지음 | 236쪽 | 값 15,000원

삶의 시간을 잇는 문화예술교육
고영직 지음 | 292쪽 | 값 16,000원

혐오, 교실에 들어오다
이혜정 외 지음 | 232쪽 | 값 15,000원

**혁신교육지구와 마을교육공동체는
어떻게 만들어지는가?**
김태정 지음 | 376쪽 | 값 18,000원

**선생님, 특성화고 자기소개서
어떻게 써요?**
이지영 지음 | 322쪽 | 값 17,000원

학생과 교사, 수업을 묻다
전용진 지음 | 344쪽 | 값 18,000원

혁신학교의 꽃, 교육과정 다시 그리기
안재일 지음 | 344쪽 | 값 18,000원

학습격차 해소를 위한 새로운 도전
보편적 학습설계 수업
조윤정 외 지음 | 225쪽 | 값 15,000원

물질과의 새로운 만남
베로니카 파치니-케처바우 지음 | 240쪽 | 값 15,000원

**미래교육을 열어가는
배움중심 원격수업**
이윤서 외 지음 | 332쪽 | 값 17,000원

● **살림터 참교육 문예 시리즈** 영혼이 있는 삶을 가르치는 온 선생님을 만나다!

꽃보다 귀한 우리 아이는
조재도 지음 | 244쪽 | 값 12,000원

성깔 있는 나무들
최은숙 지음 | 244쪽 | 값 12,000원

아이들에게 세상을 배웠네
명혜정 지음 | 240쪽 | 값 12,000원

밥상에서 세상으로
김흥숙 지음 | 280쪽 | 값 13,000원

우물쭈물하다 끝난 교사 이야기
유기창 지음 | 380쪽 | 값 17,000원

오천년을 사는 여지
염경미 지음 | 272쪽 | 값 16,000원

선생님이 먼저 때렸는데요
강병철 지음 | 248쪽 | 값 12,000원

서울 여자, 시골 선생님 되다
조경선 지음 | 252쪽 | 값 12,000원

행복한 창의 교육
최창의 지음 | 328쪽 | 값 15,000원

북유럽 교육 기행
정애경 외 14인 지음 | 288쪽 | 값 14,000원

시험 시간에 웃은 건 처음이에요
조규선 지음 | 252쪽 | 값 15,000원

다정한 교실에서 20,000시간
강정희 지음 | 296쪽 | 값 16,000원

교과서 밖에서 만나는 역사 교실 상식이 통하는 살아 있는 역사를 만나다

전봉준과 동학농민혁명
조광환 지음 | 336쪽 | 값 15,000원

남도의 기억을 걷다
노성태 지음 | 344쪽 | 값 14,000원

응답하라 한국사 1·2
김은석 지음 | 356쪽·368쪽 | 각권 값 15,000원

즐거운 국사수업 32강
김남선 지음 | 280쪽 | 값 11,000원

즐거운 세계사 수업
김은석 지음 | 328쪽 | 값 13,000원

강화도의 기억을 걷다
최보길 지음 | 276쪽 | 값 14,000원

광주의 기억을 걷다
노성태 지음 | 348쪽 | 값 15,000원

선생님도 궁금해하는 한국사의 비밀 20가지
김은석 지음 | 312쪽 | 값 15,000원

걸림돌
키르스텐 세룹-빌펠트 지음 | 문봉애 옮김
248쪽 | 값 13,000원

역사수업을 부탁해
열 사람의 한 걸음 지음 | 388쪽 | 값 18,000원

진실과 거짓, 인물 한국사
하성환 지음 | 400쪽 | 값 18,000원

우리 역사에서 사라진 근현대 인물 한국사
하성환 지음 | 296쪽 | 값 18,000원

꼬물꼬물 거꾸로 역사수업
역모자들 지음 | 436쪽 | 값 23,000원

즐거운 동아시아사 수업
김은석 지음 | 240쪽 | 값 15,000원

노성태, 역사의 길을 걷다
노성태 지음 | 324쪽 | 값 17,000원

교과서 밖에서 배우는 역사 공부
정은교 지음 | 292쪽 | 값 14,000원

팔만대장경도 모르면 빨래판이다
전병철 지음 | 360쪽 | 값 16,000원

빨래판도 잘 보면 팔만대장경이다
전병철 지음 | 360쪽 | 값 16,000원

영화는 역사다
강성률 지음 | 288쪽 | 값 13,000원

친일 영화의 해부학
강성률 지음 | 264쪽 | 값 15,000원

한국 고대사의 비밀
김은석 지음 | 304쪽 | 값 13,000원

조선족 근현대 교육사
정미량 지음 | 320쪽 | 값 15,000원

다시 읽는 조선근대 교육의 사상과 운동
윤건차 지음 | 이명실·심성보 옮김 | 516쪽 | 값 25,000원

음악과 함께 떠나는 세계의 혁명 이야기
조광환 지음 | 292쪽 | 값 15,000원

논쟁으로 보는 일본 근대 교육의 역사
이명실 지음 | 324쪽 | 값 17,000원

다시, 독립의 기억을 걷다
노성태 지음 | 320쪽 | 값 16,000원

한국사 리뷰
김은석 지음 | 244쪽 | 값 15,000원

경남의 기억을 걷다
류형진 외 지음 | 564쪽 | 값 28,000원

어제와 오늘이 만나는 교실 학생과 교사의 역사수업 에세이
정진경 외 지음 | 328쪽 | 값 17,000원

● 더불어 사는 정의로운 세상을 여는 인문사회과학 사람의 존엄과 평등의 가치를 배운다

밥상혁명
강양구 · 강이현 지음 | 298쪽 | 값 13,800원

좌우지간 인권이다
안경환 지음 | 288쪽 | 값 13,000원

도덕 교과서 무엇이 문제인가?
김대용 지음 | 272쪽 | 값 14,000원

민주시민교육
심성보 지음 | 544쪽 | 값 25,000원

자율주의와 진보교육
조엘 스프링 지음 | 심성보 옮김 | 320쪽 | 값 15,000원

민주시민을 위한 도덕교육
심성보 지음 | 500쪽 | 값 25,000원
2015 세종도서 학술부문

민주화 이후의 공동체 교육
심성보 지음 | 392쪽 | 값 15,000원
2009 문화체육관광부 우수학술도서

교과서 밖에서 배우는 인문학 공부
정은교 지음 | 280쪽 | 값 13,000원

갈등을 넘어 협력 사회로
이창언 · 오수길 · 유문종 · 신윤관 지음
280쪽 | 값 15,000원

오래된 미래교육
정재걸 지음 | 392쪽 | 값 18,000원

동양사상과 마음교육
정재걸 외 지음 | 356쪽 | 값 16,000원
2015 세종도서 학술부문

대한민국 의료혁명
전국보건의료산업노동조합 엮음 | 548쪽 | 값 25,000원

교과서 밖에서 배우는 철학 공부
정은교 지음 | 280쪽 | 값 14,000원

교과서 밖에서 배우는 고전 공부
정은교 지음 | 288쪽 | 값 14,000원

교과서 밖에서 배우는 사회 공부
정은교 지음 | 304쪽 | 값 15,000원

전체 안의 전체 사고 속의 사고
김우창의 인문학을 읽다
현광일 지음 | 320쪽 | 값 15,000원

교과서 밖에서 배우는 윤리 공부
정은교 지음 | 292쪽 | 값 15,000원

카스트로, 종교를 말하다
피델 카스트로 · 프레이 베토 대담 | 조세종 옮김
420쪽 | 값 21,000원

한글 혁명
김슬옹 지음 | 388쪽 | 값 18,000원

일제강점기 한국철학
이태우 지음 | 448쪽 | 값 25,000원

우리 안의 미래교육
정재걸 지음 | 484쪽 | 값 25,000원

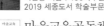
한국 교육 제4의 길을 찾다
이길상 지음 | 400쪽 | 값 21,000원
2019 세종도서 학술부문

왜 그는 한국으로 돌아왔는가?
황선준 지음 | 364쪽 | 값 17,000원
2019 세종도서 교양부문

마을교육공동체 생태적 의미와 실천
김용련 지음 | 256쪽 | 값 15,000원

공간, 문화, 정치의 생태학
현광일 지음 | 232쪽 | 값 15,000원

교육과정에서 왜 지식이 중요한가
심성보 지음 | 440쪽 | 값 23,000원

인공지능 시대의 사회학적 상상력
홍승표 지음 | 260쪽 | 값 15,000원

식물에게서 교육을 배우다
이차영 지음 | 260쪽 | 값 15,000원

동양사상과 인간 그리고 사회
이현지 지음 | 418쪽 | 값 21,000원

왜 전태일인가
송필경 지음 | 236쪽 | 값 17,000원

장자와 탈현대
정재걸 외 지음 | 424쪽 | 값 21,000원

한국 세계시민교육이 나아갈 길을 묻다
유네스코아태평양 국제이해교육원 지음 | 260쪽 | 값 18,000원

놀자선생의 놀이인문학
진용근 지음 | 380쪽 | 값 185,000원

● 평화샘 프로젝트 매뉴얼 시리즈 학교폭력에 대한 근본적인 예방과 대책을 찾는다

 학교폭력 어떻게 만들어지는가
문재현 외 지음 | 300쪽 | 값 14,000원

 아이들을 살리는 동네
문재현·신동명·김수동 지음 | 204쪽 | 값 10,000원

 학교폭력, 멈춰!
문재현 외 지음 | 348쪽 | 값 15,000원

 평화! 행복한 학교의 시작
문재현 외 지음 | 252쪽 | 값 12,000원

 왕따, 이렇게 해결할 수 있다
문재현 외 지음 | 236쪽 | 값 12,000원

 마을에 배움의 길이 있다
문재현 지음 | 208쪽 | 값 10,000원

 젊은 부모를 위한 백만 년의 육아 슬기
문재현 지음 | 248쪽 | 값 13,000원

 별자리, 인류의 이야기 주머니
문재현·문한 외 지음 | 444쪽 | 값 20,000원

 우리는 마을에 산다
유양우·신동명·김수동·문재현 지음
312쪽 | 값 15,000원

 동생아, 우리 뭐 하고 놀까?
문재현 외 지음 | 280쪽 | 값 15,000원

 누가, 학교폭력 해결을 가로막는가?
문재현 외 지음 | 312쪽 | 값 15,000원

 코로나 19가 앞당긴 미래,
마을에서 찾는 배움길
문재현 외 지음 | 308쪽 | 값 16,000원

● 남북이 하나 되는 두물머리 평화교육 분단 극복을 위한 치열한 배움과 실천을 만나다

 10년 후 통일
정동영·지승호 지음 | 328쪽 | 값 15,000원

 선생님, 통일이 뭐예요?
정경호 지음 | 252쪽 | 값 13,000원

 분단시대의 통일교육
성래운 지음 | 428쪽 | 값 18,000원

 김창환 교수의 DMZ 지리 이야기
김창환 지음 | 264쪽 | 값 15,000원

 한반도 평화교육 어떻게 할 것인가
이기범 외 지음 | 252쪽 | 값 15,000원

 포괄적 평화교육
베티 리어든 지음 | 강순원 옮김 | 252쪽 | 값 17,000원

● 창의적인 협력 수업을 지향하는 삶이 있는 국어 교실 우리말 글을 배우며 세상을 배운다

 중학교 국어 수업
어떻게 할 것인가?
김미경 지음 | 340쪽 | 값 15,000원

 토론의 숲에서 나를 만나다
명혜정 엮음 | 312쪽 | 값 15,000원

 토닥토닥 토론해요
명혜정·이명선·조선미 엮음 | 288쪽 | 값 15,000원

 인문학의 숲을 거니는 토론 수업
순천국어교사모임 엮음 | 308쪽 | 값 15,000원

 어린이와 시
오인태 지음 | 192쪽 | 값 12,000원

 수업, 슬로리딩과 함께
박경숙 외 지음 | 268쪽 | 값 15,000원

 언어던
정은균 지음 | 268쪽 | 값 15,000원
2019 세종도서 교양부문

 민촌 이기영 평전
이성렬 지음 | 508쪽 | 값 20,000원

 감각의 갱신, 화장하는 인민
남북문학예술연구회 | 380쪽 | 값 19,000원

참된 삶과 교육에 관한
생각 줍기